研究叢書46

档案の世界

中央大学人文科学研究所 編

中央大学出版部

まえがき

東洋史学研究、就中、中国史研究の分野において、二十世紀は文書・文物の大発見が相継いだ「輝ける世紀」であった。

二十世紀初頭に始まる甲骨文字、敦煌文書、西域各地から出土した竹簡・木簡(いわゆる漢簡)、内閣大庫から流出した官文書などの発見は、いずれをとっても世界を瞠目させるものばかりであった。これらは、どれをとっても新しい学問分野として成立し、甲骨学、敦煌学などのように、○○学という呼称を生んだ。文書・文物の発見は、その後も絶えることなく、土魯番文書や徽州文書などの発見と陸続と続いた。

発見された文書・文物は、どの場合もその数量規模は鉅大なものであり、既存の中国史研究上の定説や常識を打ち破り、新しい歴史の再構成・再構築を迫るという、学説史的にみれば、一種のパラダイム(理論的枠組み)の変革をもたらした。その具体的事例は枚挙に遑がないが、たとえば、従来伝説上の存在とみられていた殷王朝が実在の王朝であることを証明する契機となったのは、甲骨文字の発見であった。

劉鐵雲が、「甲骨片」と呼ばれていた竜骨を集めて研究した結果を『鐵雲蔵亀』として出版したのは、一九〇三年のことであった。以後、羅振玉の『殷墟書契』を初めとする甲骨文字に関する編著書が多く出版された。しかしながら、これらはいずれもそれぞれの出土事情を明確にしていなかった。出土地区を明確にしたのは、一九二八年に国立中央研究院歴史語言研究所が成立し、これが、殷墟発掘にあたることになってからである。それまで、その存在さえ疑われていた殷王朝を明るみに出そうという壮大な事業が、国家的事業として開始されたのである。こうして開始された発掘の結果、甲骨の出土総数は、十万前後に達し、これらをもとに研究が一挙に進展した。

二十世紀における文書・文物発見史において、それを特徴づけることの一つは、まえにも触れたように、その数量的規模の鉅大さである。敦煌文書にしても、徽州文書にしても、然りである。明清時代の官文書(明清档案)の場合、現在、故宮の西華門内にある中国第一歴史档案館に所蔵されているものだけで、九百万件という膨大な数量にのぼる。これに、地方の档案館などの公的機関所蔵のものまで含めると、その数量は計り知れない。

こうした鉅大な数量的規模を誇る文書・文物の出現は、漢語にいう「抽薪止沸《ちゅうしんしふつ》」的様相を呈することとなった。「薪を抽きて沸を止む」と訓読するけれども、「抽薪」は燃えている薪を竈から引き抜くこと、「止沸」は沸騰した湯を火を止めてさますことをいい、物事を根本から解決することのたとえとして使われる。

先に触れた甲骨文の発現とその研究による殷王朝の実在の証明は、まさに「抽薪止沸」的成果であった。そのような学問的位相の変革は、甲骨文とともに近代中国の歴史文化の「五大発見」と併称される漢簡・敦煌文書・故宮明清档案・徽州文書のいずれの分野においても該当することであり、さらには研究の深化をいっそう促進するものとなった。

われわれ「档案の世界」チームは、こうした二十世紀における文書・文物発見の遺産である文書を中心材料として、各地域や各分野の未開拓分野に切り込み、その成果を大きな歴史のうねりにフィードバックしていこうという洪志・鴻図な目標を掲げてチームを組み、ここ五年間、その試みをチーム全体としても、研究員個々においても、推進してきた。本書は、その中間報告として位置づけ、メンバーそれぞれが、ここ五年間取り組んできた成果の一部をもとに上木するものである。

チームが掲げる「档案」という用語は、一般的には、さほど馴染みのないものであろう。档は檔の簡体字である。檔案を辞書で引いてみると、大概の辞書が役所の保存書類としている。その語源は、当初は行政機関の所在地を、ついで政務に関する文件を保存する所を意味し、後には文件そのものを指すようになった、ともいわれている。また、清初満州人は、紙の代わりに木牌に文字を記し、これを保存するのに皮紐で貫いて壁に掛けておいたが、その形が檔《かまち》に似ていたので檔子と称され、さらに檔案と呼ばれるようになったといわれている。

いずれにせよ、「檔案」は政府の政務にかかわる文書（人々に告知すべく石の板に刻まれた碑刻を含む）を指し、「檔案」という用語が官文書として用いられるようになったのは、清代以降のことであったようである。

ところが、一九八七年制定の「中華人民共和国档案法」公布によって、従来の用法とは別に、I.C.A（International Council of Archives）でいうところのArchivesを意味するものとして、「档案」が用いられることが定められた。すなわち、政府の政務に関する官文書という解釈を拡大して、民間の文書や定期刊行物、族譜、個人文集、さらには殷墟から発掘された甲骨文を甲骨档案というように、歴史文物や建造物なども「档案」とされるようになったのである（臼井佐知子「中国明清時代における文書の管理と保存」『歴史学研究』No. 703、一九九七年）。

われわれの「档案の世界」チームでいうところの「档案」は、本来の、官文書を意味する档案を指称する。もちろん、歴史学の研究において、Archivesに対応してRecordsに相当する書類、書き付け、書籍などを無視、あるいは使用しないという狭隘な対応に終始すれば、歴史の真実・事実に接近することは、ほとんど不可能なことである。しかしながら、われわれの抱く研究関心と立ち位置は、既知・既存のRecordsに重心を置くことではなく、狭い意味での「档案」を発掘・整理・分析するという一連の作業を経て、従来未知の歴史事実を掘り起こし、それぞれに当該档案の内包する新たな世界を構築することにある。

したがって、本研究叢書に収録された各論文は、使用する主たる史料群はあくまでも「档案」であり、副次史料としての Records 利用であるという立場に立脚して、それぞれの問題関心にもとづいてものされたものである。以下、各論文の問題関心とその研究意図について簡単に紹介しよう。

前島佳孝「「周文王之碑」の試釈と基礎的考察」

「周文王之碑」は、四川の中心都市、成都の東南三〇㎞あまりの地に、北周初年に強独楽等によって建てられた碑である。西魏の実権者にして北周の実質的な創業者である宇文泰個人を顕彰するために当地に廟が建てられた際に、宇文泰の事績とその廟の建設の経緯を述べたもので、「文帝廟碑」、また建碑者の名をとって「強独楽造像碑」などとも呼ばれる。宇文泰個人のために建てられた碑石は、現在のところ他には確認されていないという。

西暦五五〇年代、中国の西北隅に勢力を張っていた西魏政権は、南朝梁の内紛に乗じて軍を四川地域に進め、これを奪取することに成功した。それまで華北を東魏・北斉と二分しつつも、絶対的な国力で大きく劣っていた西魏は、東西対立構造において劣勢に立たされていた。この四川奪取は西魏に大きな後背地をもたらし、続く北周の国力増強と、ついには北周による華北制覇に至る道筋に大きな影響を与えたのであった。

本論文は、釈読を通じて内容を吟味し、これを既存の文献史料と突き合わせることにより、本碑の性格や記述の姿勢、そこに見える価値判断を提示・検証する問題意識にもとづいて、石刻史料における人物記述の様態を検討することを試み、併せて付随する問題についても考察の歩を進めたものである。

川越泰博「中山王徐達一族と靖難の役」

元末の混乱期、群雄の一人として擡頭した朱元璋が、天下統一を目指し、鍾山の南で天地を祀り、居並ぶ文武百官や応天府の富民・長老の万歳三唱のなか、南郊（都の南の郊外）の圜丘《えんきゅう》において、皇帝の位に即き、国号を「明」、年号を「洪武」と定めたのは、洪武元年（一三六八）正月四日のことであった。明の建国と同時に、李善長と徐達は左・右丞相に任命されるとともに、世子標の皇太子冊立にともなって東宮官属が置かれると、李善長は太子少師を、徐達は太子少傅を兼ねることになり、東宮官属の最高位を占めた。このように、李善長と徐達は、明王朝の創始期にあっては、開国功臣として厚く遇されたが、その晩年は、きわめて対蹠的であった。

李善長は、洪武二十三年（一三九〇）五月二十三日に自殺した。この年、李善長の弟李存義が胡惟庸と通謀していたかどで逮捕され、李善長は死を賜った。李善長がかかる末路をたどったのに対して、洪武十八年（一三八五）二月二十七日に、寿五十四で終わった徐達は、没後、「開国功臣第一」と賞賛せられ、中山王を追封され、武寧と謚され、墓地を鍾山の北に賜与された。その神道碑文は、太祖の御製であった。そして、太廟に配享せられ、肖像・功臣廟とも「位皆第一」とされた。かかる徐達には、男女それぞれ四人ずつがあった。これらの兄弟は、男女ともに、「開国功臣第一」と賞賛せられた父徐達のお陰で、それぞれ枢要な地位や盛位につくことができた。とりわけ、女《むすめ》たちは四人のうち三人までが親王の妃となり、皇室と親密な婚姻関係が生じたのであった。しかしながら、徐達が没してから十四年の歳月を閲した建文元年（洪武三十二年、一三九九）に起きた靖難の役において、未曾有の困難に際会した。

本論文は、既存の史料からは、その事績がまったく不明であった徐達の子である徐膺緒とその子孫の歴史を記した世襲簿を、『中国明朝档案総匯』全百一冊（中国第一歴史档案館・遼寧省档案館編、広西師範大学出版社　二〇〇一年）所収の明朝档案中から発見し、それを分析することを通して、徐達の一族、具体的にはその所生になる男女それぞれが、明代中国の南北戦争たる靖難の役において示した行動様式を考察し、「開国功臣第一」と賞賛せられ、死後は中山王を追封され、武寧と諡された徐達の家にとっての靖難の役は、いかなるものであったかを描出することを目的としている。

荷見守義「都司と巡按―永楽年間の遼東鎮守―」

本論文が主力史料とするのも、川越泰博論文同様に、『中国明朝档案総匯』全百一冊（中国第一歴史档案館・遼寧省档案館編、広西師範大学出版社　二〇〇一年）である。

明朝は「北虜南倭」という言葉に象徴されるように、モンゴルやジュシェンなど外敵の侵入や倭寇的状況に対する辺境統治に苦労し、国防、とりわけ、辺境防衛に意を用いざるをえなかった。この辺境防衛は九辺鎮に代表される北部辺疆の防衛網、沿岸を警備する海防網の二つから主に形成された。最後の「万里の長城」が明代のものであるように、前代のモンゴルとも後代の満族とも違い、明朝は北辺を守る塞防網と倭寇に対する海防網の構築と維持に国力を傾けざるをえなかった。このことは明朝の著しい特徴と言わざるをえず、この国の形を考えた場合、軍事の与えた影響を計測することは根幹の問題である。辺境防衛、つまり辺防は狭く軍事に限定されるのではなく、広く政治、外交、経済の諸問題にリンクするのであるが、肝腎の明朝辺防のメカニズム解明は遅々として進んでいない。

本論文は、そうした研究状況を踏まえ、九辺鎮の要に位置する遼東鎮の分析に取り組むが、特に遼東都司の位置づけについて新出档案史料を取り上げて検討する。従来、明代遼東地方の研究は『明実録』『朝鮮王朝実録（李朝実録）』と地志である『遼東志』『全遼志』にほとんどすべてを頼らなければならなかった。しかしながら、『明代遼東档案匯編』上・下（遼寧省档案館・遼寧省社会科学院歴史研究所編、遼寧書社　一九八五年刊）が刊行され、『中国明朝档案総匯』全百一冊（中国第一歴史档案館・遼寧省档案館編、広西師範大学出版社　二〇〇一年）が刊行されると、史料的環境は格段に改善された。ただ、『明代遼東档案匯編』は遼東にかかわる档案を簡体字に変換して収録したもので、原档案の相貌を失っているところが多く、利用に不便が多かった。しかし、『中国明朝档案総匯』には『明代遼東档案匯編』収録档案のほぼすべてが収められており、また原档案の影印版であるため、この両者を見比べて従来不鮮明であった箇所の解読が可能となってきた。本論文では明朝档案利用に際して、両史料集の同档案を逐次比較しつつ論考を進めた。

高遠拓児「中央大学図書館蔵『秋審招冊』に見る非民人人犯の案について ―「蒙古人犯関連事案抄」・「八旗・蒙古・回民等人犯関連事案目録稿」―」

中央大学図書館には、計一七九冊から成る大部の『秋審招冊』という表題の史料が収蔵されている。本史料は清代の死刑制度にかかわって作成された档案史料の現物であり、中央大学の所蔵する貴重な蔵書の一つとなっている。秋審とは、清代の各地方に拘禁されていた監候人犯を対象として、死刑の執行・減免の可否などを問うために行われた審査であり、清朝の為政者たちはこれを「大典」と称して王朝の重要な制度と位置づけていた。

この秋審招冊と呼ばれる文書は、秋審の手続きの過程上、清朝中央の司法機関である刑部が作成し、審議にかかわる関係官僚に配布したもので、通常は個々の秋審事案ごとに［i］事案の基礎情報（人犯の名・年齢・籍貫もしくは身分等を記す）、［ii］個々の人犯に対して監候判決が下るまでの経緯、［iii］総督・巡撫等地方長官による秋審の原案が記されるという体裁がとられていた。秋審招冊は前述の中央大学図書館のほか、東京大学東洋文化研究所の大木文庫、京都大学人文科学研究所、東洋文庫といった国内の各研究機関にも収蔵され、全体で九千件近くの事案を確認することができる。そして、中央大学図書館の蔵する『秋審招冊』は、そのうちの約五千件を占めており、国内で閲覧可能な同種の史料としては最多の事案数を抱えるものとなっている。この五千件は、時代的にはすべて清末の光緒年間（一八七五～一九〇八）後半のものに限定されるが、それらは、清朝の統治が終焉を迎える直前の時期における裁判や行刑の運用状況を伝える史料群として、出色の価値を有するものとなっている。この『秋審招冊』の収録事案の大半は、いわゆる民人（州・県・庁に籍を置く漢族の一般庶民）を対象とするもので占められるが、このほか満洲・蒙古・漢軍の各八旗にかかわる者、内属蒙古や外藩蒙古の住人、イスラーム教徒（回民）などを対象とする事案も百二十件ほど収録されている。これらは清朝の多様な人的構成を反映した事案であり、かかる人々に対して、清朝が司法面でいかなる姿勢で臨んでいたのかを実証的に検討する際の一つの手がかりとなりうるものである。とくに秋審に関しては、従来、主として民人を対象とした手続きや具体的案例から研究が進められてきた経緯もあり、その点からもこの清末の『秋審招冊』に収録される非民人人犯の案は貴重な存在とみなすことができるのである。ただ、この秋審招冊という文書は、その事案の処理を分担した刑部の部局（直隷司・山西司・陝西司・奉天司等の各清理司）ごとに分類製本される慣例となっており、たとえば旗人の案件などをとくに分冊にするような編集方針はとられなかった。このため、かかる人犯の案は膨大な民人案件のなかに半ば埋没する状態で収録されることとなり、史料の検索上かなりの不便がともなう状況に置かれていた。

そのような状況に鑑みて、本篇は中央大学図書館蔵『秋審招冊』所収「蒙古人犯関連事案抄」と「八旗・蒙古・回民等人犯関連事案目録稿」とに分けて編纂したもので、前者には関連事案の全文を収録し、後者は事案の所在と概要を把握できる構成としたものである。

松田俊道「史料紹介　ジャーヒーン・アルハルワティーのワクフ文書」

カイロ市を見下ろすムカッタム山の中腹から麓近くにかけての断崖に、一際目を引く今では廃墟となってしまったモスクが佇んでいる。このモスクは、カイロの東方のムカッタム山の断崖に聳え立つため、現在では麓からの道はなく斜面に梯子を架けなければアクセスすることは難しい。

論者は、そのようなモスクの文書がカイロのワクフ省に保存されていることをつきとめた。本論文は、そのなかから、一つのワクフを紹介しようとするものである。当該文書は、マムルーク朝末期からオスマン朝初期にかけてエジプトで一介の軍人から身を起こし、名を成した一人のウラマーの子が、名の知られた由緒ある不動産を取得し、それをワクフ化したことを記したものである。清貧なウラマーの子がそのような不動産をいかにして取得することが可能であったのか。また、規模の小さなワクフの目的に関していえば、何世代にもわたってその家族が財産を安全に保持することが目的であることはもちろんのことであるが、それ以外にも個々の目的が考えられるものと思われるので、そのようなことを比較検討するための材料を提供することを目的として、本文書は紹介される。

本書は、以上の五篇をもって構成される。この五年間の研究成果の一部を持ち寄り、構成編集した。各研究員の専門分野は、それぞれ異なっているためにテーマはやや拡散しているけれども、本書は、中国史に謂う「档案」をもって結連・通底している。われわれ研究員一同、本書の上木を機に、研究の深化と拡大をよりいっそう進めんことを希求するものである。

研究チーム「档案の世界」
責任者　川越泰博

目次

史料紹介

档案の世界

「周文王之碑」の試釈と基礎的考察

前島佳孝

はしがき

西暦五五〇年代、中国の西北隅に勢力を張っていた西魏は、南朝梁の内紛に乗じて軍を四川地域に進め、これを奪取することに成功した。それまで華北を東魏・北斉と二分しつつも、絶対的な国力で大きく劣っていた西魏は、東西対立構造において劣勢に立たされていた。この四川奪取は西魏に大きな後背地をもたらし、続く北周の国力増強と、ついには北周による華北制覇に至る道筋に大きな影響を与えた。

その四川の中心都市、成都の東南三〇㎞あまりの地に、北周初年に強独楽等によって建てられた「周文王之碑」（以下本碑（文）と表記する）がある。西魏の実権者にして北周の実質的な創業者である宇文泰個人を顕彰するために当地に廟が建てられた際に、宇文泰の事跡とその廟の建設の経緯を刻んだもので、「文帝廟碑」、また建碑者の名をとって「強独楽造像碑」などとも呼ばれる。宇文泰個人のために建てられた碑石は、現在のところ他には確認されていない。

本碑文の主要部分を占めるのは、宇文泰が北魏末に活躍を始め、西魏末年に死ぬまでの事跡であり、とくにある出来事の経緯を記述したようなものではない。これに対して、周知のように宇文泰に関する文献史料としては、『周書』巻一・二と『北史』巻九に本紀がある。本碑文は単独の石刻資料としては規模が比較的大きい部類に含まれ、一三〇〇字以上を有してはいるが、正史本紀には遠く及ばず、したがって、本碑文に文献史料の欠を補う独自の記述が豊富に含まれていることはもとより期待できない。とはいえ、文章の内容については、これまでに清・陸増祥『八瓊室金石補正』（以下『八瓊室』と略す）のような金石書で附された簡単な按語がある以外には本格的には論じられず、充分な議論がなされたとはいいがたい。そこで釈読を通じて内容を吟味し、これを文献史料と突き合わせることにより、本碑の性格や記述の姿勢、そこに見える価値判断を提示・検証することには相応の意義があると思われる。このような問題意識にもとづいて、本稿では「周文王之碑」の分析を通じて、石刻史料における人物記述の様態を検討することを試み、あわせて二、三の問題に基礎的な考察を加えることとする。なお、本稿では基本的に常用漢字を使用したが、史料引用部分については正字の使用に努めた。

一　碑の概要と先行研究

本碑は四川省成都市龍泉駅区山泉郷大仏村の石仏寺正殿の後方、「天落石」と呼ばれる岩の東面に刻まれたものである。石仏寺は大仏寺とも称され、唐代大暦年間の創建と伝えられるので、本碑及び廟が先にあったことになる。(1)当地は現在の成都市中心部と簡陽市のほぼ中間にあたり、建碑当時の行政区画ではやはり益州・資州の州治の中間にあたる。どちらに属すかは判断しがたいが、後述するように、建碑に名を連ねた人物たちの肩書きが資州に属する武康郡にかかわるものに限定されることからすれば、資州であった可能性が高いだろう。

建碑時期は北周孝閔帝元年（五五七）で、月日までは明らかではない。ただし同年九月に孝閔帝は廃されて明帝が立てられており、一方で碑文には初代天王（＝孝閔帝）しか登場しないことから、少なくとも撰文については孝閔帝在位中のことと判断してよいと思われる。

本碑の大きさは、高さ二二四cm、幅一二五cm。碑の上部には朱雀と四つの小さな仏像のレリーフがある。碑額は陽刻正書で、一五行、各行四字。七cm四方の陽線正方格のなかに五・四cmの字径で刻まれる。碑文は陰刻正書で、四〇行、各行三四字。二・七cm四方の陰線正方格のなかに二cmの字径で刻まれ、全文で一三四八字。碑身の左右の下隅には線刻で像が一つずつ刻まれる。碑座の彫刻は大きな亀の形状をなしている。[2] 刻まれた文字に関しては、康有為『広芸舟双楫』備魏第一〇では「精美之強独楽、不如楊翬」とあり、楊宣碑[3]には及ばないとしながらも、精美と評価されている。

本碑が文献史料に著録されたのは、建碑からかなり遅れて南宋・王象之の『輿地紀勝』巻一四五、簡州、碑記に、

周文王廟碑。〔在陽安県西北七十五里。即後周高祖文帝之廟。舊碑題額云、「大周植基、元年歳次丁丑造。」元年即後周閔帝之初元也。今石刻存焉〕

と見えるのが初見のようである。割注に「舊碑」とあるからには、「新碑」も存在することになるはずであるが、推論するだけの材料はない。なおその少し前に、

後周宇文泰紀功碑。〔碑在本州界首。云泰數遣都督入蜀、一治石岡県、一治懷遠縣。見『簡池志』。〕

とあり、当地には宇文泰にかかわる碑石がもう一つ存在したように伝わるが、[4] 王仲犖氏が『北周地理志』で示したように、両者は同一のものであると見做すのが一般的なようである。しかしながら、「紀功碑」に見えると伝

えられる「數遣都督入蜀」という記述、とくに「數」というニュアンスは本碑文には見えない。「紀功碑」が伝わらない以上、検討のしようがないが、両者を同一のものと見做すのはいささか拙速とも思われる。

録文は清・劉喜海『金石苑』（道光二六年（一八四六））に「北周高祖文帝廟碑」と題されて載せられたものが初見で、その後『簡州志』（咸豊三年（一八五三））巻一三上、芸文志に「北周文王之碑」、陸増祥『八瓊室』（同治四年（一八六五）序）巻二三に「強独楽文帝廟造像碑」、汪鋆『十二硯齋金石過眼録』（光緒元年（一八七五））巻七に「高祖文帝廟碑」として載せられたものが知られている。これらのなかでは『八瓊室』所載のものが録文の精度、按語の充実という点において優れている。なお、右記に並べた題に文王と文帝が混在していることについては、碑に刻まれたタイトルとしては文王が正確であるものの、宇文泰にはのちに文帝が追尊され、こちらの方が一般に通行していることからやむをえない点がある。ただし、廟号に高祖を冠するのは正しくなく、宇文泰の廟号は太祖であり、高祖は武帝である。

排印されたものとしては、『四川歴代碑刻』(5)、『巴蜀仏教碑文集成』(6)に載せられたものがあげられ、このうち前者は諸文献を参照した上での校勘が附されている。(7)しかしながら、ともに簡体字を用いているので、考察のベースとするには不安が残る。拓本写真は、『北京図書館蔵歴代石刻拓本匯編』第八冊に載せられるが（図1）、良質とはいえない。

本碑に関する専論としては、丁明夷「従強独楽建周文王仏道造像碑看北朝道教造像」（『文物』一九八六—三）がある。宗教史の視点から、道教像の形成に仏教が与えた影響や、北朝時期に仏・道二教が混淆する傾向が見られたことなどを論じる。ただし、碑文の内容については概要を紹介するに留まる。

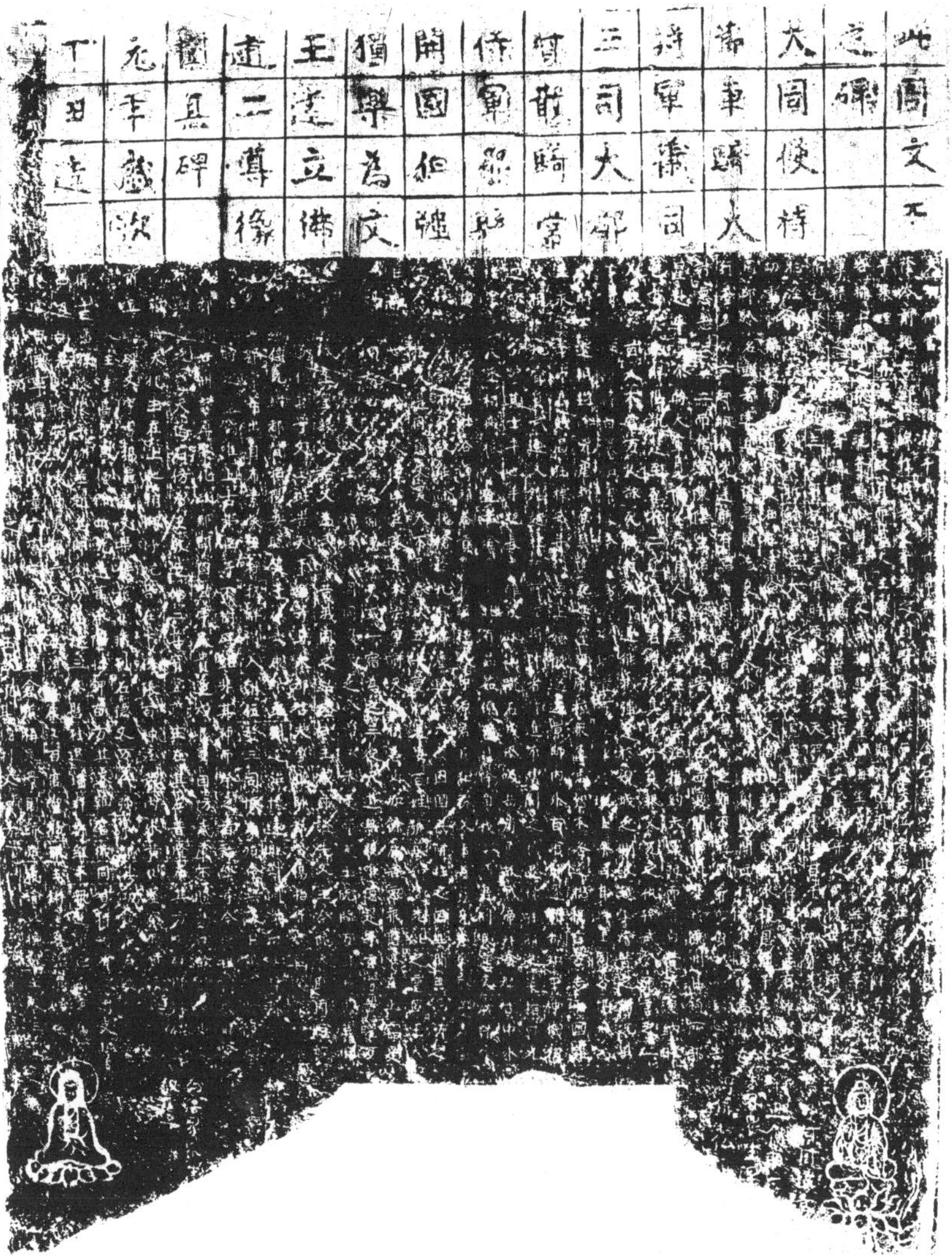

図１　强獨樂造像碑　軸９

北周明帝元年（557）刻。在四川簡陽大佛崖。拓片通高148厘米、寛112厘米。正書、額陽文。

出所：『北京図書館蔵歴代石刻拓本匯編』第八冊より転載

二　釈読

『北京図書館蔵歴代石刻拓本匯編』第八冊掲載の拓本写真は鮮明ではなく、縮尺も小さいため、これを底本とはしえない。しかしながら、幸いにして淑徳大学書学文化センターに収められている拓本を閲覧することができたので、[8]これを底本とし、清代の録文である『金石苑』や『八瓊室』の録文や按語、さらに近現代の録文・校勘を参照して、あらためて録文を作成した。異体字は正字に直してある。文意から判断して借字や誤字と見做せるものについては録文では直さずに、訓読において、〔誤〕〔正〕で正しい字を示し、字を判定しがたい場合については必要に応じて語釈の項に説明を附した。先に録文をまとめて示すが、長文になるため、訓読及び語釈は内容に応じて段落分けして示す。

1　録　文

【碑額】

01　此周文王
02　之碑
03　大周使持
04　節車騎大
05　將軍儀同

06 三司大都
07 督散騎常
08 侍軍都縣
09 開國伯強
10 獨樂爲文
11 王建立佛
12 道二尊像
13 樹其碑
14 元年歳次
15 丁丑造

【本文】

01 夫功例當時、而顯揚千載者、非竹帛無以褒其訓、非金石無以銘其德。是以漢頌李氏於
02 蔭岑、前魏書鄧於綿竹。姫姜受齊魯之封、晉宋垂拱而取天位者、皆猶立身有滔天之功、
03 平暴理亂、存濟蒼生故耳。而我文王、處身成長、値國艱難。恆朔風起、連及魯越、鮮于・葛榮
04 各擁十州之衆、飛魂齊晉。尒時王身文武英邈、策量山海、坐竿知天、謀無不決。平杜・葛二
05 軍積年之寇、掃蘯齊・魏草化之民、京洛淸晏、關東怗然、安置宰守、人民復業。唯有醜奴・莫
06 折屯聚蟻衆、撓亂三秦。賀拔与王、俱時受命、龔行天罰、各領虎將百千、加伽𢶍先、擒醜奴
07 於涇州葨坑之原、戮莫折餘燼在大秦之域、河涼息寧、關隴倏同。平徑定秦、王有陣敵之

08 功、重勳難彰、除原州刺史。在任清儉、与民水菜、不交閤絶私覿、皎然冰鏡。恩同子產、後比
09 周邵。令名照著、遠近欽穆。尋轉爲夏州刺史。尒時賀拔僕射爲關西行臺。侯莫陳爲隴右
10 行臺。各領所部、擬伐兇逆。時有靈州刺史曹埿圮黃河之難、不祗國命。而賀拔僕射心欲
11 討惡、志公無二、而侯莫陳陰生妬嫉、密懷徒害。王時在西夏、聞僕射薨於原州、卽領所部、
12 星赴平涼。尒時大軍見府公薨、背人懷異望。王自至涇、誓約六軍。泣而言曰、「昔洪演納肝、
13 苞茅奠秦、解陽執楚、至死不二、紀信代君焚燒其身、仵員報父兄之仇、孫武令而言之、一
14 人欲死百人不當、万人欲死橫行天下、遂能滅強楚於孃城之側、破越軍噲稽之野。況我
15 等諸軍、將同韓・白、衆如虎狼。今不爲君雪恥、豈可立身於地上乎。」因卽將士同心、揚威西
16 討、時不逾朔、蘯除兇虐、斬侯莫陳元惡黨類、虜掠衆軍、悉恕不咎。遂揔攝百万、志平國難。
17 至永熙年中、高賊昌狂、拺威并相。主上嫌恨、遂遷京師、內外百官、歸還雍都。知王神機獨
18 決、視徹九霄、負武逕文、鎭越社稷。所領將帥者、皆進有曹劌之機、退懷孫臏之策、指日光
19 迴、吹流山壑。其士卒也、手把長戈、雄毅跳山、蹴石成風、吸岳崩思。故武帝拜爲都督中外
20 諸軍事・大丞相。威振八極、六合來賓。北有茹茹傾國歸降。南伐梁國、君刑民遷、交廣請命。
21 西定宕昌・鄧至、吐谷渾稱藩、貢獻相尋。禮及中原、君臣和穆、父義母慈兄友弟恭子孝、盜
22 賊大慝、姦詐不行。故能除攙槍於九霄、掃麈遐於六莫。囹圄無何枉之囚、幽澗無屈滯之
23 士。今日俗美、遵同慈父、旻天不弔、春秋五十、薨於長安。百姓號慕、如遭先妣之喪。國王大
24 臣、咸推世子代其父位、心在哀迷、未治軍府。天鑒積善、必加餘慶。善惡報應、唯在上靈。是
25 以湯王自燒、甘澤降注、宋景思殃熒惑一宿、爲之三徙。天道無親、唯德是予。玄像垂曜、万
26 國必仰。魏主知天命去、已祚歸于周。周畏天之命、卽依恭受。而天王既臨万國。尋思漢祖

27 廼尊謚太上皇、魏文謚父爲武帝、昔我周之紹隆、武王滅紂、謚先文王。今既天歸周、恆應
28 襲其故、遂依尊號文王、斑告天下。樂等、与大都督夫蒙儁・帥都督楊哲・都督呂璨・都督治
29 石嵓縣傅元緒・都督治陽安縣史于德・武康郡丞劉延・治懷遠縣劉開・都督王祥・都督馮
30 延・都督鄭業等、出自布素、蒙王採拔、解褐入朝、位登三司、恢身殞命、無以上報。雖肝腸糜
31 爛、無過時之哀竊。唯上古、非臣子不樹碑銘、非其神而祭之者諂。樂等、今從柱國大將軍
32 大都督廿州諸軍事化政郡開國公宇文貴、邊戍岷・蜀、因防武康、不勝悲切。故於□東之
33 嶺、顯益之崗、天落石傍、爲王敬造佛二尊寶堂、藥王在其左、普賢在其方、文殊師利俠待
34 兩箱、飛天化生在上馳翔、師子吒呰在下侏張。百神莊嚴、內外黃々、鑒察愚冥、濟其道場、
35 前立靈碑、文字書揚、龜龍交槃、巖巍昂藏、刊石隱文、万代彌常、讚其功勳、永序延康。
36 赫々文王、才高少昌、掃除四兇、建節秦陽、摠鉀百万、其峯難當。儀同督將、智濟三剛、文學
37 儒士、態殊陳張。平殄燕・趙、進師金方、尅捷三秦、懸袿邊疆。群姦斂平、衆逆消亡。南定庸・蜀、
38 西及胡羌、北降茹々、東南夷梁。六合清晏、濟々康々。百官釐務、佩玉鏘々、各治其職、撫導
39 勝常。百民率攡、男女顯章、六畜滿原、槃帛盈倉。漢稱文・景、周詠成・康、論比德績、上及三皇。
40 抑強綏貴、採擢賢良、覆載之下、讚言明王。故頌其德、刊文碑傍。

2 訓読及び語釈

【碑額】

此れ周文王(一)の碑。

大周、使持節・車騎大將軍・儀同三司・大都督・散騎常侍・軍都縣開國伯・强獨樂、(二)文王の爲に佛道二尊像を建立し、其の碑を樹つ。元年、歳次は丁丑(三)に造る。

(一)　周文王：西魏の実権を握り、北周の実質的な創始者となった宇文泰のこと。西魏の末年にあたる恭帝三年（五五六）に宇文泰が薨じた際に贈られた謚は「文」で、封爵は安定郡開国公であったので、その段階では「文公」であった。翌年に禅譲された北周では、当初、君主号として皇帝を称さずに天王と称した。したがって宇文泰も「文帝」ではなく、まず「文王」と追尊された。皇帝を称したのは明帝の武成元年（五五九）八月己亥で、宇文泰に文帝が追贈されたのもこの時のことである。国号「周」は宇文泰の死後、嗣子宇文覚が封じられた「周公」から。

(二)　使持節・車騎大将軍・儀同三司・大都督・散騎常侍・軍都県開国伯強独楽：使持節は都督に与えられた権限を大小を示し、上から使持節・持節・仮節の順。車騎大将軍・儀同三司は軍事的位階である戎秩で、柱国大将軍、大将軍、驃騎大将軍・開府儀同三司に次ぐ位階。命階は九命で、通常の品階での従一品に相当する。大都督は八命の軍官号。上から大都督・帥都督・都督。散騎常侍は散官号。『北史』巻三〇、盧同附辯伝に「柱国・大将軍・開府・儀同を授かる者は、並びに使持節・大都督を加え、其れ開府は又た驃騎大将軍・侍中を加え、其れ儀同は又た車騎大将軍・散騎常侍を加う」とあるように、北周制度では儀同三司以上の者には使持節・大都督を、車騎大将軍・儀同三司の者には散騎常侍をあわせて授けることが通例であった。軍都県開国伯は封爵号。北周初期の封爵は上から国公・郡公・県公・県侯・県伯・県子・県男と連なり、県伯は正七命。軍都県は北魏時代には幽州燕郡に属す。現在の北京市昌平県附近。強独楽については詳細不明。

(三)　元年歳次丁丑：北周の孝閔帝、及び明帝の元年（五五七）。

【本文】

［第01～09行：導入～宇文泰の夏州刺史就任まで］

夫れ、当時に功（例）〔烈〕(四)して千載に顕揚するは、竹帛にあらざれば以て其の訓を褒める無く、金石にあらざれば以て其の徳を銘《しる》す無し。是を以て、漢は李氏を蔭岑に頌し(五)、前魏は鄧を綿竹に書す(六)。姫姜の齊魯の封を受け(七)、晉宋の垂拱して天位を取るは(八)、皆な猶お立身するに滔天の功有り。暴を平らげ亂を理めて、蒼生を濟うに存する故のみ。而して我が文王、處身成長して(九)、國の艱難に値《あた》る。恆朔に風起ち、連なりて魯越に及ぶ(一〇)。鮮于・葛榮(一一)、各おの十州の衆を擁し、齊晉に飛魂す。尒《そ》の時、王の身、文武英邈(一二)、山海を策量し、坐筭して天を知り(一三)、謀りて決せざる無し。杜・葛二軍の積年の寇を平らげ(一四)、齊・魏の草化の民を掃蕩し(一五)、京洛は清晏、關東は怙然たり(一六)。宰守を安置し、人民は復業す。唯だ、醜奴・莫折(一七)のみ蟻衆を屯聚し、三秦を撓亂する有り(一八)。賀拔と王、時を俱にして受命し、龔《つつ》しみて天罰を行い、各おの虎將百千を領し、加枷掙先(一九)、醜奴を涇州・虔坑の原に擒え(二〇)、莫折の餘燼を大秦の域にありて戮す(二一)。河・涼(二二)は息寧し、關・隴は倏同す(二三)。（徑）〔涇〕を平らぎ秦を定むるに、王、陣敵の功有るも、重勳の彰し難く、原州刺史(二四)に除さる。任にありて清儉にして、民に水菜を与え、閭を交えず私覿を絶ち、皎然なること冰鏡のごとし(二五)。恩は子産に同じく、（後）〔徳〕は周・邵に比して(二六)、令名は（照）〔昭〕著なれば、遠近は欽穆す。尋で轉じて夏州刺史(二七)と爲る。

（四）功烈：大きな功績をあげること。

（五）漢頌李氏於蔭岑：李氏は戦国秦の時代に蜀の治水に活躍し、漢代以降も当地で尊崇された李冰を指すと考えられる。

（六）前魏書鄧於綿竹：前魏は曹魏、鄧はその将軍の鄧艾。鄧艾は景元四年（二六三）、鍾会とともに蜀に攻め込み、陰平から進んで綿竹（成都市徳陽の北）で諸葛瞻を破り、蜀を降伏させた。綿竹には鄧艾の戦功を顕彰する京観が立てられた。また、謀叛の罪で誣告されて殺された地でもある（『三国志』巻二八、鄧艾伝）。本碑が四川に建てられたものであることから、冒頭には前項とともに四川地域にかかわる故事が引かれている。

（七）姫姜受斉魯之封：魯に封じられた姫姓の人物は周公旦。斉に封じられた姜姓の人物は姜子牙、すなわち太公望呂尚。

（八）晋宋垂拱而取天位：晋宋は六朝のそれ。垂拱には手をこまねいて何もしないことの意もあるが、続く文で「有滔天之功」と大きな功績によるものであるとしているので、その意では採らず、受け継ぐの意で解釈するべきであろう。

（九）処身成長：「成」は「戎」の可能性もある。その場合、「身を戎に処くこと長く」と訓じる。

（一〇）恆朔風起、連及魯越：恆・朔は恆州と朔州。恆州の治所は平城。朔州の治所はながらく盛楽に置かれていたが、破六韓抜陵の乱が起きた正光五年（五二四）の八月に懐朔鎮に朔州が置かれ、旧来の朔州は雲州に改められている。盛楽と平城はともに北魏の旧都であり、地域的にも隣接することから、「恆朔」と並称された。魯は山東地方、越は浙江地方を指す。後文とあわせて、ここでは北魏末に諸反乱が吹き荒れた地域を示すものと考えられるが、その場合、越では違和感がある。あるいは越は趙の誤りか、もしくは南朝梁の支援を受けた元顥の北伐を念頭に置いているのかもしれない。

（一一）鮮于・葛栄：鮮于は鮮于修礼。北魏末に起きた反乱の指導者の一人。孝昌二年（五二六）に定州で反乱を起こし、年号「魯興」をたてる。葛栄は鮮于修礼の反乱軍に属し、鮮于修礼の死後、その勢力の後継者となった。河北南部を転戦し天子を自称するに至る。国号は斉。北魏末諸反乱の主役の一人。宇文泰は鮮于修礼・葛栄の配下に加わっていたことがあり、葛栄が爾朱栄に滅ぼされると、爾朱栄の配下に遷った。斉・晋は山東と山西で、やはり諸反乱が及んだ地域である。

（一二）英邈：抜きん出て秀でるさま。

（一三）坐竿知天：竿は算と同じ。いながらにして天下の動静を知るの意。

（一四）平杜・葛二軍、積年之寇：杜は杜洛周のこと。柔玄鎮の人。孝昌元年（五二五）に上谷で挙兵し、河北北部を荒らす。葛は前述の葛栄で、武泰元年（五二八）に協調していた杜洛周を殺害してその勢力を併呑した。

（一五）　掃蕩斉・魏、草化之民：斉は山東、魏は河南地方。草化之民は雑草がはびこるように周囲を侵食する民の意か。

（一六）　京洛清晏、関東怗然：京師洛陽と、河北・河南・山東・山西といった潼関以東の地の戦乱が平定されたことを述べる。続く文で陝西・甘粛地方の反乱がいまだ平定されていないことを述べていることと対比される。

（一七）　醜奴莫折：万俟醜奴と莫折念生のこと。ともに関隴地方で蜂起した反乱軍の首領。

（一八）　賀抜：宇文泰の前に関西軍閥を率いていた賀抜岳のこと。神武・尖山の人。『魏書』巻八〇・『周書』巻一四・『北史』巻四九に列伝。

（一九）　加𤬪先：字義不詳。『八瓊室』は「𤬪」を「猛」の、「𤬪」を「争」の俗字かもしれないとする。『四川歴代碑刻』・『巴蜀仏教碑文集成』は「剛奮争先」とする。前後の文意から、先を争うように奮闘したといった内容でなければならない。

（二〇）　涇州萇坑之原：涇州の治所は安定、現在の陝西省涇川。萇坑は『周書』巻一四、賀抜岳伝には「平涼長坑」とあり涇州の中でも平涼郡内の地名であることがわかる。

（二一）　戮莫折余燼在大秦之域：莫折餘燼はかつて莫折念生の配下あり、当時は秦州略陽で賊を率いていた王慶雲の勢力のこと。賀抜岳等が王慶雲・万俟道洛を滅ぼした水洛城は秦州の域内にあったので「大秦之域」と記されている。

（二二）　河・涼：河州と涼州。河州の治所は枹罕、現在の甘粛省臨夏。涼州の治所は武威、現在の甘粛省武威。

（二三）　関隴倏同：関西から隴西までの地域を関隴と併称する。倏同はたちまちに一つにまとまること。

（二四）　原州刺史：原州の治所は高平郡、現在の寧夏固原。なお本紀によればこの時の宇文泰は行原州事である。

（二五）　不交闇絶私覿、皎然冰鏡：公私混同をせず、清廉潔白な統治をしたということ。

（二六）　恩同子産、徳比周邵：子産は春秋鄭の公孫僑。鄭の相となってよくこれを治め、孔子が「古之遺愛」と称した。周邵は周公旦と召公奭。ともに周武王の弟で、甥の成王を補佐した。

（二七）　夏州：治所は統万城で、現在の陝西省靖辺の北。

［第09～16行：賀抜岳の横死～侯莫陳悦を討つまで］

尒の時、賀拔僕射(二八)、關西行臺たり。侯莫陳(二九)、隴右行臺たり。各おの部する所を領し、兇逆を伐たんと擬す。時に靈州刺史曹（涅）〔泥〕(三〇)の黄河の難を圮《やぶ》り、國命を（祗）〔祇《つつし》〕まざる有り。而して賀拔僕射、心に惡を討たんと欲し、志は公にして二無きも、侯莫陳、陰かに妬嫉を生じ、密かに徒に害せんと懷《おも》う。王、時に西夏(三一)にありて、僕射の原州(三二)に薨じるを聞き、即ち部する所を領し平涼(三三)に星赴す。尒の時、大軍、府公(三四)の薨ずるに見みえ、人に背き異望を懷く。王、自ら涇に至り、六軍(三五)に誓約す。泣きて言いて曰く、「昔、（洪）〔弘〕演、肝を納れ、苞茅奠(三六)秦し、解（陽）〔揚〕、楚に執えられ死に至るも二あらず(三七)。紀信、君に代りてその身を焚焼し(三八)、（仵）〔伍〕員、父兄の仇に報いるに(三九)、孫武、令して之に言うに、一人死を欲せば百人當らず、万人死を欲せば天下を横行す(四〇)、と。遂に能く強楚を孃城の側に滅し(四一)、越軍を（噲）〔會〕稽の野に破る(四二)。況んや我れら諸軍、將は韓・白(四三)に同じく、衆は虎狼の如し。今、君の爲に恥を雪がざれば、豈に地上に立身すべけんや」と。因りて即ち將士同心し、威を揚げて西討し、時、朔を逾《こえ》ずして、兇虐を蘯除し、侯莫陳の元惡(四四)・黨類を斬り、衆軍を虜掠し、悉く恕して咎めず。遂に百万を揔攝し、國難を平げんと志ざす。

（二八）僕射：尚書僕射。この場合は地方へ派出された行台（台閣＝尚書省）の長官。賀抜岳は関西地域を管轄した大行台の長官を兼ねていた。

（二九）侯莫陳：侯莫陳悦のこと。代郡の人。爾朱天光の征西軍では賀抜岳とともに副将を務めた。『魏書』巻八〇・『北史』巻四九に列伝。

（三〇）霊州刺史曹泥：霊州は寧夏回族自治区霊武。曹泥は高歓に通じ、賀抜岳の控制下にはいることを拒んだ。

（三一）西夏：夏州を指す。

（三二）薨於原州：賀抜岳が侯莫陳悦によって暗殺されたことを指す。『周書』巻一四、本伝では高平（＝原州）、同巻一、文帝紀では河曲で殺されたことになっている。

（三三）平涼：涇州管内の郡。現在の陝西省華亭の西。

（三四）府公：賀抜岳を指す。

（三五）六軍：天子の軍隊全体を指すが、当時の賀抜岳や宇文泰が一将帥にすぎないことはいうまでもない。

（三六）弘演納肝苞茅奠秦：弘演は春秋・衛の人で懿公の忠臣。弘演が他国に使者として出ていた間に狄人が衛に攻め込み、懿公を殺すと肝だけを残してその肉を食った。帰国した弘演は肝に報告し、腹を割いて自らの肝を取り出し、懿公の肝を腹中に入れて死んだ。このような忠臣を輩出した衛国は存続すべきであると考えた斉の桓公が、楚丘に衛を再興させたという故事にもとづく（『呂氏春秋』、忠廉）。苞茅は天子が諸侯に領地を与える儀式で用いる一塊の土を包んだ茅草。

（三七）解揚執楚至死不二：解揚は春秋晋の大夫。楚が宋に攻め込んだ際、楚に降伏しないよう伝えるために宋に赴いたものの、楚軍に捕らえられ、逆に早々に降伏せよと伝えることを強要された。解揚は受け入れたふりをして、もとの君命の通りに「晋の援軍が来るまで持ちこたえよ」と伝えた。楚は解揚を殺そうとしたが諫める者があり、結局解揚を晋に帰したという故事にもとづく（『左伝』、宣公十五年）。

（三八）紀信代君焚焼其身：紀信は漢高祖の臣。楚漢抗争のおり、楚軍に包囲された滎陽城から高祖を脱出させるために紀信は高祖の身代わりとなって楚軍を引き付け、捕らえられて項羽に焼き殺された故事にもとづく（『史記』巻七、項羽本紀）。

（三九）伍員報父兄仇：伍員、字は子胥、春秋呉の人。父兄を楚の平王に殺された伍子胥は呉に身を寄せ、呉王闔廬を説いて楚を討ちその都郢（湖北省荊州市）を陥落させた。ただし、楚を滅亡させるまでには至っていない（『史記』巻六六、伍子胥伝）。

（四〇）人欲死百人不当、万人欲死横行天下：直接の出典は不明。同内容の文章としては、『修行道地經』菩薩品第三十に、

「一人欲死十人不當、十人欲死百人不當、百人欲死千人不當、千人欲死萬人不當、萬人欲死天下縱橫」とあり、また『後漢書』巻三八、張宗伝に、「愚聞一卒畢力、百人不當。万夫致死、可以横行」というものがあるが、孫子とのつながりは定かではない。

（四一）　滅強楚於孃城之側：孃城について、『八瓊室』の按語では穰城（河南省鄧県）であると指摘するが、当時の楚の都、郢とは距離がある。なお、郢を陥落せしめた際に、伍子胥が平王の墓を暴き死体にむち打った故事が著名である（『史記』巻六六、伍子胥伝）。

（四二）　破越軍会稽之野：会稽（浙江省紹興市）は越の都。呉郡が越軍を破り会稽に進んだのは呉王夫差二年のこと。この時の停戦協議については、伍子胥は不満であった（『史記』巻六六、伍子胥伝）。

（四三）　韓白：漢初の将軍韓信と戦国秦の将軍白起のこと。ともに名将として知られる。

（四四）　元悪党類：悪の張本人とその仲間たち。

［第17～23行：孝武帝奉迎～薨ずるまで］

永熙(四五)年中に至りて、高賊、（昌）〔猖〕狂して威を挊《もてあそ》び相を并わす(四六)。主上嫌恨し、遂に京師を遷し、内外百官は雍都に歸還(四七)す。王の神機獨決、視ては九霄(四八)を徹し、員武逕文(四九)なるを知り、社稷を鎭越す。領する所の將師は、皆進みては曹劌(五〇)の機有り、退きては孫臏(五一)の策を懷だき、日を指さば光迴(五二)り、流れを吹かば山壑《うが》たる。其の士卒たるや、手ずから長戈を把り、雄毅して山を跳び、石を蹴り風を成し、岳を吸《の》み思を崩す(五三)。故に武帝(五四)、拜して都督中外諸軍事・大丞相(五五)と爲す。威は八極(五六)に振るい、六合(五七)は來賓す。北のかた茹茹(五八)の傾國して歸降する有り。南のかた梁國を伐ち、君は刑され民は遷(五九)され、交・廣(六〇)は命を請う。西のかた宕昌・鄧至(六一)を定め、吐谷渾(六二)は藩を稱し貢獻することと相い尋ぐ。禮は中原に及び、君臣は和穆し、父は義し、母は慈しみ、兄は友、弟は恭、子は孝、盜賊・大憝は姦詐行わず。故に能く攙（槍）〔搶〕を九霄に除き、塵遐を六（莫）〔幕〕に掃く(六三)。圀圕に（何）〔荷〕枉の囚無く、(六四)幽澗に屈滞の士無し。(六五)今日の俗美、遵ふこと慈父と同じくするも、昊天、弔《あわ》れまず、(六六)春秋五十にして長安に薨ず。

（四五）永熙年中：北魏孝武帝の年号（五三二～五三四）。
（四六）高賊猖狂拚威并相：高賊は高歓。懐朔鎮の人。北魏最末期から東魏にかけての宰相となって実権を握り、続く北斉の事実上の創始者となった。猖狂は激しく狂うこと。拚は弄に同じ。高歓が専横を恣にしたことを指す。
（四七）主上嫌恨、遂遷京師、内外百官、帰還雍都：主上は北魏の孝武帝（在位五三二～五三四）。高歓によって皇帝に立てられるも、洛陽を脱出して長安（雍都）の宇文泰の元に帰す。
（四八）九霄：天の高いところ。霄は大空。
（四九）員武逕文：緯武経文と同じく、文武に両面に能力を有しているの意。「員」は「周」、「逕」は「直」の意。
（五〇）進有曹劌之機：曹劌＝曹沫は春秋・魯の人。斉軍と長勺に戦い、移動する斉軍の轍や旗の様子からその混乱している状況を見抜いた上でこれを追撃し、大勝した故事にもとづく（『春秋左氏伝』、荘公十年）。
（五一）退懐孫臏之策：孫臏は斉の威王に仕えた兵法家。撤退行軍時に竃を減らして敵軍を誘い込み、伏兵によってこれを大破した故事にもとづく（『史記』巻六五、孫臏伝）。
（五二）指日光迴：日をさしまねいて日が沈むのを留めること。『古今事分類聚』前集巻二、以剣指日条所引の『淮南子』に「虞公與夏戰、日欲落、公以劍指日、日退不落」とあるのにもとづく。
（五三）吸岳崩思：文意不詳。
（五四）武帝：北魏の孝武帝。前出の「主上」と同じ。
（五五）都督中外諸軍事・大丞相：都督中外諸軍事は全国の軍を統帥する最高司令官職。ただし、中外の示す範囲については諸説ある。従第一品。大丞相は百官の長にして最高位の宰相職。第一品に相当。
（五六）八極：八方の果て、転じて全世界を指す。

（五七）六合：東西南北の四方と天地で、全世界を指す。

（五八）茹茹：蠕蠕・柔然のこと。五～六世紀に北アジアを制覇した遊牧勢力。本碑が建てられたのと同時期に、突厥によって滅ぼされた。

（五九）南伐梁国、君刑民遷：梁は南朝蕭梁。恭帝元年（五五四）末に西魏軍が江陵に進攻して元帝を殺し、多くの臣僚・住民が関中に徙されたことを指す。

（六〇）交・広：交州・広州のこと。西魏・北周が直接かかわった地としては、西魏末年以降に秦州天水の北に交州が置かれ、また、北魏時期には河南洛陽の南の魯陽に広州が置かれて東西両魏の抗争地となっていた。しかしながら、これらの二所が並べてあげられることに合理性は認められない。したがって、これらは現ベトナム・ハノイの交州と広東の広州のことで、南朝政権のそのまた南端を指していると考えられる。

（六一）宕昌・鄧至：宕昌は現在の甘粛省東南部の宕昌を中心に勢力を張った、梁氏を酋帥とする羌族。西魏・北周に対しては叛服を繰り返した。鄧至も同じく羌族。宕昌の南に接する地域に勢力を張った。西魏恭帝元年（五五四）に酋帥檐桁が西魏に亡命すると、宇文泰は軍を派遣してその地を回復せしめたことがある。

（六二）吐谷渾：青海に大きな勢力を張っていた国。住民の多くはチベット系であったが、君長は東方より移っていた慕容鮮卑の一派。しばしば河西回廊に侵入した。

（六三）除攙搶於九霄、掃塵遐於六幕：攙搶は彗星・妖星の名。兵乱の兆しとされる。六幕は天地と四方で、六合に同じ。

（六四）囹圄無荷枉之囚：牢獄に捕らわれている者のなかに、冤罪によるものがいなかったことの意。

（六五）幽澗無屈滞之士：人士は皆出仕して、隠逸のように奥深い山谷に留まっている人物がいなかったの意。

（六六）旻天不弔：天が慈悲を与えずに人が亡くなることを嘆く際に用いられる（『詩経』小雅、節南山）。

［第23～28行：西魏から北周への継承］

百姓の號慕せること、先妣の喪に遭うが如し。國王・大臣（六七）、咸な世子（六八）を推して其の父の位を代らしむるも、心は哀迷に在り、未だ軍府を治めず。天、積善を鑒がみ、必ず餘慶を加ふ。[六九] 善悪の報應するは、唯だ上靈にあり。是を以て、湯王の自ら焼すれば甘澤降注し、[七〇] 宋景の熒（或）〔惑〕一宿の殃《わざわい》するを思い、之が爲に三徙す。[七一] 天道、親しむ無し、ただ德のみ是れ予《あた》う。[七二] 玄（像）〔象〕[七三] の垂曜すれば、万國、必ず仰ぐ。[七四] 魏主、天命の去り、已に祚の周に歸するを知る。周、天の命を畏れ、卽ち依りて恭受す。而して天王、既に万國に臨む。尋いで漢祖の迺ち太上皇を尊謚し、魏文の父に謚して武帝と爲し、[七五] 昔、我が周の紹隆するに、武王の紂を滅し、先に文王と謚[七六]するを思う。今既に天の周に歸せば、恆に應に其の故を襲ぐべし。遂に依りて文王と尊號し、天下に（斑）〔班〕告す。

（六七）国王・大臣：西魏末年には、郡王の封爵を有していた者は郡公に降格されている（例降）。したがって、宇文泰が薨じた時には西魏政権内に王爵を有していた人物は存在しなかった可能性が高い。周辺諸勢力の国王を指している可能性はあるが、大臣の前に並べてある点で疑問符が付く。

（六八）世子：北周の初代天王（後に孝閔帝と追謚）である宇文覚（在位五五七）。宇文泰の三男であったが、母が北魏孝武帝の妹であったために世子に立てられた。

（六九）天鑒積善、必加余慶：善行を積んだ家は、その余沢が子孫に及ぶことの意。『易経』坤、文言に「積善之家、必有餘慶。積不善之家、必有餘殃」とあるのにもとづく。

（七〇）湯王自焼甘沢降注：湯王が五年続いた旱魃を収めるためにみずから万民の罪を引き受け、犠牲となって上帝に祈ることで雨を降らせた故事にもとづく（『呂氏春秋』巻九、季秋紀、順民）。

（七一）宋景思殃熒惑一宿為之三徙：熒惑（火星）が宋の分野に止まった際、宋の景公はみずから天罰を受ける覚悟を決め、民を想う発言を三度したことから、熒惑が三回星宿を徙した故事にもとづく（『呂氏春秋』巻六、季夏、制楽）。

（七二）天道無親唯徳是予：天道は特定の者を贔屓することはなく、徳があればその人に与えるの意。『論語』泰伯篇に「夫天道無私、唯德是與」とあるのにもとづく。
（七三）玄象：天象。清代に編まれた諸録文が「元像」に作るのは清・康熙帝の避諱による。
（七四）魏主：西魏の恭帝、元廓（在位五五四～五五六）。
（七五）漢祖酒尊謚太上皇、魏文謚父為武帝：漢の高祖が父太公に太上皇をとしたのは高祖六年五月丙午のこと。当時、太公はまだ存命であったので「謚」ではない。魏文は曹魏の文帝、武帝は曹操。
（七六）武王滅紂、謚先文王。『史記』巻四、周本紀によれば、武王は父に文王と謚してから殷に対して挙兵している。

［第28～35行：強独楽等による立碑］

樂等、大都督夫蒙儁（七七）・帥都督楊哲・都督呂璨（七八）・都督治石（嵔）〔崗〕縣傅元緒（七九）・都督治陽安縣史于德（八〇）・武康郡丞劉延（八一）・治懷遠縣劉開（八二）・都督王祥・都督馮延・都督鄭業（八三）等とともに、布素より出で、王の採拔を蒙り、褐を解きて入朝し、位三司に登り、恢身殞命するも、以て上報する無し。肝腸の糜爛すると雖も、時の哀竊するに過ぐる無し。唯だ上古より、臣子に非ざれば碑銘を樹てず、其の神に非ずして之を祭る者は（諂）〔諂《へつら》〕いなり（八四）。樂等、今、柱國大將軍・大都督廿州諸軍事・化政郡開國公宇文貴（八五）に從い、岷・蜀に邊戍（八六）し、因りて武康を防ぐも、悲切に勝《た》えず。故に□東の嶺、顯益の巖、天落石の傍に於いて、王の爲に敬して佛二尊・寶堂を造る。藥王は其の左にあり、普賢は其の（方）〔右〕にあり、文殊師利（八七）は兩葙に（俠侍）〔夾侍〕し、飛天は化生し上にありて馳翔し、（師）〔獅〕子は呧呰《たし》し下にありて侏張（八八）す。百神莊嚴、內外黃々、愚冥を鑒察し、其の道場を濟《な》し、前に靈碑を立てる。文字は書揚し、龜龍は交槃（八九）し、巖巋は昂藏（九〇）す。刊石・隱文は、万代まで彌れ常なれば、其の功勳を讚え、永く延康に序せん。

（七七）夫蒙儁：詳細不明。夫蒙は西羌系の姓で、不蒙とも作る。
（七八）楊哲・呂璨：詳細不明。
（七九）都督治石崗県傅元緒：傅元緒については詳細不明。石崗県は武康郡に属した県で、現在の四川省簡陽市の西の五指郷付近。
（八〇）都督治陽安県史于徳：史于徳については詳細不明。陽安県は武康郡に属した県で、現在の四川省簡陽市。「徳」を「仲」に作る録文も存在する（『四川歴代碑刻』録文、校勘三五）。
（八一）武康郡丞劉延：劉延については詳細不明。武康郡は資州属した郡で、治所は陽安県。
（八二）治懐遠県劉開：劉開については詳細不明。懐遠県は武康郡に属した県で、現在の簡陽市東南の新市鎮懐遠郷。
（八三）王祥・馮延・鄭業：詳細不明。
（八四）非其神而祭之者諂：尊くないものを祭るのはへつらう行為であるという意。『論語』為政篇に「子曰非其鬼而祭之諂也」とあるのにもとづく。
（八五）柱国大将軍・大都督廿州諸軍事・化政郡開国公宇文貴：宇文貴は西魏・北周に使えた将帥で、いわゆる「十二大将軍」の一人。『周書』巻一九、『北史』巻六〇に列伝。大都督廿州諸軍事は（この場合益州を中心とした）二〇州の軍事を統帥する職。柱国大将軍は当時最高位の将軍号。化政郡は夏州統万城に置かれていた郡。
（八六）岷蜀：岷は岷山・岷江の一帯、蜀は四川省成都一帯、あわせて四川の地を指す。
（八七）薬王・普賢・文殊師利：みな釈迦如来の夾侍として置かれる菩薩。したがって「仏二尊」のうち一体は釈迦像であろうと思われる。
（八八）吒呰・侏張：吒呰は叱るように声をあげるさま。侏張は力強く勢いが盛んなさま。
（八九）交槃：わだかまるさま。
（九〇）巖巃昂藏：険しい岩山がそそり立っている様子。「巃」は「巍」もしくは「巉」。

［第36～40行：頌文］

赫々たる文王、才の高きこと少くして昌《あき》らかにして、四兇を掃除し、節を秦陽に建て、鉀を擁ぶること百万、其の峯當り難し。儀同・督將の智は三（剛）〔綱〕(九一)を齊しくし、文學・儒士の態は陳張(九二)を殊にす。燕・趙を平殄し、師を金方に進め、三秦に尅捷し、邊疆に懸（徃）〔旌〕(九三)す。羣姦は斂平し、衆逆は消亡す。南のかた庸・蜀(九四)を定め、西のかた胡羌に及び、北のかた茹々を降し、東南に梁を夷《たいら》ぐ。六合の清晏なること、濟々康々たり。百官は務めを幇《たす》け、佩玉は鏘々《そうそう》たりて、各おの其の職を治め、勝の常なるを撫導す。百民は率（擕）〔舞〕(九五)し、男女は顯章し、六畜は原に滿ち、（棨）〔穀〕帛は倉に盈つ。漢の文・景(九六)を稱し、周の成・康(九七)を詠い、論じて德績を比するに、上は三皇に及ぶ。強を抑さえ貴を綏んじ、賢良を採擢し、覆載(九八)の下、讃して明王と言う。故に其の德を頌し、文を碑傍に刊す。

（九一）三綱：君臣・父子・夫婦の道のこと。
（九二）陳張：意見を述べること。
（九三）懸旌：遠方に軍を出すこと。懸軍。
（九四）庸・蜀：庸は春秋時代、湖北省竹山付近にあった国の名。蜀とあわせて、中原から見て西南地域を指す。
（九五）率舞：連れだって舞を舞うこと。皆が喜ぶさま。
（九六）文・景：前漢の第五代文帝（在位前一八〇～一五七）と第六代景帝（在位前一五七～一四一）。
（九七）成・康：西周の第二代成王と第三代康王。
（九八）覆載：天が万物を覆い、地が万物を載せること。天と地。

三　西魏・北周による四川支配の形成

四川、そのなかでも中心となる成都周辺は、ながらく南朝の領域であったが、本碑が建てられる四年前、北周の前身である西魏の廃帝二年（五五三）八月に西魏の領するところとなっていた。そこで、本碑が建てられた孝閔帝元年（五五七）までの当地の政治状況を瞥見し、建碑当時の背景を確認する。

1　尉遅迥時期

梁の太清三年（五四九）三月、東魏からの降将・侯景の叛乱によって建康・台城を陥落させられ、同年五月、武帝という大黒柱を失った梁は、宗室同士が相討つ内戦状態に陥った。そのなかで大きな勢力を有していたのが、武帝の七男で荊州にいた湘東王蕭繹（のちの元帝）と、武帝の八男で四川益州にいた武陵王蕭紀である。

武陵王紀は大同三年（五三七）に都督益梁等十三州諸軍事・安西将軍・益州刺史に除されて成都に鎮して以来、『南史』巻五三、武陵王紀伝に、

在蜀十七年、南開寧州・越嶲、西通資陵・吐谷渾。内修耕桑鹽鐵之功、外通商賈遠方之利、故能殖其財用、器甲殷積。

とあるように、四川の経営を順調にこなしていた。その後、梁の大宝三年（五五二）四月に皇帝を称した武陵王紀は、同八月に水路東下して荊州の湘東王繹と戦ったが、翌年七月に敗死する。この武陵王紀の東下を迎え撃った湘東王繹は、武陵王紀の動きを牽制するために西魏に救援を求めており、これを承けた西魏は将軍尉遅迥を守

備が手薄になっていた四川に攻め込ませていた(9)。

尉遅迥は『周書』巻二一・『北史』巻六二に列伝がある。字は薄居羅、代の人で、その先祖は、北魏の別種で尉遅部を号していたという。尉遅迥自身は宇文泰の姉の子、つまり甥にあたり、宇文泰にとっては貴重な身内の一人であった。西魏文帝の娘の金明公主を娶っており、文武に渉って有能で、尚書左僕射兼領軍将軍を経るなどして大統一六年（五五〇）には大将軍に列していたが、いわゆる十二大将軍の構成員には含まれてはいない。少くして聡敏、長じては大志有り、施を好み士を愛し、また母である昌楽大長公主によく仕えたという。

西魏廃帝二年（五五三）、尉遅迥は一万二千の軍を率いて晋寿・剣閣・潼州と進み、八月に成都を陥落させた。武陵王紀が死んだ翌月のことである。

伐蜀に成功した尉遅迥は、そのまま大都督・益潼等十二州諸軍事・益州刺史に除されて新領土の経営を任され、剣閣以南における承制封拝及び黜陟の権を附された。尉遅迥の治政は賞罰が明らかで、恩威を布いたため、計略の軍を出さずとも、帰附する者が華夷の別無く続いたと列伝にはあり、翌廃帝三年（五五四）に都督する州を六州を加えられて通前十八州諸軍事となったのは、これによる支配地域の拡大によるものであろう。しかしながら、帰附するものが続いたという文言とは裏腹に、尉遅迥の在任中、早ければ成都陥落の直後頃にはすでに、進軍してきた経路にあたる潼州・新州・始州で民衆の叛乱が起こってもいる。これらが連結して関中との交通が遮断される様相も呈したが、叱羅協・司馬裔・伊婁穆等の活躍によって鎮圧されている。新規占領地での叛乱の発生は、なかなかに抑えがたいものであるようで、尉遅迥としても東方へ経略の軍を出し、梁の残存勢力を駆逐するだけの余裕は無かったのが実状であろう。

尉遅迥の鎮蜀は、この廃帝三年には終わり、実質的には二年に満たなかった。この時期に執られたその他の施策としては、辛昂による文翁の祭祀があげられ、『周書』巻三九、辛慶之附族子昂伝に、成都、一方の會なるも、風俗舛雜なり。迥、昂の從政に達するを以て、復た昂を行成都令に表す。昂、縣に到るや、即ちに諸生と文翁學堂を祭り、因りて共に歡宴す。諸生に謂えらく、「子は孝、臣は忠、師は嚴、友は信、立身の要、斯くの如きのみ。若し斯の語に事えざれば、何を以てか名を成さん。各おの宜しく自ら勉め、克く令譽を成すべし」と。昂の言切、理至なれば、諸生等並びに深く感悟し、歸りて其の父老に告げて曰く、「辛君、教誡すること此の如し、之に違うべからず」と。是に於いて井邑肅然とし、咸な其の化に從えり。

とある。蜀郡の学校といえば、前漢の太守文翁以来の伝統があり(10)、辛昂もまた文翁を祭り学生たちに説諭し、舛雑なる風俗を感化せしめていったという。

2 宇文貴時期

尉遅迥に代わって益州成都に鎮したのが、本碑にも登場する宇文貴である。宇文貴は『周書』巻一九・『北史』巻六〇に列伝がある。字は永貴、先祖は昌黎大棘の人で、のちに夏州に徙ったというから、宇文泰と同じ宇文姓でも、その系統は異なるようである。しかしながら『周書』本伝中に、

大統初、右衛將軍に遷る。貴、騎射を善くし、將率の才有り。太祖、又た宗室たるを以て、甚だ之に親委す。

ともあることから、一族に準じるかたちで重用されたようである(11)。大統一六年（五五〇）に大将軍を拝しており、所謂十二大将軍の一人に連なっている。少きより師について学んだが、男子たるもの武によって公侯の位を取るべしと戦陣に立ち、勇をもって知られ、またその一方で音楽を好んだともいう。

宇文貴が興西益等六州諸軍事・興州刺史から遷って四川に入った折には、隆州（四川省閬中）で叛乱が起こっ

ており、これを鎮圧したところで、宇文貴は正式に都督益潼等八州諸軍事・益州刺史に叙され、小司徒を加えられた。西魏・北周の益州出鎮者の任免に対する基本方針を述べる記述が、『周書』巻一二、斉煬王憲伝にある。

初め平蜀の後、太祖、其の形勝の地なるを以て、宿將をして之に居らしむるを欲さず。諸子の中より推擇有らんと欲す。

宇文泰（太祖）は、四川という形勝の地を獲得した時点ですでに、その閉鎖性・独立性を鑑み、統治に際して宿将を置くことを嫌い、諸子の中からここに鎮する者を選ぼうとしていたという。しかしながら、宇文貴は宿将といって差し支えない人物であるので、この方針に反することになる。これは当時宇文泰の諸子はまだ幼く、都督益州等諸軍事・益州刺史を担当できる人物がいなかったことと、まだ反乱・戦争が多発する不安定な状況下で、軍事的能力に信頼の置ける宿将を配置せざるをえなかったことによるのであろう。

宇文貴時期の施策としては『周書』本伝中に、

是より先、蜀人劫盗多し。（宇文）貴、乃ち任俠の傑健なる者を召し、署して遊軍二十四部と爲し、其れをして督捕せしめ、是れ由り頗る息む。

とあるように、任侠傑健なる者を召し出して遊軍二十四部を組織し、盗賊等の追捕にあたらしめ、大いに効果をあげた。これらの要員は地元出身者であったろうと考えられ、統治にあたっての土着勢力の積極的な利用のさまが浮かび上がる。益州の周辺に陵州・資州・遂州の三州が置かれたのは西魏から北周に移って孝閔帝元年（五五七）の正月のことであり、(12)やはり宇文貴の時代のことである。また、宇文泰が崩じると内外に動揺が走り、四川でも始・利・沙・興・信・合・開・楚の諸州で叛乱が起こっており、(13)梁州刺史崔猷や信州刺史李遷哲とともに、宇文貴もまた平定に奔走したであろう。

本碑が建てられたのは、このように西魏・北周による四川支配がまだ安定していない時期のことであった。

四　宇文泰の事跡に関する記述の検討

本章では本碑文の核となる宇文泰の事跡について、従来の文献史料との比較を行う。緒言でも述べた通り、本碑文はある特定の出来事を主題としているものではなく、宇文泰の生涯を短くまとめたものである。したがって、上下二巻ある『周書』文帝紀との文章量の差は大きく、独自の内容はあまり期待できない。しかしながら、何が書かれ、何が書かれていないか、何が特に重要視されているかといった、本碑文内容の書かれ方についての検討は充分に可能であろう。そこで、まず各項毎に文献史料と突き合わせ、しかるのちにそこから見いだせる傾向や特徴などについて述べていくこととする。

第03～05行では、河北で鮮于修礼や葛栄の叛乱が猖獗をきわめた折に、宇文泰は杜洛周・葛栄の叛乱を平げ、洛陽をはじめ関東に平安をもたらしたと記す。この点については『八瓊室』の按語が触れているが、簡潔に過ぎるのでいま一歩深く確認しておこう。

『資治通鑑』や『周書』巻一、文帝紀上等にもとづいて、北魏末の諸叛乱の展開と、そのなかでの宇文泰一族の動きをまとめると、以下のようになる。(14)

正光五年（五二四）、沃野鎮で破六韓抜陵が挙兵したのを皮切りに、瞬く間に各地で叛乱が発生した。破六韓抜陵軍の一部隊は翌孝昌元年（五二五）に懐朔鎮を攻め陥とし、さらに武川にも押し寄せた。宇文泰の父宇文肱は、郷里武川の衆を糾合してこれに抵抗したが押し止めることはできず、河北の中山へと避けた。その河北では、孝昌二年（五二六）正月に定州で鮮于修礼が北鎮の流民を率いて蜂起し、その配下には葛栄がいた。宇文肱は鮮于修礼に敗れるとその軍に加わり、宇文泰もこれに随っていた。その後、宇文肱は北魏官軍との戦いで命を落とす。同年八月、鮮于修礼が配下の賊帥元洪業に殺され、その元洪業を葛栄が殺すことで叛乱軍が葛栄の指揮下におさまると[15]、宇文泰もそのまま葛栄の軍に参加することとなった。河北を席巻した葛栄軍は杜洛周軍と合流し、杜洛周を殺すことでその軍を併呑し、さらに勢力を拡大させた。そのさなか、宇文泰は葛栄のもとにいても先はないと判断して兄弟達とともに逃亡することを企てていたが、実行する前に葛栄は爾朱栄に敗れてしまった。爾朱栄によって葛栄が捕らえられ、河北が平定されるに及んで、宇文泰は今度は爾朱栄の配下へと加わることとなった。

上記のような展開から、宇文泰は葛栄の叛乱を鎮定する側に立ったことがないこと、したがって杜洛周・葛栄の叛乱を平らげてもいないことがわかるが、本碑文の記述はこれと相反している。逆に本碑文には宇文泰が鮮于修礼・葛栄の軍に加わっていたことは記されていない。

続いて第05～09行では、関西での万俟醜奴・莫折念生の叛乱と、それに対する賀抜岳・宇文泰の活躍が記される。

関西の諸叛乱を平定するために、洛陽の朝廷から派遣された征西軍の主将は、爾朱栄の一族の爾朱天光であった。当初、爾朱栄は賀抜岳を主将として派遣しようとしたが、功績をあげることにより爾朱栄から警戒されることを恐れた賀抜岳が、主将に爾朱氏の人物を戴きたいと願い出た結果の人事であった[16]。賀抜岳は侯莫陳悦とともに爾朱天光の左右の副将を務め、宇文泰は賀抜岳の配下に加わった。この征西軍がのちの賀抜岳の関西軍閥の主力となり、西魏政権の中枢となったことは周知の通りである。

「醜奴を涇州・葨坑の原に擒え」、「莫折の餘燼を大秦の域にありて戮す」は『周書』巻一四、賀抜岳伝等で確認できる。葨坑は賀抜岳伝には「平涼之長坑」、『魏書』巻七五、爾朱天光伝には「平涼長平坑」とあって、涇州平涼郡内にあったことがわかる。「莫折の餘燼」は王慶雲率いる叛乱軍、及び賀抜岳に敗れて王慶雲に投じていた万俟道洛の軍で、これを「戮」したとは、降伏した者たち一万七千人を穴埋めにしたことを指す。「原州刺史」は『周書』文帝紀上によると「行原州事」であって、正式な任官ではない。原州での治績については、文帝紀上にも、

　時に關隴寇亂し、百姓凋殘す。太祖、撫するに恩信を以てすれば、民、皆な悦服す。咸な喜びて曰く、「早に宇文使君に値らば、吾等、豈に逆亂に從わんや」と。

とある。「夏州刺史」は賀抜岳による表聞（推薦）を洛陽朝廷が認めたもので、正式な任官である。本碑文では厳密な書き分けはなされていないようである。

第09～16行では侯莫陳悦による賀抜岳暗殺と、宇文泰による敵討ちが記される。

征西軍の主将である爾朱天光が洛陽に戻ると、関隴地域の後事は賀抜岳等に託された。賀抜岳が兼尚書（左）僕射・関西行台[17]に任じられたのは、後廃帝中興二年（五三二）のことである。同年末に孝武帝が即位（同時に永熙改元）すると、大行台に進められている。侯莫陳悦の隴右行台については、『魏書』等の本伝には見えないが、宇文泰の文帝紀に引かれた、侯莫陳悦が賀抜岳を殺害したことを宇文泰が責める手紙のなかに、

　君、實に名は微にして行いは薄く、本より遠量無し。故に將軍、遷高の志を降し、稟征の理を篤くし、乃ち朝廷に申啓し

て、君を薦めて隴右行臺と爲す。朝議、君の功名の闕然たるを以て、未だこれ許さざるなり。遂に頻煩に請謁し、再三に至る。天子、上將に違い難く、便ち相い聽許せり。

とあることによって確認できる。ただし、具体的な時期は不明である。

「靈州刺史曹泥」は北魏朝廷に対して反抗したのではなく、丞相高歓と通じることで、賀抜岳に従うことを肯んじなかったのである。したがって「国命」云々は正しくない。

侯莫陳悦による賀抜岳の暗殺と、宇文泰が夏州から平涼に趣いてその軍閥勢力を掌握したことについては、文献史料と一致する。簡単に経過を補足しておくと、賀抜岳は曹泥討伐のために軍を動かし、途中の平涼で侯莫陳悦と合流し、霊州に向けて進んだ。河曲に至ったところで、すでに高歓と通じていた侯莫陳悦は賀抜岳を殺害した。これが永熙三年（五三四）二月のことである。賀抜岳の遺衆は、遺体を引き取りとりあえず平涼まで戻ったが、爾後の方針については年長者寇洛が軍閥を引き継ぐことを拒否するなど、なかなか定まらなかった。そんななかで後継者として宇文泰を推す意見が出されると、諸将は同意して夏州に使者を派遣した。これを承けた宇文泰は平涼へ赴き、遺衆を掌握することとなる。三月には侯莫陳悦討伐を宣言し、翌四月にこれを達成した。「朔を逾ず」という表現はいささか正確さを欠くかもしれないが、賀抜岳の敵討ちがすみやかに達成されたことは間違いない。

宇文泰が泣きながら諸将に宣言した文言については、文献史料にはとくに残されていないが、本碑文の方では弘演、解揚、紀信、伍子胥など、故事をふんだんに引用して一つのクライマックスを構成している。本碑文に記された宇文泰の事跡のなかでは、文献史料に見られない内容を含むほとんど唯一の部分である。しかしながらその発言内容が史実を構成する要件として貴重かというとにわかには首肯しがたく、フィクションと見做しておいた方が無難であろう。
侯莫陳悦の軍を吸収した結果、「揔攝百万」と百万の軍を手に入れたとあるのは、もちろん誇張がすぎる数字である。西魏・宇文泰軍閥の兵力については馬長寿氏の考察があり、永熙三年に宇文泰が軍閥を率いた時点で三万前後、その後の発展を踏まえても最大で十万前後であったと推定されている。(18)

第17〜20行では永熙三年（五三四）七月に孝武帝が洛陽から長安に逃れ、宇文泰と合流したことが記される。
孝武帝は高歓によって立てられた皇帝であったが、ただの傀儡となることを肯んぜず、両者の関係は悪化し、遂に決裂するに至った。孝武帝は南朝梁に対して親征すると称して軍を率いて洛陽を出て、そこから進路を西に変えて長安に向かった。したがって、政府機構全体を引き連れていたのではないし、もとより、洛陽の朝廷は高歓の強い影響下にあったことから、朝臣たちがこぞって孝武帝に従い長安に赴いたわけでもない。孝武帝に親征の段階から帯同した者達以外に、追いかけるかたちで長安に向かった朝臣たちも少なくなかったが、それらを加えても中央官僚機構全体からすれば一部にすぎなかったと考えられよう。さらに、洛陽以外の地方官で、任地を離れて長安に向かった者となると、さらに割合は少なくなったと思われる。したがって、「内外百官は雍都に歸還す」という表現にも大きな誇張があり、長安に遷った政権の正統性を謳うために採られた記述であるといえる。(19)参考までに、孝武帝が洛陽を出た永熙三年七月における最高級階層の人事状況から見てみると左記のようになり、入関者（※印）は三分の一にも満たない。

丞相：高歓
太師：趙王元諶

太傅：長孫稚※
太保：元寶炬※（後の西魏文帝）
大司馬：廣陵王元欣※
大将軍：（空位？）
太尉：賀抜允
司徒：清河王元亶
司空：咸陽王元坦
尚書令：元寶炬
左僕射：孫騰→任祥
右僕射：辛雄
侍中：斛斯椿※：高隆之：封隆之：平季：濮陽王元順※：山偉：辛雄

「都督中外諸軍事・大丞相」について、文献史料では、丞相就任は永熙三年八月のことと確認でき、碑文と合致する。一方の都督中外諸軍事就任は永熙年間には見られず、大統元年と三年、そして廃帝二年に任官記事がある。廃帝二年以降に宇文泰が都督中外諸軍事の職にあったことは確実として、それ以前に就任していたかは議論の分かれるところであるが、呂春盛氏は本碑文の記事をもとに永熙三年就任説を唱えている[20]。

第20～23行では、周辺諸国との関係と、西魏国内の様子が記される。

「茹茹の傾國して歸降する有り」は、恭帝二年（五五五）に突厥に連敗した柔然のうち、鄧叔子が率いる千余家の部落が関中に奔り、西魏に降ったことを指す。ただし後日談があり、突厥は柔然が西魏の保護下で生き残るのを慮って、西魏に対して降ってきた柔然を悉く殺すように依頼した。宇文泰はこれを受け入れ、鄧叔子以下三千余人を捕縛して突厥の使者に引き渡し、青門の外でこれを斬り、また中男以下は免じられたものの、王公の家に配されたのだった。[21]

「梁國を伐ち、君は刑され民は遷され」は恭帝元年末の江陵征伐である。刑された君は元帝蕭繹、民が遷されたことについては、『梁書』巻五、元帝紀、承聖三年十二月辛未条に、

> 乃ち百姓男女數萬口を選び、分ちて奴婢と爲し、驅りて長安に入らしむ。小弱なる者は皆之を殺す。

とあるごとくである。続く「交・廣は命を請う」については、文献史料から具体的に明らかにしえない。交州（現ハノイ）・広州までは西魏軍は進んでおらず、当地の刺史などが西魏政権と連絡を取ったというような記事は、管見の限り見いだせない。ただし、梁朝最末期の広州刺史蕭勃が、太平二年（五五七）二月に梁朝の実権を握っていた陳霸先（同年一〇月に即位）に対して挙兵するものの、すぐに鎮圧されている。[22]その際に、北周に協力を求めるようなことがあった可能性は考えてもよいだろう。とはいえ、該当するような史料はなく、また時期的にもすでに西魏から北周に遷っていて宇文泰の没後であり、本碑文と合わない点もあるので、ここでは可能性を提示するに留めておく。

「宕昌・鄧至を定め」のうち、宕昌は西魏から州刺史や将軍号、また王爵を与えられるなど関係が深いが、叛服常無い状況である。[23]鄧至は、恭帝元年に国主檐桁が国を追われ、西魏に来奔してきたことがあるが、それ以外にとくに交渉は見いだせない。[24]続く「吐谷渾」に対しては、廃帝二年（五五三）に宇文泰がみずから姑臧まで軍を出すと、吐谷渾が使者を派遣してきて方物を献じたことがあるので、文献史料と一致する点はある。しかし叛

服常無い状態であったことも間違いなく、恭帝二年（五五五）には西魏と突厥が協力して吐谷渾の本拠地まで攻め込み、一時的に屈伏させたこともある。[25]

第23行で宇文泰の死が記される。

宇文泰の卒年齢、「春秋五十」については、『周書』・『北史』二つの本紀にも左記のような異同がある。

時年五十二。甲申、葬於成陵。（『周書』巻二、文帝紀下）

時年五十。十二月甲申、葬於成陵。（『北史』巻九、周本紀上）

『周書』中華書局本の校勘では、もともと『周書』の記述は『北史』と同じで、「十」が一つ書き落とされて伝わり、意味が通らなくなったところで「月」が削除されたという可能性を提示する。その際、本碑文の「春秋五十」も根拠としてあげられる。しかしながら、『周書』巻一、文帝紀上には「及葛榮殺修禮、太祖時年十八」とあり、これをもとに計算すると、薨じた時の年齢は四十八になり、[26]どちらとも合わず、容易に結論には達しない。「五十」という数字は非常にきりがよいもので、概数として使われている可能性もあるのではないか。

「長安に薨ず」については、『周書』巻二、恭帝三年（五五六）冬十月乙亥条では、

雲陽宮に崩じ、長安に還り喪を發す。

とあって、いささか異なる。同年九月に宇文泰は巡狩の途上で体調を崩し、雲陽まで帰ってきたところで死んだのである。恐らくその死は隠され、遺体が長安に到着したところで喪を発したのであろう。宇文貴が四川の興州刺史となったのが廃帝二年、尉遅迥に代わって益州に移ったのが廃帝三年であり、[27]本碑文にあるように強独楽等

がこれに従っていたことから、あるいは本碑文を撰した人物が、宇文泰の死についての経緯を知らなかったのかもしれない。

また、死を示す字として「崩」ではなく「薨」を使っている点には違和感を感じる。周知のように『礼記』曲礼下に、

天子の死は崩と曰う。諸侯は薨と曰う。大夫は卒と曰う。士は不祿と曰う。庶人は死と曰う。

とあるのに従えば、宇文泰の「王」は追贈されたものであるものの、「天王」すなわち「天子」であるので、「崩」を用いるのが正しいのではなかろうか。死んだ時点での宇文泰の封爵は安定郡公であり、したがって諸侯に用いる「薨」となったという説明は、本碑文中で一貫して「王」が用いられていることから成立しないだろう。「薨」が用いられた理由については保留とする。

あらためて、本碑における宇文泰の事跡に関する記述をまとめると、左記のような構成になっている。

第03～05行：河北での葛栄・杜洛周の討伐
第05～09行：関西での万俟醜奴・莫折念生残党の討伐
第09～16行：賀抜岳の暗殺と宇文泰による関西軍閥の引き継ぎ
第17～20行：孝武帝の西遷と宇文泰政権の成立
第20～23行：周辺諸勢力との関係と国内の様子
第23行：宇文泰の死

一瞥して気がつくのは、北魏末の諸叛乱関連、関西軍閥の掌握から西魏政権の発足までに重点が置かれている

のに対して、大統年間（五三五～五五一）以降についての記述がきわめて簡略なことである。[28]『周書』文帝紀と比較すれば、第03～20行が巻一に、第20～23行が巻二に相当するのであり、単に文章量の観点からすれば非常にアンバランスである。とくに西魏政権にとって最大の敵であった、東魏・北斉との関係についての記述がまったく無い点が注目される。周辺諸勢力との関係の項でも、東方だけは記述がない。あえてあげるならば、高歓（高賊）が孝武西遷のきっかけとして一回出てくるだけである（第17行）。したがって、『周書』の列伝や、西魏・北周に仕えた人物の碑誌に頻出する「弘農・沙苑」（大統三年（五三七）に弘農を東魏から回復し、沙苑で東魏軍を破った）に関する記述も見られない。東魏・北斉の高氏勢力を、南朝梁のように対等に近い隣接勢力とすることは、建前としてできないことであるが、北魏末の諸叛乱と同じ扱いにすればよいようにも思える。最終的にその勢力を平定するまでに至らなかったことが、碑文中に取り上げることを躊躇させた要因であるかもしれない。いずれにしても、皇帝を擁して政権を掌握して以降、宇文泰は宰相であり続け、その立場に大きな変化が無いことを鑑みれば、宰相になるまでが重要で、このような記述のバランスにも理はあるといえる。

続いて、記述のされ方について見ていこう。

本碑文で宇文泰が葛栄・杜洛周の叛乱を鎮圧したとしている件については、宇文泰は葛栄軍が爾朱栄によって鎮圧されるまで、葛栄軍に属していたのであるから、完全に事実と乖離しているといってよい。本碑文の撰述においては、宇文泰が叛乱軍側にあったことを記述しない姿勢が採られていたことのみならず、その姿勢にもとづいて事実と反する記述がなされていることも明らかとなる。

ある個人が外征や叛乱討伐の軍に参加した場合、それがあくまでも一武将としてであっても、碑誌などではあたかも主将として敵を撃破したり叛乱を鎮圧したかのように記述されることがある。また、そうでない場合でも、決定的な役割を演じたと表現されることは非常に多い。本碑文でいえば、万俟醜奴討伐の記事での宇文泰の扱いなどはその類型に含まれよう。

この時の爾朱天光率いる征西軍の活動について、諸史料では賀抜岳の活躍が非常に大きかったと評価されており、さらに賀抜岳は宇文泰の上司であり、のちに宇文泰がその勢力を引き継いだこともあわせて、当代の重要人物であると目されている。したがって、本碑文でも賀抜岳の名前があがるのは当然のことといえる。しかしながら、宇文泰が賀抜岳をして「左丞（宇文泰）、吾の左右の手なり」(29)とまでいわしめる存在であったとしても、「賀抜与王」、「各領虎将百千」と賀抜岳と宇文泰とを並列に結ぶのは、両者の上下関係からいささか無理がある。君主に対して「〜に従い」という記述はなかなか採れないという事情があったのかもしれないが、征西軍の主将である爾朱天光の名を記さず、また賀抜岳と宇文泰を同列で並べている点には大きな誇張があるといってよいだろう。直属の上官である賀抜岳の名を出しているだけ、まだ公正に近いといえるかもしれないが、ここで賀抜岳を登場させているのは、後段で賀抜岳が暗殺され、宇文泰がその軍を引き継いだことから、両者のつながりを事前に明示しておく必要があったからでもある。いずれにしても、賀抜岳と宇文泰がその軍閥を引き継いだ場面の扱いの大きさは際立っている。あるいは強独楽は賀抜岳ともゆかりのあった人物であったのかもしれない。

その一方で、征西軍の主将である爾朱天光の名が見えないこと、同様に前述の葛栄関連の段で、実際に葛栄の叛乱を平定した爾朱栄の名が現れないことは興味深い。爾朱氏には北魏末の諸叛乱の多くを平定した功績もあったが、河陰の変で多くの朝臣を殺害し、恣意的な皇帝の廃立を行い、朝政を擅断したという大きな負の面もある。東魏・高歓が爾朱氏を打倒することで政権を握ったのと異なり、宇文泰は爾朱氏と直接敵対することはなかったが、ここでは宇文泰と爾朱氏との関わりを記すことに何かしらの憚りがあったと考えるのが通常であろう。字数の限られた碑誌などでは、記述内容が厳しく取捨選択されるという背景もあるだろうが、当時の爾朱氏の評価としては負の面が重視されていた可能性を提示しておくこととする。

都督中外諸軍事・大丞相の二つの職は、これらを占めることで軍事・政治の両方をあわせて掌握することになりうる最重要の職である。この段階で事実上、宇文泰は位人臣をきわめたことになり、その後の宰相としての地位は揺らぐことなく、政権内での立場や情勢に大きな変化が認められなかったことからすると、この二つの職への就任は一つの大きな区切りではある。ただし、本碑文に出てくる西魏政権成立以後の宇文泰の官はこの二つだけであり、より格式の高い太師、「位丞相の上」で宇文泰個人を示す肩書きとして丞相と並んでしばしば用いられた柱国大将軍[30]、そして北周が採用した（施行は西魏末年から）『周礼』にもとづく官制での宰相職である大冢宰に触れていないのはいささか不自然ではあるまいか。このことから、筆者としては本碑文の任官記事を正確なものと見做すことに躊躇せざるをえない。

柔然の来降については、当時の漠北の覇権はすでに突厥に取って代わられていたので、政治的な意味は大きくはない。その上で、突厥ではなく柔然を持ち出したのは、「北方の遊牧勢力と通交し」では対等関係になってしまうが、「威信によって来降してきた」であれば、上下関係で語ることができるからであろう。

南朝梁との関係では、恭帝元年（五五四）末の江陵征伐のみが取り上げられ、本碑が立てられた当地がかかわる、廃帝二年（五五三）の四川進攻についての記述はない。宇文泰自身が四川に直接かかわっていないためか、末尾の頌文に「南のかた庸蜀を定め」とあるのみである。西魏が当地に対する侵略者であることを触れないようにする配慮もあったのであろう。

五　建碑者たち

強独楽及び本碑の建碑にかかわったとして本碑文に登場する夫蒙儁から鄭業までの十名は文献史料には見え

ず、その素性から人間関係まで一切不明である。したがって、そのような人物、人間集団がいたという以外のことは明らかにしえず、従来蓄積されてきた歴史事実の再現に関連づけることはできないが、指摘・推測できる点のみでもあげておきたい。まず、十一名を肩書きとともに列挙すると左記のようになる。

強独楽：使持節・車騎大将軍・儀同三司・大都督・散騎常侍・軍都県開国伯
夫蒙儁：大都督
楊哲：帥都督
呂璨：都督
傅元緒：都督治石崗県
史于徳：都督治陽安県
劉延：武康郡丞
劉開：治懐遠県
王祥：都督
馮延：都督
鄭業：都督

この十一名は、第31～32行に「樂等、今（中略）宇文貴に従い岷蜀に邊戍し」とあるように、西魏の末年に宇文貴に従って四川に入ってきた人物たちであり、当地の出身ではない。強独楽の官職は碑額に記されたもので、六種類並んでいるが、その他の十名は本文の第28～30行に羅列されたもので、二名が二種類、残りの八名が一種類しか載せられていない。本文の十名に関しては、字数の制限から掲載する官名を絞り込んだ結果で、本来はもう何種類かの官職を帯びているのではないかと思料するが、ここに掲載されているものがそれぞれにとって最も代表的で格の高い官職ではあるだろう。それを踏まえた上で、このなかで最も地位が高いのは車騎大将軍・儀同三司と封爵を有している強独楽ということになる。碑文中の「楽等」（第28・31行）という記述から、強独が姓であるととれるが、強独姓の人物は管見の限りにおいて他に見いだし得ていない。[31] 最高位の人物が建碑の代表者になるのは当然のことであろう。強独楽もまた武康郡にかかわる何かしらの官職を帯びていたのではないかとも推測されるが、この地域との関係については不明である。

本文に列挙される十名について見ていくと、都督号を有していない者が二名おり、逆に都督号しか有していない者も六名いる。文官・武官での区別はとくになされていないようである。郡丞は郡の次官ということで問題はないが、治某県については判然としない。県令が不在のところで仮にその職を務めている状況や、軍官が県に駐在している状況などが想起されるが、即断は避けたい。十名のなかで、大都督夫蒙儁・帥都督楊哲が前に並んでいるのは、都督としての地位の高さから当然のことと判断できる。一方で、都督を帯びていない劉延・劉開が中段に割り込んでいることが、どのような序列の基準にもとづくものなのかは不明瞭である。

登場する地名の関係を整理すると、まず上級区画として武康郡があり、その下に石崗・陽安・懐遠の三県があるというかたちになる。このうち、陽安県が武康郡の治所でもある。すなわち、彼ら十一名の関係は、武康郡内で完結しているということであり、それによって第32行の「因防武康」という記述を確かなものとしている。しかしながら、郡丞がいて郡太守がいないこと、武康郡内にもう一つあった県である婆閏県が見えず、[32] 郡内の県が揃っていないこと、また郡佐・県佐がほとんど見えないことから、本碑及び廟の建立が武康郡という公的な単位でまとまってなされた事業とはいえない。したがって、彼ら十一名は私的なつながりでまとまった集団ではない

図2　周文王碑関連地図

出所：Google マップをもとに作成

かと推測される。

次に、右にあげたいくつかの地名と文王廟及び本碑の立地との関係を見てみよう。これらの地点を地図上に落として示すと、図2のようになる。一瞥して、武康郡内に任じられた人物達が廟・碑を建てる位置としては、この立地は随分と片寄っていることが見てとれる。当時の益州蜀郡と資州武康郡の境界がどこに引かれていたかは知るよしもないが、廟・碑の立地地点が恐らく武康郡内だとしても、その西北端に近いと考えて大過ないだろう。この立地地点がこの地域一帯において何かしら特別な意味をもつ場所であったとも考えられるが、現段階では検討の材料を欠く。廟や碑を建てる場所には相応の理由があるはずであり、なぜ文王廟と「周文王之碑」を建てるのにこの地が選ばれたのかは今後の検討課題としたい。

六　宇文貴の都督廿(甘)州諸軍事の検討

本章では第31～32行にあらわれる宇文貴が帯びた都督廿(甘)州諸軍事について検討する。列伝に限らず、宇文貴に関する文献史料の記述に、「甘州諸軍事」は見えない。しかしながら、『金石苑』が「甘」と録し、『八瓊室』の按語が「不載大都督甘州諸軍事、史之闕也」と述べて以来、この「大都督甘州諸軍事」は『周書』等文献史料の欠を補う記事と見做されるようになった。中華書局標点本『周書』巻一九、宇文貴伝では、「孝閔帝踐阼、進位柱國、拜御正中大夫。」と「武成初、與賀蘭祥討吐谷渾。」の間に左記のような校勘〔三五〕が附されている。

八瓊室金石補正卷二三強獨樂文帝廟碑云「今從柱國大將軍・大都督・甘州諸軍事・化政郡開國公宇文貴、邊戍岷蜀、因防武康。」按本傳前云「都督益・潼等八州諸軍事・益州刺史」。碑立於閔帝即位之初、必是已改督或加督甘州、所以傳於這條後說「武成初與賀蘭祥討吐谷渾」、宇文貴正是以都督甘州諸軍事的身份從事這次戰役。傳失載都督甘州諸軍事。

すなわち、「碑が立てられた孝閔帝即位の頃には、宇文貴は都督益・潼等八州諸軍事から甘州諸軍事に遷っているか、あるいは益・潼等に甘が加えられているはずである。したがって列伝の続きにある「賀蘭祥とともに吐谷渾を討」った際には、宇文貴は都督甘州諸軍事の身分で戦役に参加したのであり、列伝では甘州諸軍事が欠落しているのだ」と述べている。この見解は現在では定説となっており、「甘州」は本碑文中でも文献史料を補う価値のある記述とされている。

この校勘文の路線に沿って、今一歩踏み込んで状況の再現を試みてみよう。益州等諸軍事に任じられて四川・

成都に鎮している人物が、そのまま出身地でもない甘粛・張掖の甘州一州を兼領するとはいささか考えがたい(33)。そして依然として益州等諸軍事を帯びているのであれば、四川に建てられた本碑文では益州が甘州より優先されて記述されるはずである。したがってこの場合、宇文貴はすでに益州を離れていたと見做すよりほかない。

本碑文には北周の天王は一人しか登場しないため、建碑時期は孝閔帝が廃位される以前、すなわち孝閔帝元年(五五七)九月以前と考えられることから、それ以前に宇文貴が益州を離れていたとしよう。その後任として都督益州等諸軍事を帯びて四川に赴任したことが確認できるのは厙狄峙であり、その時期は『周書』巻三三、本伝に拠れば「世宗初」である。世宗明帝の即位は同年(五五七)九月であり、「初年」とすると四ヶ月弱しかないので、厙狄峙の赴任はあるいは翌年のことであったかもしれない。いずれにしても、宇文貴の離任から厙狄峙の就任までの間には確実に空白時期が存在するわけだが、具体的に時期を限定できないため、これが長いか短いかは判断できない。四川は西魏の占領から四年あまりしかたっておらず、第三節でも述べたようにそれほど安定していたとは考えがたい情勢で、宇文泰以来、司令官の選任には神経を使った四川に司令官不在の状況を作るかが焦点となるが、残念ながら判断するに充分な材料はない。

従来の説にもとづいて、状況を再現しようとすると以上のようになる。しかしながら、第31~32行に「樂等、今(中略)宇文貴に従い岷蜀に邊戍し」とわざわざ名をあげて、「今」と記されていることからすると、宇文貴はまだ益州にいるのが自然ではあるまいか。それに加えて、実は「都督甘州諸軍事」にも不自然な点が少なくないのである。

『周書』巻一九、宇文貴附是云寶伝に、

(是云)寶、後に累遷して大將軍・都督涼甘瓜州諸軍・涼州刺史に至り、爵洞城郡公を賜る。世宗の時、吐谷渾、涼州を侵逼し、寶、與に戰うも利あらず、遂に陣に歿す。

とある。「世宗時」とは明帝の武成元年（五五九）のことである。ここで見るべきは二点あり、一つは甘州を含めた河西回廊地域に都督某州諸軍事が置かれる場合、その中心は涼州に置かれていることである。同様の事例は西魏の大統一二年（五四六）以降、恭帝末年（五五六）まで当地で活躍した史寧、北周時期に在任した宇文丘や崔説などの例から確認でき、[34]甘州は都督涼州等諸軍事の管轄下にあるのが通例であったことがわかる。また、西魏廃帝二年に宇文泰がみずから軍を率いて吐谷渾に対して威を示したのは姑臧、すなわち涼州においてであり、[35]また、武成元年に吐谷渾が侵攻してきたのも涼州であったことから、吐谷渾と河西回廊との主要な接点は涼州であったと考えられる。吐谷渾対策の観点からしても、重要なのは甘州ではなく涼州であったといえる。したがって、仮に宇文貴が河西回廊に配置換えされる場合には、都督涼州等諸軍事を拝するのが自然であるといえる。

もう一つは明帝・武成元年（五五九）に吐谷渾が涼州に侵入した際、当地には是云寶が都督涼甘瓜州諸軍・涼州刺史として在任し、[36]そして戦死していることである。先に触れた、賀蘭祥・宇文貴が吐谷渾を討ったというのは、この時に吐谷渾が涼州に侵入したのを受けてのことであるので、仮に中華書局の校勘がいうように、宇文貴が甘州諸軍事を帯びて吐谷渾征討に参加したとしても、それは是云寶の戦死後でなければならない。そうなると、宇文貴が孝閔帝時期（五五七）の段階ですでに甘州に遷っていたという話とは矛盾する。

宇文貴が甘州を領したことにこだわるならば、都督涼州等諸軍事の傘から甘州のみを外して、これを宇文貴に都督させたという解釈は不可能ではないかもしれない。しかし、その場合でも、東から涼・甘・瓜と並ぶうちの中央のみを切り取ることとなり不自然である。そして、河西回廊のうちとくに甘州一州に、宇文貴のような宿将をわざわざ益州から配置換えしなければならないような切迫した情勢が生じていなければならないが、当時甘州でそのような特筆するような状況があったという史料は管見の限り見いだせない。すなわち、都督甘州諸軍事という甘州のみを単独で都督する職自体に不自然な点があるといわざるをえないのである。

そこで筆者としては録文・釈読で示したように「甘」ではなく「廿」と読むことを提示したい。『八瓊室』は明確に「甘」とし、それよりも成書時期が早く、異体字などの再現性がより高い部分もある『金石苑』では、横画ではなく点が打たれている。しかしながら、筆者が見た拓本では「甘」であるための中央の横画は見えず、すなわち「廿」であるし、『北京図書館蔵歴代石刻拓本匯編』所収の拓本写真を見ても、やはり中央の横画は明瞭ではないのである。

それでは「廿」という数字で読んだ際には、どの程度の妥当性が認められるであろうか。『周書』宇文貴伝に拠れば、宇文貴が鎮蜀の際に帯びた官職は、「都督益潼等八州諸軍事・益州刺史」であり、そのままでは「廿」と「八」との懸隔は小さくない。

しかしながら、尉遅迥が鎮蜀した際には、都督益潼等十二州諸軍事から始まり、のちに六州を加えられて合計十八州を管轄した(37)。そして、宇文貴の後任の厙狄峙は都督益潼等三十一州諸軍事を帯びて赴任している(38)。前後の就任者が管轄した州の数と比較すると、宇文貴伝の八州というのは不自然に少ないのではなかろうか。そこで、宇文貴が尉遅迥に代わって鎮蜀の任に就いたことを考えると、尉遅迥の十八州をそのまま受け継いだと見るのは自然であろう。すなわち、宇文貴伝の記述はあるべき「十」の字が落ちていると考えるのである。そして、管轄州が十八から二十州に増え、そして厙狄峙時期の三十一州にまで増加する要因としては、その後の行政区画の引き直しや統治地域の拡大などが考えられる。たとえば、『周書』巻三、孝閔帝紀、元年正月丙寅条には、

剣南の陵井に於いて陵州を置き、武康郡に資州を置き、遂寧郡に遂州を置く。

とあり、益州周辺で三つの州が設置されたことが伝わる。十八州に三州を加えると二十一州となってしまい、やはり厳密には数が合わないが、大筋では通ると思われるし、あわせて州の新設・統廃合が盛んに行われており、都督の管轄州数にはしばしば変動があったことの参考にはなるだろう。

以上のような考察とあわせることで、従来「甘州」と読まれてきた部分は「廿州」であり、宇文貴は建碑当時も益州に在任し、厙狄峙と交替するかたちで関中に戻ったのであろうと筆者は考えるのである。

ついでながら、宇文貴の肩書きのうちの柱国大将軍について附言しておく。宇文貴の柱国大将軍拝受は孝閔帝（五五七）元年二月甲午のことであり、(39)強独楽等を率いて廃帝三年（五五四）に鎮蜀した時にはまだ大将軍であった。石刻では出来事が起きた時のものではなく、文章が記述された時のもので第三者の肩書きをあらわすことがまま見受けられることには注意しなければならない。

むすび

本稿では周文王碑の釈読と、若干の考察を行った。釈読については筆者の力不足もあり、故事の洗い出しなども含めて試釈というべき水準にとどまったが、ひとまず今後の研究の叩き台にはなるであろう。諸賢のご指導を賜れれば幸甚である。

本碑文は宇文泰を顕彰するために記されたものである。その内容はある特定の出来事について経緯を記したものではなく、宇文泰の生涯を簡潔にまとめたものである。文章量では『周書』・『北史』の本紀に及ぶべくもなく、したがって、一三〇〇字以上を有する碑文の規模からすれば物足りない結論ではあるが、本碑文によって明らかとなる歴史事実は、建碑者達の名前以外にはほとんど無いといってよい。従来、数少ない独自の記述としてあげられていた宇文貴の「甘州諸軍事」についても、筆者の検討により「甘州諸軍事」であろうとの結論に至った。

その一方で、宇文泰の事跡の記述のされ方、あるいは取捨選択のされ方などの点では、相応の材料を提供してくれた。

全体の文章量のバランスとしては、北魏末の諸叛乱関係と孝武帝奉迎までを重視し、その一方でその後の東魏・北斉との長年にわたる抗争にまったく触れていないことが注目される。成功譚としては、一介の武人が宰相となるまでが重要なのであり、その後いかにして政権を運営したかという話題は読む人に対する訴求力に欠けるということなのであろう。また、北斉との抗争は現在進行形であり、完結した業績とはまだ認めがたいものであったとも考えられるだろう。柔然が登場して突厥が登場しないことも、同様の基準で判断できるかもしれない。

地域とのかかわりでいえば、四川に関する記事はきわめて乏しい。宇文泰自身が四川に足を踏み入れたことがない以上、必然的にそうならざるをえないが、その結果、文献史料にない独自の記述が盛り込まれる要素もおおいに減じてしまった。

個人にかかわる碑文を作る目的がその個人を誉め讃えることにある以上、業績を過大に表現して記述することは一般的なことであり、そこに公正な記述を心掛けようとする意思は存在しない。かかるバイアスは文章全体をまんべんなく覆うことになるが、誉める・飾るという方向性は一方的なものであるので、他に比較しうる材料が無い場合でも、文章の内容が実際からある程度乖離しているであろうことを踏まえて対応することは困難ではない。とはいえ、宇文泰が葛栄などの叛乱軍側に参加していたことが記されていないばかりか、葛栄の叛乱を平定したと記すのは極端な事例であり、このような場合は比較材料無しでは事実に近づくことは難しい。

登場人物の取捨選択という点では、ともに宇文泰の上官でありながら、賀抜勝の優遇され方と、爾朱氏の排除され方が強いコントラストを放っている。爾朱氏の存在を隠すことによって、相対的に宇文泰の立場を強く表現することができるという効果もあるだろうが、当時の爾朱氏への評価とも関係しているであろう。また、当時の賀抜氏への評価、その影響力の大きさを伝えてもいる。

本碑の性格についても附言しておこう。本碑には現王朝の実質的な始祖である宇文泰を顕彰するという目的があるのは自明のことであるが、本碑には宇文泰の事跡を記し称えるのみならず、宇文泰の死後、宇文覚が後を継ぎ、魏周革命によって北周が建てられたところまで言及している（第23～28行）。そこでは、北周が西魏を受け継ぐことの正統性が謳われるとともに、いにしえの周を「我が周」と称して、北周が周の直接の後継者であることが強調される。このような記述の背景に、北朝側の領域となってまだ間もなく、なかなか安定しない四川地域で、なおかつ成立したばかりの北周・宇文氏という新しい支配者像を広く知らしめようとする意図が強く働いていたことは間違いないだろう。

それでは、強独楽等のみが宇文泰のために廟や碑を建て、同時期に同様の事例が他所では見いだすことができないのはなぜであろうか。強独楽等と宇文泰との間に何かしら特別な関係があったのか、あるいは他所の事例が伝わっていないだけなのかは定かではない。また、武康郡内に廟や碑を建てるにあたって、郡の西北端と考えられる地が選ばれた理由はどのあたりにあったのであろうか。四川という段階で宇文泰と由縁のある地はひとしく存在しないなかで、この地が選ばれたのには相応の理由があるはずである。本碑をめぐっては、このような根本的な問題がまだ残されており、今後の課題となる。

（1）　龍泉駅区地方志編纂委員会編『成都龍泉駅区志』（成都出版社、一九九六年）第二三篇、風景名勝、第五節大仏崖碑刻造像群、五九一頁。

（2）成都市志編纂委員会編『成都市志・文物志』（四川辞書出版社、二〇〇〇）第二篇、遺物、北周文王碑、二三〇－二三一頁。前掲注（1）、『成都龍泉駅区志』。

（3）「魏故寧遠将軍広楽太守柏仁男楊府君之碑」、北魏延昌元年（五一二）。拓本写真は北京図書館金石組編『北京図書館蔵歴代石刻拓本匯編』（中州古籍出版社、一九八九年）第四冊、五などに掲載される。

（4）王仲犖『北周地理志』（中華書局、一九八〇年）巻三、益州武康郡石崗県条、二四七頁。

（5）高文・高成剛編『四川歴代碑刻』（四川大学出版社、一九九〇年）。

（6）龍顕昭主編『巴蜀仏教碑文集成』（巴蜀書社、二〇〇四年）。

（7）ただし、碑額冒頭の「此」を「北」で録文しているなど、問題も少なくない。古くは『簡州志』が「北」で録文していることもあるが、強独楽等が自身の属した王朝を「北周」と称することはありえない。

（8）拓本の閲覧に際しては、淑徳大学の小川博章氏に格別のご厚配を賜った。また、同拓本が所蔵されている件については、明治大学の会田大輔氏よりご教示していただいた。併せて記して謝意を表したい。

（9）西魏の四川獲得については、拙稿「西魏の四川進攻と梁の帝位闘争」（中央大学『大学院研究年報』二九、文学研究科篇、二〇〇〇年）参照。

（10）梁代でも益州太守蕭憺が天監九年（五一〇）に学校を起こすとともに文翁を祀っており、人々の支持を取り付けている。『南史』巻五二、梁宗室下、始興忠武王憺伝。

（11）宇文泰は宗室宇文氏には頼れる親族が少なかったが、そのような状況下でも宇文貴とその一族は王爵を得てはいないので、一般的な宗室の範疇には含まないと判断すべきであろう。

（12）『周書』巻三、孝閔帝紀、元年正月丙寅条。このうち陵州については西魏末時期に関する記事に散見するが、王仲犖氏はのちに追称したものであろうとする。王仲犖『北周地理志』巻三、陵州、二五五－二五六頁。なお、これらの三州は統治地域の拡大によって新設されたのではなく、益州から分置されたものと考えられる。

(13)『周書』巻三五、崔猷伝。
(14)北魏末の諸反乱の展開については、谷川道雄『増補隋唐帝国形成史論』(筑摩書房、一九九八年)第二編、第三章「北魏末の内乱と城民」(一九五八年初出)に簡潔にまとめられている。
(15)『周書』巻一、文帝紀上には「及葛榮殺修禮」とあるが、中華書局本の校勘〔六〕でも指摘されている通りこれは正しくない。
(16)『周書』巻一四、賀抜岳伝参照。
(17)『周書』本伝では「関中大行台」ではあるが、とりたてて論じるべき差違ではないと思われる。
(18)馬長寿『烏桓与鮮卑』(上海人民出版社、一九六二年)、九五-九七頁。
(19)萬斯同『魏将相大臣年表』(『二十五史補編』所収)にもとづく。
(20)呂春盛『関隴集団的権力結構演変—西魏北周政治史研究』(稲郷出版社、二〇〇二年)、第二章附篇三「宇文泰任都督中外諸軍事年代考」。従来の諸説の整理もなされているので参照されたい。
(21)『周書』巻五〇、異域下、突厥伝、『北史』巻九七、蠕蠕伝参照。
(22)『南史』巻五一、呉平侯景附勃伝、『陳書』巻一、高祖本紀。
(23)『周書』巻四九、異域上、宕昌伝。
(24)『周書』巻四九、異域上、鄧至伝。
(25)『周書』巻二八、史寧伝。
(26)『周書』巻一、中華書局本校勘〔六〕参照。
(27)『周書』巻一九、宇文貴伝。
(28)大統年間以降の記事が乏しいということは、すなわち現在西魏と呼ばれている政権に関する記述が乏しいということである。しかしながら、永熙年間までを北魏、大統年間以降を西魏とし、安易に北魏と西魏との間を区切って別の王朝と見做してはならない。当事者達にとっては一連の「(大代)大魏」であったことは疑いないからである。北魏の旧国号「代」がながらく使用され続けたことについては、松下憲一『北魏胡族体制論』（北海道大学出版会、二〇〇七年）、第五章「北魏の国号「大代」と「大魏」」（二〇〇三年初出）参照。

(29)『周書』巻一、文帝紀上、夏州を誰に任せるかを賀抜岳が諸将と相談した場面。

(30)『周書』巻一六、史臣曰条。『周書』巻二三、蘇綽伝所載の「大誥」には「柱國泰」という表記が複数ある。

(31)ただし、『元和姓纂（附四校記）』（中華書局、一九九四年）の岑仲勉校によれば、麟徳元年（六六四）建立の「軽車都尉強君墓誌銘并序」に曾祖父というかたちで後魏車騎大将軍強楽という人物が出てくる。こちらは検討の余地があるかもしれない。

(32)『隋書』巻二九、地理上、蜀郡、平泉県条。

(33)唐初に秦王李世民が陝東道大行台尚書令や天策上将といった主たる官職以外に、涼州総管や益州道行台尚書令など実質をともなわない地方の官を加えられたような例は見られる（『旧唐書』巻二、太宗本紀上）。これには李世民の巨大な功績に報いるために何かしら官位を与えねばならなかったという背景があるので、同様の事例とは認められないし、肩書きが羅列される際に、これら実質のない官職が優先的に記述されることもない。

(34)『周書』巻二八、史寧伝、同巻二九、宇文盛附丘伝、同巻三五、崔猷附説伝。

(35)『周書』巻二、文帝紀下、廃帝二年四月条。

(36)是云寶の涼州就任時期は、史寧の離任の後、すなわち孝閔践阼後としか限定できない。

(37)『北史』巻六二、尉遲迥伝。

(38)『周書』巻三三、厙狄峙伝。

(39)『周書』巻三、孝閔帝紀、元年二月甲午条。

中山王徐達一族と靖難の役

川越泰博

――洪武元年春正月乙亥、天地を南郊に祀り、皇帝の位に即く。天下を有するの号を定めて、明と曰い、洪武と建元す。（中略）妃の馬氏を立てて皇后と為し、世子標を皇太子と為す。李善長・徐達を以て左・右丞相と為し、諸功臣の進爵は差有り。丙子、即位の詔を天下に頒つ。皇伯考以下に追封して皆な王と為す。辛巳、李善長・徐達等、東宮官を兼ぬ。

（『明史』巻二、太祖本紀二）

はしがき

元末の混乱期、群雄の一人として擡頭した朱元璋が、撥乱反正《はつらんはんせい》（乱れた世の中を治めて、正常な世に戻すこと）の志をもって、天下統一を目指し、鍾山の南で天地を祀り、居並ぶ文武百官や応天府の富民・長老の万歳三唱のなか、南郊（都の南の郊外）の圜丘《えんきゅう》において、皇帝の位に即き、国号を「明」、年号を「洪武」と定めたのは、洪武元年（一三六八）正月四日のことであった。

「明」という国号の由来については諸説がある。かつて仕えた韓林児の称号である「小明王」の明をとったという説、あるいは五行説で南方を意味する「朱明」という言葉を採用したという説、「日月並行」の讖《しん》に拠るとする説などがある。一方、「洪武」という年号は、「洪《おお》いなる武威」という意味をこめたものとされている。

さて、明の建国と同時に、李善長と徐達は左・右丞相に任命されるとともに、世子標の皇太子冊立にともなって東宮官属が置かれると、李善長は太子少師を、徐達は太子少傅を兼ねることになり、東宮官属の最高位を占めた。東宮官は、皇太子の侍従官であり、皇太子を輔導する役割があったが、その一方では、次期政権の中枢を担う人材となることを想定して人選されたのであった。

このように、李善長と徐達は、明王朝の創始期にあっては、開国功臣として厚く遇されたが、その晩年は、きわめて対蹠的であった。

李善長は、洪武二十三年（一三九〇）五月二十三日に自殺した。この年、李善長の弟李存義が胡惟庸と通謀していたかどで逮捕され、李善長は死を賜った。洪武十三年（一三八〇）に起きた胡惟庸の獄（胡惟庸党案）の蒸し返しというべき李善長の獄が発生したのである。これに連座して吉安侯陸仲亨・延安侯唐勝宗・平涼侯費聚等十九名の功臣やその襲封者、及び一般の官僚・地主等併せて一万五千あまりが、胡惟庸の残党であるということで誅殺された。李善長が自殺し、それに連座した人々の処分が一段落したあとに、関係者の招辞（自供書）を一括収録した『昭示奸党録』（『昭示姦党録』とも書く）が勅撰・布告された(1)。

李善長がかかる末路をたどったのに対して、洪武十八年（一三八五）二月二十七日に、寿五十四で終わった徐達は、没後、「開国功臣第一」と賞賛せられ(2)、中山王を追封され、武寧と謚され、墓地を鍾山の北に賜与された。その神道碑文は、太祖の御製であった。そして、太廟に配享せられ、肖像・功臣廟とも「位皆第一」とされた[3]。

徐達は、その前年、北平（今の北京）に居る時、背中に疽《そ》（癰《よう》が根は浅いが大きく腫れ激痛があるのに対して、根が深く紅潮しない悪性の腫れものを疽という）ができ、それがもとで亡くなった。奇しくも漢高祖の功臣陳平と同じ死に方であった。

徐達が、死後、鍾山の北側に葬られたのは、太祖が洪武十四年（一三八一）に営造を始めた孝陵（鍾山南側中腹）の陪葬としてであり、黄泉の国でも、徐達は太祖の臣下として仕えることを求められたからであった[4]。

かかる恩顧を受けた徐達は、字は天徳、濠州（のち鳳陽と改名）鍾離県の人で、太祖とは同郷の出身であった。「出将入相」という言葉は、文武の才を兼備した人物の例えとして用いられる。『旧唐書』巻一七四、李徳裕伝を出典とするが、「出」「入」は朝廷から見ていう語なので、「出でて将、入りては相」と訓読する。明代において、「将相」というと、この徐達のことを特定的に指称した[5]。

さて、かかる徐達が儲けた子女について、『明史』徐達伝には、

> 子は四にして、輝祖、添福、膺緒、増寿なり。長女は文皇帝の后と為り、次は代王の妃、次は安王の妃なり。

とあり、四男三女のような書きぶりであるが、太祖御製の「特進光禄大夫左柱国太傅中書右丞相征虜大将軍魏国公贈中山王謚武寧徐公達神道碑[6]」には、

> 男四人を生む。世子の允恭、魏国公を襲《つ》ぐ。女《むすめ》四人、長女は燕王の妃なり。

とあり、黄金撰の「魏国公徐公達[7]」にも、

男は四人、皆な上の賜る所の名なり。輝祖は魏国公を襲ぎ、添福は勲衛、増寿は左都督、膺緒は僉中軍都督事なり。女は四人、長は仁孝皇后、次は代王の妃、次は安王の妃なり。

とあって、男女それぞれ四人ずつであったとしている。

これらの兄弟は、男女ともに、「開国功臣第一」と賞賛せられた父徐達のお陰で、それぞれ枢要な地位や盛位に就くことができた。とりわけ、女たちは四人のうち三人までが親王の妃となり、皇室と親密な婚姻関係が生じたのであった。世人から見れば、徐達家は富貴福沢をきわめていると、さぞかし羨望の眼差しで見られたことであろう。現に、洪武十三年（一三八〇）に党案（疑獄事件）を引き起こす中書左丞相の胡惟庸が徐達と好を通ずべく、さまざまに策を弄しているが、これも徐達とその支葉の盛茂ぶりを見てのことであろう。

「栄華之夢」という言葉がある。栄えた状態は、まるで夢のように一時的ではかなく、長続きしないことをいうが、さすがの支葉碩茂《せきも》な徐達一門にも陰りが射してきたのは、徐達が没してから十四年の歳月を閲した建文元年（洪武三十二年、一三九九）に起きた靖難の役においてであった。

燕王が同年七月四日に、北平（現在の北京）において挙兵したことが靖難の役の始まりであるが、それは建文政権の削藩政策に対する乾坤一擲の反発・抵抗から起きたものであった。太祖の第四子として、洪武十三年（一三八〇）の「之国《しこく》」（就藩）以来、北平に封建せられていた燕王とその麾下の軍勢は、建文軍に対して終始無勢をかこった。しかしながら、その燕王軍が圧倒的な兵力数を誇った建文軍に勝利し、建文政権は崩壊した。これによって、燕王は即位して、永楽政権があらたに樹立されたのである。

なるほど、徐達の長女は、かかる燕王の妃であり、燕王の即位後は皇后に册立された。仁孝皇后である。しかも、永楽帝のあとを襲いだ仁宗洪熙帝の生母である。このような状況を見れば、徐達の子孫は、靖難の役後も、本家も分家もともに栄えたと思われるかもしれないが、しかしながら、徐達の没後魏国公を襲いだ長男徐輝祖は、義理の兄弟にあたる燕王の誘いに乗らず、気骨稜稜《きこつりょうりょう》の信念を貫き、建文帝支持の立場を崩さなかった。そのために、永楽政権の樹立後、徐輝祖は革爵され、かつ私邸に幽閉された。そして永楽五年（一四〇七）に没した。この一事からわかるように、靖難の役は、徐達の一族に多大な影響を与えたのであった。靖難の役にどのように対応したか、それは、支葉それぞれにさまざまであった。

本稿においては、徐達の一族、具体的にはその所生になる男女それぞれが、明代中国の南北戦争たる靖難の役において示した行動様式を考察して、「開国功臣第一」と賞賛せられ、死後は中山王を追封され、武寧と謚された徐達の家にとっての靖難の役はいかなるものであったかを描出したいと思う。

一　徐達の女《むすめ》たち

（1）

まず、徐達の女たちから見ていくことにしよう。

長女は、前にも触れたように、燕王妃であり、のちの仁孝皇后であった。妃に冊立されたのは、洪武九年（一三七六）正月のことで、『太祖実録』洪武九年正月壬午の条に、

> 太傅中書右丞相魏国公徐達の長女を冊して今上の妃と為す。

とある。

『明史』巻一一三、仁孝皇后伝によると、中山王徐達の長女として生まれた妃は、幼にして貞静、読書を好

み、女諸生の称があったこと、太祖がその賢淑を聞き、第四子棣に配したい旨を徐達に告げ、洪武九年（一三七六）冊して燕王妃と為したこと、高皇后に深く愛されたこと、燕王に従って藩（北平王府）に之《い》って後、高皇后の喪にあい、三年の蔬食すること礼の如くし、また高皇后の遺言の誦すべきものは、いちいちこれをあげて遺さなかったことなどが記されている。仁孝皇后は、夙に高皇后の薫陶を受け、その教条をいちいち忘れなかったのである。

ところで、『明史』の当該列伝に、「嘗て女憲・女戒を採りて内訓二十篇を作る」とあるように、仁孝皇后は内宮の規範とするための女訓書として『内訓』二十篇を編んだ。(8) 本書の巻首には、仁孝皇后の永楽三年（一四〇五）正月望日（十五日）の自序があり、それには、『明史』の仁孝皇后伝よりさらに詳しく、

私は、幼いころより父母の教えを承け、『詩経』・『書経』などの経典を読み誦んじ、女性のつとめをひたすら勤めてきましたが、先祖が積み上げた善行のおかげで、はやくから後宮に仕える者の一人に選ばれたのです。わが姑の孝慈高皇后にお仕えしては、朝に夕に召されてお側に侍ってまいりました。高皇后におかれましては、諸皇子の妃の教育にあたっては、ひたすら礼法を謹まれました。私はうやうやしくその手本を見習い、日々おことばを学び、つつしみ畏まり、あえてそむきまつるようなことはしませんでした。つつしんで今上陛下にお仕えしてから三十余年、もっぱら高皇后のみ心にしたがい、政教にあたっております。おもうに、わが身は皇后に立てられはしたものの、徳はおよばず、下々を率いるには足りません。今上陛下の後宮を立派におさめる力にもなれず、高皇后のみ教えをけがすばかりです。(9)

とある。仁孝皇后が、幼くして読書を好み、「女諸生（女学生）」と渾名されたのは、父徐達の感化を強く受けた結果であろう。明の太祖と同じく濠州（鳳陽）の人である徐達の家は、代々農業を生業《なりわい》とし、本人も二十歳すぎまで農民をしていたのであるが、しかし、将軍になってからは、凱旋すると、「単車で舎に就」き、儒生を招いては終日談義するという徳操厚く、学問に深く心を寄せた人物であった。(10)

そのような父の感化を受けて、貞静さも身につけた仁孝皇后が崩御したのは、永楽五年（一四〇七）七月乙卯（四日）。寿四十六であった。七月四日の崩御とはまた奇なるものである。その八年前の建文元年（洪武三十二年、一三九九）七月四日には、仁孝皇后の夫たる当時の燕王（『内訓』自序にいうところの「今上陛下」）が北平（のち北京）で挙兵した日である。仁孝皇后は、燕王が挙兵し、靖難戦争の火ぶたが切られてからちょうど八年後の同月同日に駕鶴成仙したのである。それは、『内訓』の自序が書かれてから、ほぼ二年半後のことであったことになる。

仁孝皇后の四十六年の生涯は、波乱に満ちたものであった。『内訓』自序には、「粛しみて今皇上に事うること三十余年」とあるが、具体的にいえば、三十二年の間、燕王（永楽帝）と艱難をともにした。燕王の妃に冊立されたのは、前述のように、洪武九年（一三七六）であったから、その時、芳紀薫る十五歳であった。それから、四十六歳で没するまでの三十二年の春秋を閲する間、最大の困難は、燕王が乾坤一擲、のるかそるかの大勝負にでた時であろう。

靖難の役前夜の状況、及び本戦役の推移、戦後の諸問題などについては、別著においてやや詳しく論述したから[11]、ここでは深入りせず、仁孝皇后に関してのみ触れると、燕王が挙兵した時、仁孝皇后は、まだ諸王の妃の一人にすぎなかった。齢三十八歳となっていた仁孝皇后は、若すぎでもなく、年を取りすぎでもなかったけれども、それでも、三界無安《さんがいむあん》の不安の心根にも呑牛の気をもって、内助に努め、勇敢に北平城を守った。前掲『明史』の仁孝皇后伝には、靖難の役の際の行動に触れて、

> 靖難の兵起こり、王、大寧を襲うや、李景隆、間に乗じて北平を囲む。時に、仁宗、世子なるを以て居守し、凡そ部分の備禦は、多く命を后に稟《う》く。景隆、城を攻むこと急なるも、城中の兵少なし。后、将校・士民の妻を激勧《はげ》まし、皆なに甲を授け、陴に登り拒守せしむ。城、卒《つい》に以て全す。

と記している。

燕王が襲撃した大寧とは、太祖洪武帝の第十七子寧王権のことであり、さらにまた寧王権が之国した寧王府のことをいう。寧王権は、洪武十一年（一三七八）五月一日に生まれ、二十四年（一三九一）四月十三日受封、二十七年（一三九四）三月二十三日に大寧に之国した。大寧は、喜峰口外にあり、古の会州の地であって、東は遼左に連なり、西は宣府に接した巨鎮であり、元朝北徙のころ、その有力な根拠地であったが、洪武五年（一三七二）、明朝の支配下に入った。明代においても、大寧は、北辺の重要拠点の一つとして重要視され、寧王の就藩を見たわけであるが、寧王府は軍事的にも諸王のなかでとりわけ有力な王府であった。そのため、靖難の役が起こると、その動向は建文側・燕王側双方の注目するところとなり、建文政権では、兵部尚書斉泰が、建文元年（洪武三十二年、一三九九）九月に、燕王府と地理的に近い遼東広寧に之国していた遼王府と寧王府に対する京師への召還を提案して、建文帝の裁可を得たのであった。この召還令に接して、遼王植は翌十月に来朝したが、寧王権はこの命令を拒否し、そのため、寧王府の三護衛——営州左護衛・右護衛・中護衛——が削られることになった。『明史』巻一一七、寧王伝に、

建文元年、朝議、権の燕と合するを恐る。

とあるように、斉泰は、寧王と燕王軍との連合を恐れたのである(12)。

一方、燕王もまた、その軍事的重要性から大寧攻略を意図しており、洪武三十二年（建文元年）十月、すなわち、挙兵三ヶ月後、また斉泰による寧王召還提案の一ヶ月後に襲撃し、これを支配下に入れた。以後、前掲『明史』寧王伝に、

権、燕軍に入る。時時、燕王の為に檄を草す。燕王、権に謂《い》えらく、事成らば、当に天下を中分すべし、と。

とあるように、燕王に与して行動し、「成祖、内難を靖《やすん》ずるに、寧に佐助の功有り」（『名山蔵』巻三八、分藩記三、谷王の条）といわれる存在であった。(13)

このような成果を生み出したのが、燕王が挙兵一ヶ月後に敢行した大寧王府襲撃であったわけであるが、その襲撃は、前掲『明史』仁孝皇后伝に、「李景隆、間に乗じて北平を囲む」とあるように、北平王府の防衛態勢が手薄になり、建文軍の大将軍李景隆の北平重囲を呼び込んだ。そのため、仁孝皇后は、みずから北平の留守部隊を率い、将校・士民の妻たちを武装させ、李景隆軍の攻勢を凌ぎ、退けたのであった。この北平包囲戦について、『太宗実録』奉天靖難事蹟、元年十月丁未の条には、

李景隆、上の大寧に征するを聞くや、果たして軍を引き、盧溝橋を度《わた》る。意気驕溢し、軽視の志有り。鞭を以て馬の鞧《あおり》を撃て曰く、盧溝橋を守らざれば、吾其の能く為す無きを知るなり、と。直ちに城下に薄《せま》り、九門を築塁し、別将を遣わして通州を攻む。時に、世子、部署を厳粛にし、守備を整飭《せいちょく》し、城中晏然たり。数々、機に乗じて勇士を遣わし、城を縋《すが》って、夜景隆の営に斫《き》りこみ、殺傷せしこと甚だ衆し。営中、驚擾し、相い蹂践する者有り。景隆、麗正門を攻むること急なり。時に、城中の婦女皆な城に乗りて、瓦石を擲《なげう》ちこれを撃つ。其の勢、益々沮《くじけ》る。

と記され、談遷の『国榷』では、丁未（十一日）よりも四日後の辛亥（十五日）の条に掲げ、

征北大将軍李景隆、燕人の出るを聞き、蘆溝橋より北平に進攻す。克《か》たず。遂に九門を築塁し、別将を遣わして通州を攻む。景隆は、みずから鄭村壩に屯し、燕人の至るを待つ。大兵十万北平を囲み、麗正門を攻むること急なり。燕、尽く婦

女を出して城に乗り、蘭石《りんせき》を転がす。都督瞿能《くのう》は其の二子とともに騎千余を帥いて戦い、張掖門に入り、勢の鋭きこと甚だしく、城破るるになんなんとす。景隆、密かにこれを止め、十五里を退きて軍す。燕の世子、水を汲みて城に澆《そそ》がしむ。倶に冰る。城遂に登るべからず。都指揮梁銘等、時々夜出でて営に斫りこみ、官兵輒《たちま》ち乱る。

とある。北平の留守部隊は、婦女をも動員した総動員態勢で、蘭石（敵を防ぐため城壁から落とす石）を李景隆軍に浴びせ、時には夜襲をかけ、また城壁に水を注いで凍らせて李景隆軍が城壁を越えるのを防ぐなど、いろいろと策を巡らし、十万という大軍を擁する李景隆軍の重囲とその攻撃をよく凌いだのであった。(14)『太宗実録』も『国榷』も、このような防衛策戦を指揮したのは、世子（朱高熾《こうし》、のちの仁宗洪熙帝）のような書きぶりであるけれども、その世子にいろいろな指示を出したのは、生母たる燕王妃であったものと思われる。燕王が挙兵したとき、弱冠より少しだけ齢を重ねたにすぎなかった世子が、城中の婦女子まで城壁に登らせて、蘭石や瓦石を雨霰のように振り落とすことができたのは、生母燕王妃の差配と指示抜きには考えられないことであるからである。ともあれ、世子は、北平重囲軍に対する顛末を報告するため、大寧攻撃中の燕王のもとに使者を遣わすが、その報に接した燕王は、諸将に対して、

李九江、懸軍深入し、弊衆利に趨《はし》る。兵法に曰く、進退を知らざるは、是れ軍を縻《ほろ》ぼすと謂う。九江、此に堕するなり。(15)

といったという。

李九江とは、李景隆のことである。

九江は小字（幼名）であった。靖難の役において大将軍に起用されたのは、『姜氏秘史』巻二に、

李景隆、泗州盱眙《くい》県の人。父文忠は、曹国長公主の子にして、開国の元勲たり。岐陽武靖王を追謚せらる。景隆、洪武

十九年四月を以て曹国公に襲封せらる。上、嘗て体禰祖禰忠孝不息の八字を書し、以てこれを賜い、これをして書を読み、儒生を友とせしむ。一時、韋布の名の有る者、天台の林右の輩の若き、皆なとともに交遊す。革除君、位に即くや、魏国公徐輝祖とともに元勲の子なるを以て任用せらる。太宗の靖難の師起こるや、命ぜられて征虜大将軍となる。(16)

とあるように、元勲（父の李文忠は太祖洪武帝の姉の子）の子という理由をもってのことであって、李景隆が将帥として優れた特性を有しているということではなかった。平常、「儒生を友」とするという生活を送ってきたとすれば、李景隆が、甚だしい肉体的困苦にも身体を耐えさせ、大いなる危険に直面しても心の平静を保たせ、また会戦における凄まじい印象に接しても判断をあやまることのない、戦争に慣熟するという要件を備えているとは言い難かった。燕王は、李景隆を評して、

李九江は、豢養《かんよう》の子にして、智疏く、謀寡し。(17)

といっている。燕王の読み通り、李景隆の北平重囲作戦は、なんらの成果をも上げることができなかったのであった。そして、北平王府を預かる燕王妃も世子も、そして北平王府もまた危殆《きたい》を免れたのである。

さて、靖難の役が燕王の勝利によって終息し、永楽政権が成立すると、燕王妃は皇后に冊立され、世子は皇太子に立てられた。仁孝皇后は、それから、五年後に崩御することになるけれども、その病床において、皇太子に、

曩者《さき》に北平の将校の妻、我が為に戈を荷《にな》い城を守る。恨むらくは、未だ皇帝に随いて北巡するを獲ず、一に之に賚卹《らいじゅつ》せよ（『明史』仁孝皇后伝）。

と諭し、北平防衛に尽くした将校の妻等に対する「ねぎらい」を命じている。仁孝皇后は死の間際まで、ともに

靖難の役を戦った将校の妻たちのことを慈しみ、心配りをしていたのである。

その一方、自分の兄弟への報賞については謝絶した。それについて、『明史』仁孝皇后伝に、

初め、后の弟増寿、常に国情を以て之を燕に輸《おく》り、恵帝の誅するところとなる。是に至りて、爵を贈らんと欲す。后、力めて不可と言う。帝、聴かず。竟《つい》に、定国公に封じ、其の子景昌に命じて襲がしめ、乃ち以て后に告ぐ。后曰く、妾《わらは》の志にあらざるなり、と。終《つい》に謝せず。

と記され、永楽帝と皇后の思いのズレを巧みに表現している。増寿、すなわち徐達四子男の一人である徐増寿は、靖難の役の功績者を収録した『靖難功臣録』にも載せられているように、靖難の役期中、燕王のために種々貢献するところが大であった。そのために、建文帝が疑惑をいだくところとなり殺されるのであるが、本戦役が終息すると、燕王つまり成祖永楽帝は、定国公を追贈し、それをその子の徐景昌に襲がせようとしたのである。ところが、仁孝皇后は、かかる親弟徐増寿への封爵と姪《てつ》徐景昌のその世襲に対して反対であり、それが実行されても、ついに感謝の意を示さなかったという。これについて、仁孝皇后の死の間際に、永楽帝に、

百姓《ひゃくせい》を愛惜し、広く賢才を求め、宗室に恩礼し、外家を驕畜する毋かれ（『明史』仁孝皇后伝）。

と諫言したごとき、「外戚を増長させないように」という思いが込められているというふうにも見られるが、仁孝皇后の心根としては、靖難の役を建文側と燕王側とそれぞれに袂を分かって戦った兄弟への、永楽帝の怨親平《えんしん》等の扱いを願っていたのである。とくに建文帝側に付いて戦った兄弟に対する戦後の処置を思う時、徐増寿へ封爵とその世襲を心から喜び、感謝する気にはなれなかったのであろう。

仁孝皇后の兄弟がどのように靖難の役に対処したか、それは後述に譲ることにし、次は代王妃について述べる

ことにしよう。

（2）

徐達の次女が代王桂の妃に冊封されたのは、徐達の没後のことであった。『太祖実録』によると、洪武二十四年九月丙午の条に、

中山武寧王徐達の第二女を冊して代王桂の妃と為す。

とあり、洪武二十四年（一三九一）九月のこととしている。しかしながら、『弇山堂別集』巻三二、同姓諸王表には、

妃は中山武寧王徐達の次女、洪武二十三年十一月初四日冊封す。

とあり、冊立の日時に関して、十ヶ月ほどのズレがあるが、徐達が薨じたのは、前述のように、洪武十八年（一三八五）二月二十七日のことであったから、次女の代王妃への冊立は、洪武二十三年（一三九〇）、二十四年（一三九一）のいずれであるにせよ、徐達没後数年を経てのことであった。かかる冊立が徐達没後であるにもかかわらず行われたのは、洪武帝が諸王の婚姻に関して、

朕は天下に君たり、諸子を封じて王と為すに、必ず名家の賢女を選び、之が妃と為さん。(18)

という、「名家の賢女」から選ぶという方針を堅持していたからであった。その方針は、『祖訓録』においても規定された。

洪武帝は、洪武三年（一三七〇）に諸王封建の制度を定めるが、それに先だって、その前年に中書省に命じて編纂させ、それから満四年二ヶ月を閲した洪武六年（一三七三）五月に完成したのが『祖訓録』である。洪武帝は、みずからその序文を作り、諸王に頒賜したのである。諸王にかかわる諸規定集であるこの『祖訓録』は、箴戒以下十三項目からなるが、その一項目である内令に、

凡そ天子及び親王の后妃宮人等は、必ず須く良家の子女を選択し、礼聘を以て娶るべし。処所に拘わらず、大臣の進送を受くる勿かれ。姦計有るを恐るればなり。但《いたず》らに是れ娼妓の狎近《こうきん》するを許さず。(19)

とあり、朱家の后妃・宮人は、すべて「良家の子女」から選ぶように規定した。さらにまた、大臣の「進送」による婚姻やいたずらに娼妓と馴染むことは厳重に禁止したのである。

故徐達の次女が代王桂の妃として冊立されたのは、以上に述べたような洪武帝の婚姻政策の一貫としてなされたものであった。

さて、代王桂は、太祖洪武帝の第十三子で、洪武七年（一三七四）七月十八日に生まれた。母は恵妃郭氏である。恵妃郭氏は郭子興と第二夫人張氏との間に生まれた。この郭恵妃の名は、『明史』巻一一三、后妃伝には見いだせないけれども、洪武十七年（一三八四）承直郎・太常司丞張来儀が奉勅撰した「勅賜滁陽王廟碑」に、

次夫人張氏、女一人を生む。妃と為り、蜀王・豫王・如意王、女二人を生む。

とあるように、郭子興第二夫人張氏の生んだ女は、のちに太祖洪武帝の妃となり、五人の子供を生んだ。蜀王は洪武二十三年（一三九〇）に四川成都に之国した太祖第十一子の椿のことであり、豫王はのちの代王桂のことであり、如意王は洪武二十八年（一三九五）に宣府に之国した谷王橞《けい》を指す。なお、女についても付け加えるなら

ば、「女二人」とは、第十二女の永嘉公主と第十五女の汝陽公主のことである。永嘉公主は、洪武二十二年（一三八九）に武定侯郭英の子郭鎮に下嫁し、汝陽公主は、洪武二十七年（一三九四）に鳳陽の人謝彦の子謝達に下嫁した。

以上によってわかるように、代王桂は、蜀王椿・谷王橞と同母兄弟であった。代王桂は、洪武十一年（一三七八）正月一日に豫王に封ぜられるが、二十四年（一三九一）四月十三日、代王に改封され、翌年の十月二十五日に山西大同府に之国した。

かかる代王桂が、結果的に靖難の役を惹起することになる建文帝の削藩政策の犠牲になったのは、洪武三十一年（一三九八）十一月のことであった。この月に、突然、同母兄の蜀王が就藩している四川の成都に行かされることとなった。『建文書法儗』前編、洪武三十一年十一月の条に、「遣代王桂如蜀。」という文言の割注に、

時に蜀王、賢を以て聞ゆ。而して代王は貪虐にして不靖を懐く。方孝孺、徳化を以て、これを導かんことを願う。故にこの命有り。

とあることから知られるように、「不靖を懐く」と見なされて、蜀王府へ派遣された。それは、名目的には、同母兄の蜀王の徳化を受けるということであるが、実際は蜀王の環視のもとで、体よく幽閉されたということである。そのような処置をした上で、「不靖を懐く」の具体的証拠として、その陰事を暴くというのが、建文政権側が最初から考えていたシナリオであった。

かくして、その二ヶ月後、中軍都督府の都督同知陳質によって、その陰事が暴かれた。『国権』巻十一、恵宗建文元年正月丁酉の条に、

代王桂を廃して庶人と為し、大同に幽《とら》う。中府都督同知陳質、其の陰事を発《あば》けばなり。

とあり、陳質の告発を受けて、建文政権側は、代王桂を大同に幽閉した。かかる告発をした陳質は、その貫籍は不明であるけれども、官は江西都指揮使の時威名があり、建文の初めに大同の参将に転じ、さらに中軍都督府都督同知に昇進した。代王府との接点は大同参将時代のことである。『国朝献徴録』巻一〇七、「中軍都督府都督同知陳質伝」にも、

尋いで中府都督同知に陞るや、代府の陰事を発く。代簡王、罪を獲。

とあるが、史料にいう「陰事」が具体的に何を意味するかは明確ではない。ただ、『明史』巻一四二、陳質伝に、

代王、兵を挙げて燕に応ぜんと欲するも、質、之を持して、発するを得ず。

とあるから、代王は、燕王と通謀しようとしたというのが、「陰事」とされるものの内容であるかもしれない。ともかく、太祖の在世中にすでに、「しばしば過を以て聞ゆ」(『弇山堂別集』巻三二、同姓諸王表)とか、「性暴」(『明史』巻一一七、諸王二)とかいわれるような冥昧な人物であったから、「代王通謀」をでっち上げられたとしても、その虚構を疑われる可能性は低かったであろう。「通謀」の決定的証拠があろうとなかろうと、つまるところ、代王桂が削藩政策の犠牲となり、大同に幽閉された最大の理由は、燕王の妃と代王自身の妃がともに徐達の女であり、姉妹であるという、燕王との関係の濃さの故《ゆえ》であった。

かかる処分を受けた代王は、靖難の役期間中、大同に幽閉されたままであり、本戦役終息後、登極した永楽帝に招かれて、世子遜燵《そんたん》を連れて来朝するまで、その消息は知られない。(20) 代王妃も当然の事ながら、靖難の役期間中

の消息は不明である。代王とともに幽閉されていた可能性もある。少なくとも本戦役中のこの艱難辛苦をともにしたことは想像するに難くない。

そうでなければ、靖難の役後、代王妃が嫉妬に狂って愚行を犯すということはなかったであろう。その愚行について、『明史』巻一一七、諸王二の代簡王桂の条に、

> 王妃は中山王徐達の女にして、仁孝皇后の妹なり。驕り妬む。嘗て、桂の二侍女に漆し癩と為す。事、聞するも、帝、中山王の故を以て、罪せず。

とあり、『名山蔵』巻三七、分藩記、代王の条には、やや詳しく、

> 王に妃徐有り、甚だ妬く。王、其の侍女二人を寵す。妃、其の口に糞し、其の身に漆し、薬を傅《つ》け、之を潰爛せしめ、また潜かに衛卒仲謙をして之を誘い亡去せしむ。

とある。代王の寵愛する二人の侍女に嫉妬し、侍女の口に糞を食らわせ、体に漆をつけて「漆かぶれ」させ、さらに薬をつけて「漆かぶれ」した患部を糜爛させたという。一見すれば、癩病になったかのような様相を呈したという。代王妃が、侍女に対して、そこまで憎々しげ、かつ残酷な仕打ちをしたことについて、『明史』も『名山蔵』も、仁孝皇后の妹故の「驕妬」、「甚妬」であると、わずか二文字で、それぞれ片づけているが、そんな単純なものであったとは思えない。これだけ、逆上し、憤恚《ふんい》をあらわにしたのは、侍女に対する憤恚というよりも、代王そのものに対する憤恚であったと思われる。これは、少しく思い入れが過ぎるかもしれないが、筆者は、建文政権の削藩政策の犠牲となり、靖難の役期の足かけ四年に及ぶ、代王の大同幽閉の間中、代王を嘔心瀝《おうしんれき》血《けつ》の努力で精神的に支えた妃の思いが足蹴にされたために逆上し、その果てに残酷な愚行に趨らせた原因である

と推察するのである。むろん、開国の第一の功臣と称された徐達の二女であり、かつ永楽帝の皇后の妹であるという出自を鼻にかけ、多少の「驕妬」なる心持ちはあったかもしれない。ただ、靖難の役期に千辛万苦の時代があったことを思えば、上記のような見方の方がより剴切《がいせつ》ではなかろうか。

ともあれ、妃がかつて鴛鴦《えんおう》の契りを交わした代王桂は、正統十一年（一四四六）十二月十二日に薨去した。寿七十三歳。採掠山に葬られた。妃は、それに先だって、宣徳二年（一四二七）五月十七日に薨じ、採掠山に合葬された。

（3）

徐達のほかの二人の女についても、簡単に触れておくことにする。

三女は、安恵王楹《えい》の妃であった。安王は、太祖第二十二子で、洪武十六年（一三八三）九月二十二日に生まれた。二十四年（一三九〇）四月十三日に安王に封ぜられ、陝西平涼府に之国したのは、永楽六年（一四〇八）十月十九日のことであった。つまり、靖難の役が終息して永楽政権が成立したあとの之国であった。靖難の役が起きた時は、まだ十六歳の少年にすぎなかった。

徐達の三女がかかる安王の妃に冊立された年次に関して、明代宗室の婚姻関係とその性格について精緻な分析をなされた佐藤文俊氏は、『太祖実録』洪武十八年二月己未の条に、「次は安王妃」とあるのに依拠して、その冊封時期を、

洪武十八年二月己未（？）

とされているけれども、これは冊立時期を示すものではない。(21) 当該記事は、

太傅魏国公徐達薨ず。達は鳳陽の人、家は世々農業す。長身にして偉貌剛毅なり。

という文言から始まる徐達の薨卒伝の一部である。そのなかで係累に言及し、

子の四人は皆な上の賜名なり。長子輝祖は魏国公を襲封す。次の添福は勲尉を授けらるるも早世す。次の増寿は右軍都督府左都督に擢せらる。次の膺緒は中軍都督府都督僉事なり。女は四人、長は今上皇后、是れ仁孝皇后為《た》り。次は代王の妃、次は安王の妃なり。孫男は九人、茂先は今周府の儀賓為り。景昌は定国公に封ぜらる。輝祖殂《し》するや子の欽、魏国公を襲封す。

とあり、「次は安王妃」という文言も見えるが、これを含めて子・女・孫のことは、『太祖実録』が編纂された時期から見た概況を示すものである。したがって、当該記事からは、安王妃の冊立年代は確定できない。安王の生年は、この二年前の洪武十六年（一三八三）九月のことであり、安王の妃の冊立は、この時より幾分年数を経てのことであろう。妃の冊立年次に言及することの多い『弇山堂別集』巻三二、同姓諸王表の安恵王楹の条には、

妃は徐氏、中山武寧王達の少女なり。

とあるだけで、その冊立の時期については触れるところがない。安王は永楽十五年（一四一七）八月二十九日に寿三十五をもって薨去するが、子供がなかったために国除、つまり安王府は取りつぶされてしまうことになるのである。

安王楹の以上に述べたような履歴から、徐達の三女が安王の妃に冊立されたのは、靖難の役の前のことあったかのちのことか、明確ではない。よって、その三女が靖難の役期にどのように過ごしたか、その事実に迫ること

は杳冥《ようめい》にして困難である。

その点、四女も同様で、その経歴追跡の困難さは一入である。彼女の場合、誰に嫁したかも不明である。

二　徐達の息子たち

（1）

さて、それでは徐達の四人の息子について見ていくことにしよう。

まず、四人の長幼の序列について確認しておきたい。さきに示したように、『明史』徐達伝では、「子は四にして、輝祖、添福、膺緒、増寿なり」とする。これに対して、黄金撰の「魏国公徐公達」では、「男は四人、皆な上の賜る所の名なり。輝祖は魏国公を襲ぎ、添福は勲衛、増寿は左都督、膺緒は僉中軍都督事なり」とする。両方の史料を対比すると、膺緒と増寿との順番において齟齬があるが、『太祖実録』洪武十八年二月己未の条に収載する徐達の薨卒伝においては、「長子輝祖は魏国公を襲封す。次の添福は勲尉を授けらるるも早世す。次の増寿は右軍都督府左都督に擢せらる。次の膺緒は中軍都督府都督僉事なり」とし、黄金撰「魏国公徐公達」と同様、長男輝祖、次男添福、三男増寿、四男膺緒とする。これらの史料を比較した段階では、四人の徐達の息子たちの続柄について、問題は、膺緒と増寿の二人の長幼関係にあるように思われるが、しかしながら、増寿を次男とする史料もあり、甚だ錯舛《さくせん》している。増寿を次男とする史料とは、楊士奇撰の「定国公徐景昌」[22]である。これに、

> 中山王の四子、長子の輝祖は魏国公を襲爵し、次の増寿は太宗皇帝の靖難の際に当たり、翼戴の功有るも、竟に非命に歿

す。初め武陽侯に追封し、進めて定国公に封じ、忠愍《ちゅうびん》と諡す。

とある。楊士奇のこの文章は、宋端儀の『立斎閒録』にも引き継がれている。それは、

楊士奇、其の子定国公景昌碑を撰す

と依拠した史料を明示していることで明白である。

『立斎閒録』は、宋端儀（成化十七年進士）が呉元年（一三六七）から成化年間に至る典故・人物などについて記したものであるが、とくに建文朝の人物については出色の史料価値がある。宋端儀は、湮滅してしまった建文朝の忠臣の遺事を捜輯した人で、

建文忠臣の録有るは、端儀より始まるなり。(23)

と称賛されたほどであり、宋端儀の試みは、のちに張芹《ちょうきん》らに影響を与え、『備遺録』などが編まれる動機ともなったのである。かかる『立斎閒録』が依拠したのが楊士奇撰の「定国公徐景昌」であることは明白であるが、楊士奇のこの記事は、『立斎閒録』だけでなく、燕王を佐《たす》けた靖難功臣十八人の伝記集である朱当沔《しゅとうべん》（魯宗室鉅野王朱泰澄の孫）撰の『靖難功臣録』にも引き継がれていて、

徐増寿は中山武寧王達の次子なり。文皇の靖難の初め翼戴の功有るも、竟に非命に死す。初め武陽侯に追封し、進めて定国公に封じ、子孫世々襲ぐ。忠愍と諡す。

とあり、続柄に関しても、次子としている。

このように、徐達の息子四人の長幼に関しては、紛紜《ふんうん》として軌を一にしない。これらを整理すれば、

(A) 輝祖、添福、膺緒、増寿

(B) 輝祖、添福、増寿、膺緒

(C) 輝祖、増寿

となり、問題は徐増寿の続柄が一定しないことであるが、『皇明開国臣伝』徐達伝は、

初め、張氏を娶るも卒《しゅつ》す。上、為に特に謝氏を継とせしむ。子女それぞれ四人を生む。輝祖と曰い、添福と曰い、増寿と曰い、膺緒と曰う。添福は蚤卒《そうそつ》す。次の二女は代王、安王の妃なり。

と記しており、『太祖実録』薨卒伝が示す(B)と同じ続柄としている。だからといって、この(B)説が正鵠を射ていると断言するわけではないけれども、『太祖実録』薨卒伝は、開国の功臣等に対して格別の礼讃と顕彰とをもって記録・収載されたものであり、係累等の記述は信を置くに足りよう。よって、以下においては、(B)説の長幼順をもって靖難の役期におけるそれぞれの行動様式について論述することにする。

さて、長子徐輝祖と長女仁孝皇后の長幼関係を見ると、徐輝祖は弟で、仁孝皇后は姉である。つまり、両者間の続柄関係は姉弟ということである。『名山蔵』臣林外記に、

徐輝祖は、中山王達の子にして、仁孝皇后の同産の兄なり。

とあるけれども、この「兄妹関係」と為す記述は誤りである。仁孝皇后、徐輝祖それぞれの没年とその寿歳を比べれば、両者の長幼は即座に理解できるのである。というのは、没年が同年であるからである。仁孝皇后の崩御

は、さきに触れたように、永楽五年（一四〇七）七月四日のことで、寿四十六であった。一方、徐輝祖について、その各種の伝記史料によると、

a　永楽五年、輝祖卒す、年四十（『建文遜国臣記』巻一、魏国公徐輝祖）。
b　五年死す。或いは自裁と曰う。年四十余り（『皇明遜国臣伝』巻之首、魏国徐公）。
c　五年、而して卒す。年四十（『遜国神会録』巻上、二親臣伝）。
d　五年、而して卒す。年四十。或いは自裁と曰う（『遜国正気紀』巻六、武忠列伝）。

などとあり、永楽五年（一四〇七）に寿四十、もしくは四十余歳で死去したとしている。したがって、姉と弟の年の差は六歳程度であったことが知られる。

なお、ついでながら、徐輝祖と仁孝皇后は、以上に述べたように、永楽五年（一四〇七）の同年没であったが、その没時の先後関係についても触れておくと、王世貞撰の「魏国公徐輝祖伝」(24)に、

京師悉く燕と為す。公、独り先王の祠を守り、勧進に従わず。是において、之を私第に錮《つな》ぐ。尋で逮《とら》えて獄に下す。之を久しくするも、公、竟に屈せず、以て死す。時に僅か四十余なり。公の姉は仁孝皇后為るも、竟に晏駕し、敢えて公の為に請せず。

とあり、仁孝皇后は七月四日に崩御したため、徐輝祖のために永楽帝への取りなしができなかったという。「晏駕」という言葉は、普通は天子の死をいうが、ここでは皇后の死を特定的に指していることは明白である。この記述によれば、一部には自殺とも伝聞されている徐輝祖の死去より以前に仁孝皇后は、すでに崩御したということになる。それを明確に裏づけるのは、宋端儀の『立斎閒録』に収載する徐輝祖の記事である。本記事は、「吏

部験封司藁簿内より出ず」として、

徐輝祖は、中山王徐達の長子なり。洪武□□年、魏国公を襲ぎ、建文君に歴仕す。永楽五年八月朔日、聖旨を奉ず、「比《さき》先《ごろ》、徐輝祖は、黄子澄・斉泰・盧振・張昺《ちょうへい》・葛誠等と通同して社稷を危くせんと謀るも、後事発かるるを以て、黄子澄等誅に伏す。徐輝祖は、是れ中山王の男なり。因りて中山王の比先天下を平定するに、大功を国家に有するを念《おも》い、此に由りて、曾て他《かれ》を罪せずして、只だ閑に在らしむ。今、病故せり。中山王の功忘るべからず。如今《ただいま》、他の嫡長男をして中山王の原封せられし魏国公の爵を襲がしめよ。中山王歿後の禄米は、戸部、査了して都て他に還せ。此を欽《つつし》め。」と。

とあり、徐輝祖没後、すぐに吏部に発出された永楽帝の勅書を引用している。この勅書は、張芹の『備遺録』にも再引用されているが、注目すべきことは、「永楽五年八月朔日」「今、病故せり」の文言である。この二つの文言には、密接な時間的関連があり、徐輝祖の没時は、八月一日以前であり、それもよりさほど遠くないところにその日子があったように推測される。とすれば、姉の仁孝皇后は七月四日に崩御し、すぐ下の弟の徐輝祖は同月の末日近くのころに身《み》罷《まか》ったといえよう。徐達の長女・長男が同月中に相次いで死去したのは、偶然の出来事であったのであろうか。つまり、永楽帝の勅書にいうように、徐輝祖の死因ははたして「病故」であったのかと疑念さえ湧いてくる。それは、一人筆者だけに止まることではない。すでに、明代において、徐輝祖の伝を立てた人たちの疑問でもあった。それがために、前記の列伝史料のbやdに、「或いは自裁と曰う」というやや控えめな表現ながら付言しているのである。

仁孝皇后と徐輝祖は、同腹の姉弟ではない。[25] それでも、一番年の近い間柄であった。永楽帝は、靖難の役で自軍に通じた徐増寿の死に報いるため爵を追贈した時、仁孝皇后がすこぶる反対したことは先に紹介した。この逸話は自分の出身の家に対する栄誉を賑賑《にぎにぎ》しくはしたくないという謙虚な気持ちのあらわれと見ることもできるけれども、錦衣衛の獄に下されていた徐輝祖に対する傷ましい心持ちのあらわれと見ることも可能である。仁孝皇后がそのような心神を具有する人であったとすれば、その崩御が徐輝祖に寸毫も精神的動揺を与えなかったとは考え難い。それが、引き金となって自裁したとしても、不自然ではない。

ともあれ、徐輝祖の靖難の役における行動様式は、弟徐増寿とは対蹠的であり、本戦役後は囹圄《れいご》にあって晩年の人生を空しくした。

次節では、義志を貫いた徐輝祖の生涯を、とくに燕王（永楽帝）とのかかわりに重点を置きつつ概観することにしよう。

（2）

徐輝祖は、偉丈夫であった。その体躯に言及した史料においては、いずれも身長を八尺五寸とする。明代における一寸をメートル法に換算すると、三・一一cmであるので二・六四mということになる。ことさらに新語を創っていえば、それは、たぶんにミニ白髪三千丈的表現だとしても、実際のところ、二mを超す長躯の持ち主であったのであろう。武門の総領たるに似つかわしい禀質《ひんしつ》は、この体躯だけのことではなかった。王世貞は、「魏国公徐輝祖伝」のなかで、

公生まるるや、白皙秀眉にして豊下《ほうか》なり。長ずるに及び、長さ八尺五寸、顧眄《こげい》するに神有り、挙止は儼雅《げんが》なり。中山王、数々北平を填《しず》め、公を留めて宿衛せしめ家を御《すべ》さしむ。家衆、粛然とす。上、故に心より之を器《おも》んじ、命じて左軍都督府を理《おさ》めしむ。月ごとに廩禄《りんろく》二十石なり。

と、徐輝祖の美質を縷々記述している。まず、面貌は白皙秀眉で豊下であったという。豊下は豊頤《ほうい》と同じで、し

もぶくれ、ふっくらと肥えたあごをいう。『明書』巻一〇二、忠節伝二、徐輝祖の条には、「豊頤方面」、つまり「しもぶくれ」で「四角な顔」と表現されている。ともあれ、豊は、豊満の意であり、古来富貴の相とされるのである。(26) 外貌だけではない。徐輝祖は、その物腰・挙措も典雅であり、また衆を束ねることにもすこぶる優れていた。このようなことを知って、洪武帝は徐輝祖に、緯武経文ともいうべき文武両道を兼ねた政治家の稟賦の才を見いだしたのであろう。少なくとも、徐輝祖において徐達と相似した質感を発見したことは疑いない。それが、徐輝祖を重用しようとし、左軍都督府の事を理めさせた所以であると思量される。

かかる徐輝祖が、魏国公を襲爵したのは、洪武二十一年(一三八八)のことであった。それは、むろん父徐達の薨去を受けてのことであった。ただ、その年次に関して、史料によって齟齬がある。前引の宋端儀撰『立斎閒録』所収の徐輝祖伝の記事、すなわち、

徐輝祖は、中山王徐達の長子なり。洪武□□年、魏国公を襲ぎ、建文君に歴仕す。

という記事において、魏国公襲爵の年次をことさらに空白にしているのは、ゆえないことではないのである。当該年次に関して、宋端儀が目睹した史料によって差違があり、それがために宋端儀は、空白にしたのである。

まず、これまでしばしば引用してきた王世貞の「魏国公徐輝祖伝」を見てみよう。これには、

中山王、北平より還る。疽を背に発す。問有り。上、公に命じ、詔を奉じて道に迎労せしむるも、俄にして王薨ず。又三年して洪武己巳と為り、始めて公に命じて魏国公を襲爵せしめ、誥を賜い、中山王の烈を称揚す。而して公に勉《すす》むるに忠は立志を以てし、礼は守身を以てし、恪《つつ》しみて継承の道を尽くせしむ。

とある。中山王徐達が薨去したのは、さきに触れたように、洪武十八年(一三八五)二月二十七日のことであっ

た。

それから三年を閲した洪武己巳、すなわち二十二年（一三八九）になって、初めて魏国公の襲爵が実現したと、王世貞はいう。徐達の薨去から徐輝祖の襲爵まで三年の日子を要したのは、徐達の喪にあたって二十七月を満期として謹慎して喪に服していたからである。これを守制というが、この守制が終了して、徐輝祖は初めて襲爵したのであった。(27)

それでは、徐達の薨去から守制へという一連の経過に三年の星霜を要したとしても、徐輝祖の襲爵は、王世貞が記すように、洪武二十二年（己巳、一三八九）で正鵠を射ているのであろうか。というのは、単純に計算すれば、襲爵はその前年の洪武二十一年（一三八八）のことではないかと思われるからである。実際、襲爵を洪武二十一年（戊辰）とする史料も少なくないのである。徐輝祖の列伝史料で、魏国公襲爵の年次に言及している史料を煩を厭わずあげれば、次の通りである。


(い)「王薨ず、又三年して戊辰に襲爵す」（『明名臣言行録』巻一五、徐忠貞公輝祖）

(ろ)「洪武二十二年十月、襲職す」（『革朝遺忠録』巻下、徐輝祖）

(は)「洪武二十一年十月、輝祖、魏国公に襲封せらる」（『革除遺事』巻三、徐輝祖）

(に)「洪武三十一年十月、輝祖、魏国公に襲封せらる」（『革除遺事節本』巻四、徐輝祖）

(ほ)「洪武二十一年、魏国公を嗣ぐ」（『建文遜国臣記』巻一、魏国公徐輝祖）

(へ)「王薨ず、又三年して戊辰に襲爵す」（『皇明遜国臣伝』巻之首、魏国徐公）

(と)「洪武二十一年、魏国公を嗣ぐ」（『遜国神会録』巻上、二親臣伝、徐輝祖の条）

(ち)「俄に王薨ず。守制終わり、洪武己巳に至りて、始めて国公の爵を嗣がしむ」（『遜国正気紀』巻六、武烈列伝、徐輝祖の条）

(り)「洪武二十一年、魏国公を嗣ぐ」(『皇明表忠紀』巻一、親臣伝、徐輝祖の条)

(ぬ)「洪武二十一年、魏国公を嗣ぐ」(『皇明世法録』巻九一、二親臣伝、徐輝祖の条)

(る)「王薨ず、又三年して洪武己巳に始めて命じて魏国公を襲爵せしむ」(『明分省人物考』巻一六、南直隷鳳陽府三、徐輝祖の条)

(を)「達薨ず、又三年して己巳に襲爵し誥を賜う」(『明書』巻一〇二、忠節伝二、徐輝祖の条)

(わ)「洪武二十一年、魏国公を嗣ぐ」(『続蔵書』巻五、遜国名臣、魏国徐公の条)

(か)「俄にして王薨ず。又三年して洪武己巳為り。始めて公に命じて魏国公を襲爵せしむ」(『建文朝野彙編』巻一六、魏国公徐輝祖)


以上、(い)から(か)までの十四例を通覧すると、徐輝祖の魏国公襲爵に関して、史料的には三つの論、すなわち洪武二十一年(戊辰)とするもの、二十二年(己巳)とするもの、三十一年(戊寅)とするのものがあることが分かる。このなかで、(に)の「洪武三十一年十月」に作るのは単なる誤謬であろう。太祖の崩御は、洪武三十一年閏五月十日のことであるので、徐輝祖の襲爵は太祖崩御後のこととなり、時系列的にも錯誤がある。この一文は、おそらくは「洪武二十一年十月」と筆写あるいは刻すべきところを誤って「洪武三十一年十月」としたという単純ミスと考えられ、検討するに値しない。とすれば、徐輝祖の襲爵は、戊辰(洪武二十一年十月)か己巳(洪武二十二年十月)のいずれかということになる。この二つに分かれるということは、戊辰とする史料系統と己巳とする史料系統があるということを意味し、上記に列挙したそれぞれの史料が固有のオリジンを有していることではない。

それでは、明代史の研究にとって最も基本的な、不可欠の史料とされる『明実録』においては、この襲爵一件は、どこに繫年されているのであろうか。まず、初めに王世貞の「魏国公徐輝祖伝」や『革朝遺忠録』等の記す洪武二十二年(一三八九)十月について『太祖実録』の当該月を検するに、この事柄に該当するような記事は見いだしえない。それに対して、『明名臣言行録』や『革除遺事』等が記す洪武二十一年(一三八八)十月の項を見ると、その丙寅の条に、

中山武寧王徐達の子允恭に命じて魏国公を襲封せしめ、開平忠誠王常遇春の子昇に開国公を襲封せしむ。

とある。談遷の『国権』も、同じく太祖洪武二十一年十月丙寅の条に掲出して、

徐允恭、魏国公を嗣ぐ。徐達の子なり。常昇、開国公を嗣ぐ。遇春の子なり。

とある。これらの挙例から見て、徐輝祖の魏国公襲爵は、『明名臣言行録』や『革除遺事』等が記すように洪武二十一年(一三八八)十月の丙寅(二十六日)のことであったと思量される(28)。

魏国公を襲爵した徐輝祖にとって意想外の事態が起きたのは、それから二年後の洪武二十三年(一三九〇)五月のことである。六公十侯に対して還郷するように、太祖の命令が発せられたのであった。その筆頭にあげられたのが徐輝祖であった。『太祖実録』洪武二十三年五月甲午の条に、

詔して公侯を郷に還らしむ。魏国・開国・曹国・宋国・申国・潁国の六公にそれぞれ黄金三百両・白金二千両・鈔三千錠・文綺三十四・綾十匹を賜う。永平・南雄・崇山・懐遠・鳳翔・定遠・安慶・武定・鞏昌・鶴慶の十侯に黄金二百両・白金二千両・鈔千錠・文綺三十匹を賜う。

とあるように、最初にこの還郷命令が出された時は、六公十侯がその対象になっていたが、それから一ヶ月が過ぎた翌六月にあらためて還郷政策が発表されると、その対象になった封爵家は、多少の入れ替えがあるけれども、大幅に増えて、結果的には七公二十四侯に倍増した。

この七公二十四侯は、開国の功臣だけではなく、明朝建国後の西番平定、雲南平定、モンゴル平定、海運、孝陵（太祖洪武帝の陵墓）造営などの功績によって爵号を授与されたものも入っており、最も直近の封爵は、洪武二十一年（一三八八）に征胡の功によって全寧侯に封ぜられていた孫恪《そんかく》であった。かかる還郷政策は、洪武二十三年（一三九〇）に起きた李善長の獄と前後して始まった。李善長は洪武三年（一三七〇）十一月に、太祖洪武帝が功臣を封じた時、韓国公を授与された明朝創業の元勲であった。この時、李善長の地位は、光禄大夫左柱国太師中書省左丞相であった。また、李善長の長子李祺《りき》は、太祖の長女臨安公主を迎え、駙馬都尉となっていた。その李善長が自殺したのは洪武二十三年（一三九〇）五月二十三日のことであった。それは、洪武十三年（一三八〇）に発生した胡惟庸の謀反事件の際に、その登用推薦者であり、謀反を暴露しなかったという理由で、諸臣の糾弾するところとなったからであった。監察御史によって、その最初の弾劾がなされたのは、洪武二十三年（一三九〇）五月六日、その二日後の八日には再度李善長の罪を按問せんことを皇帝に求めている。かくして、李善長は、洪武二十三年（一三九〇）五月二十三日に自殺したが、これに連座して、吉安侯陸仲亨・延安侯唐勝宗・平涼侯費聚等十九名の功臣やその襲爵者、及び一般の官僚・地主等併せて一万五千人あまりが、胡惟庸の残党であるということで処刑された。

封爵家に対する還郷命令の第一弾が発せられたのは、同年五月二日のことで、李善長が最初に弾劾をうける四日前のことであった。そして、還郷命令の第二弾が発せられたのは、六月十日のことであったので、それは李善長が自殺したあとのことであったことになる。

このように還郷命令と李善長の獄の推移を時系列に見ていくと、太祖洪武帝の意図が透けて見えてくる。つまり、李善長の獄を経て、一段と明朝政権の基盤を堅くした太祖は、「年老」、「衣錦還郷」の名のもとで、公侯家を京師より遠ざけ、一気にその政治的軍事的実権を削ごうとしたのである。

換言すれば、これは武臣の功臣たちに対する弾圧策であった。そして、多くの功臣家を危亡せしめた最後の弾圧策が洪武二十六年（一三九三）二月に発生した藍玉党案であった。この疑獄事件で、多くの封爵家が革爵という憂き目を見た。

太祖が功臣に対して発動した数次の疑獄事件をかいくぐって、太祖崩御以後まで健在であったのは、結局のところ、

魏国公徐輝祖　　開国公常昇
長興侯耿炳文　　武定侯郭英

の四家にすぎなかった(29)。

還郷命令が下された時、徐輝祖は、ふるさとである鳳陽に戻り、賜った屋敷で静かな日々を送っていた。しかしながら、その三年後に起きた藍玉党案において、徐輝祖は、姉の夫である燕王とのかかわりが生じることとなった。

藍玉党案の発生は、錦衣衛指揮の蒋瓛《しょうけん》なる人物の告発に始まった。洪武二十六年（一三九三）の年明け早々のことである。それは、涼国公藍玉が景川侯曹震・鶴慶侯張翼・舳艫《じくろ》侯朱寿・東莞《とうかん》伯何栄・吏部尚書詹徽《せんき》・戸部侍郎傅友文等と二月十五日に行われる太祖の耤田《せきでん》（皇帝みずから田を耕して宗廟に祭る穀物を作る儀式）の機会を狙って事を起こそうと企んでいると告発したのである。この告発によって、藍玉以下、前記の人々に加えて、会寧侯張温・普定侯陳垣《ちんえん》・懐遠侯曹興等明朝の重臣たちが次々に捕縛されて下獄していった。捕縛されたのは、これらの重臣たちに止まらず、かれらに繋がりのあるものたちも芋づる式に捕縛され、その数は膨大なものとなった。謀反の首謀者とされた涼国公藍玉に関していえば、この時逮捕されたのは、一族係累のみならず、藍玉家に仕え

ていた火者や佃戸などの使用人から知友に至るまで広範囲に及んでいる。(30)

藍玉と曹震・張翼・朱寿・何栄・詹徽・傅友文等の高官が大量に誅殺されたのは、二月十日のことであった。それからほぼ一ヶ月を経た三月十七日には、会寧侯張温と中軍都督府都督僉事の蕭用が誅殺された。さらに、四月八日には瀋陽侯察罕が、六月十八日には左軍都督府都督の馬俊が誅殺された。これらの人々は、いずれも藍玉党案に連座して誅殺されたのであった。

このように、藍玉の獄に連座した人々の処刑が次々になされていた時期、具体的にいえば、四月八日における瀋陽侯察罕誅殺から、ほぼ一週間が過ぎた十六日に、乃児不花《ダルブハ》なるモンゴル人が誅殺されたのであった。乃児不花は阿魯帖木児《アルチムール》とともに、北平（後の北京）の燕王の手によって京師南京に送られ、その地で誅殺されたのである。燕王がかれらを京師に送ったのは、燕王自身の発意によるものではなかった。太祖洪武帝に命ぜられたので、燕王は人を遣わして乃児不花・阿魯帖木児を送って寄越してきたのであった。三月十日、太祖洪武帝は、燕王に対して命令（勅諭）を下すために、わざわざ魏国公徐輝祖を北平に遣わしてきたのである。その勅諭については、『太祖実録』洪武二十六年三月乙卯（十日）の条に見えるが、太祖は胡人（モンゴル人）の阿魯帖木児・乃児不花がともに異志を抱いているという理由で、燕王に京師への護送を命じたのであった。(31)阿魯帖木児・乃児不花が護送されて誅殺されることになる「異志有り」という疑惑もまた、藍玉等の場合と同じく、逆謀を告発されたからであった。(32)

さきに述べたように、藍玉が景川侯曹震、鶴慶侯張翼、舳艫侯朱寿、東莞伯何栄及び吏部尚詹徽、戸部侍郎傅友文等とともに、洪武帝の藉田の機会を狙って事をあげようとしたということで逮捕されたのも、もとはといえば、錦衣衛指揮蔣瓛の告発に端を発するものであった。謀反が実際に企図されていたかどうかは、この際あまり重要なことではなかった。告発されたこと自体が問題であったのである。それが、疑獄事件なる所以である。

乃兒不花の場合も、本当に逆謀の意図を抱いていたかどうかは、まったく問題ではなかった。そのように某人に告発されたことで、逮捕理由は十分なのであった。告発というものは、多くの場合、私怨に発するか、あるいは第三者がそのようにするように仕向けられたものであったが、乃兒不花が受けた告発も、誰かが私怨を晴らそうとしたものか、あるいは誰かの唆しに乗ぜられたものと思われる。

かくして、洪武帝によって、燕王に命令が下され、乃兒不花は阿魯帖木児とともに京師に送られて、そして誅殺された。その間、わずか一ヶ月余という日子しか経ていない。実にスピーディーな処理であった。

とあれかくあれ、藍玉党案の際における阿魯帖木児・乃兒不花問題において、徐輝祖は燕王と接触した。王世貞は、前引の「魏国公徐輝祖伝」のなかで、当該問題に触れ、

> 時に元の降将阿魯帖木児・乃兒不花は、其の部衆とともに燕王に隷す。軍中に異志有り。告を為す者の発く所なり。上、密かに王に詔し実を詗《さぐ》らしめんとす。而して公に命じ、詔を以て往かしむ。公の姉は王妃なり。是において、悉く其の実を得て、王と合筴《がっさく》して其の党を併せ、与に悉く闕下に捕送し之を戮《ころ》す。

とあり、元の降将阿魯帖木児・乃兒不花とその一党の捕縛・捕送は、太祖の命令のもと、燕王と徐輝祖とによってなされたものであった。明朝に投降後、阿魯帖木児は北平に設置された燕王府の三護衛の一つである燕山中護衛の指揮使、乃兒不花は京衛の一つである留守中衛指揮使の武官職を与えられていた。かれらは異志を懐いているとの事由によって処刑されたが、かれらもまた藍玉党と見なされたことは、太祖が、当該藍玉党案に関して、その罪人取り調べの記録書（爰書《えんしょ》）をもとに編纂され、洪武二十六年（一三九三）五月に刊刻頒布された『逆臣録』に乃兒不花の供状（自白書）が載せられていることから、明々白々なことである。[33]

藍玉党案の発生は、奇しくも燕王と徐輝祖とが一緒に事案の処理にあたるという関係性をもたせることになっ

た。それから、五年後、両者の間には苛烈な緊張関係が生まれることになる。それは、いうまでもなく、太祖の崩御、皇太孫允炆の即位に起因する事柄であった。

（3）

太祖洪武帝の崩御は、洪武三十一年（一三九八）閏五月十日、皇太孫允炆が即位して建文帝になったのは同月十六日のことであった。それから二ヶ月後の七月、開封に就藩していた周王橚《しゅく》に対する削藩が行われた。周王は太祖第五子で燕王の同母弟であった。この周王削藩を皮切りに代王桂（大同）、斉王榑《ふ》（青州）、湘王柏（荊州）、岷《びん》王楩《へん》（雲南）の諸王が次々と槍玉にあがった。洪武三十一年（一三九八）七月から翌年六月までの一年間にわたって展開されたこのいわゆる五王削藩の背景と諸相、ならびにこれが誘発した靖難の役までの政治過程等については、別な機会に詳説したので[34]、ここではさらなる贅語を重ねることはしないが、徐輝祖のかかわりについてだけ述べることにする。

それは、燕王の世子らの上京と帰国に関してである。

燕王は、建文政権による削藩政策展開さなかの建文元年（一三九九）四月、世子高熾《こうし》（のちの仁宗洪熙帝）と高《こう》煦《く》・高燧《こうすい》の三人の子供を洪武帝の小祥（一周忌）に派遣することにした。燕王府内部では反対の声が彭湃として上がったが、それをあえて押し切って上京させたのである。それは、建文側の付け入る口実を与えないためのギリギリの選択であって、実際問題としては、『鴻猷録』に「初め、世子入京するや、成祖大いに憂悔す」（巻七、靖難師起）とあるように、燕王は、この選択を後悔したのであった。案の定、京師では、心配したような事態になりつつあった。

燕王の心配事とは、いうまでもなく、息子三人がそのまま京師にとどめ置かれてしまい、人質になってしまうのではないか、という不安であるが、結果的には無事帰国できたけれども、その裏では、不安が的中し、人質になってしまうかもしれない微妙なところもあったのである。しかし、幸運なことに、事態は燕王に利する方向に転がって行った。削藩政策を推進していた建文帝側近の斉泰と黄子澄との間に考えの相違があって救われたのである。斉泰は、これら燕王府の三兄弟を人質にすることを提案したが、これに対し、黄子澄は、それを実行すれば、燕王に謀略を覚られ、その防御が堅くなることを懸念し、そのまま北平に帰すことを提案した。拙著『明代建文朝史の研究』「第一章　削藩政策の展開」において、すでに述べたように、斉泰と黄子澄との手で削藩政策を推進しているといっても、政策実行のプロセスに関しては、必ずしも軌を同じくする考えを二人が有していたわけではなかった。燕王府に対する削藩の手順に関しても、二人の考えは一八〇度相違していた。つまり、斉泰が直接燕王の燕王府を削ることを考えていたのに対して、黄子澄は燕王の同母弟の周王など燕王に近い関係にあるものを先に削藩して外堀を埋めて行き、最後に燕王を潰すという考えであり、最大目標に至る手順に関しても、このようにまったく異なる考え方をしていた。それが調整されて、黄子澄の提案の方法に一本化された直後に、周王の削藩が行われたが、入京した燕王の子供の取り扱いをめぐっても、二人の間では意見の相違が生じたのであった。ところが、結果的には、またしても黄子澄の意見が採用され、燕王の子供三人は、辛くも人質になることを免れ得たのであった。

しかしながら、燕王にとって身内ともいうべき徐輝祖はこの時建文帝に対して密奏し、燕王の三子を北平に帰すことに危惧を呈したのであった。この間の事情について、『建文朝野彙編』巻二、建文元年四月の条を始め、『鴻猷録』巻七、靖難師起、『罪惟録』列伝巻四、『国榷』巻一一、建文元年四月の条など多くの史書に関係記事があるが、そのなかでも最も詳しく記されている『建文朝野彙編』の該条を引用すると、次のようである。

燕王の世子及び其の弟高煦・高燧、遣わし帰国せしむ。時に燕王、太祖の小祥なるを以て、世子及び二弟を遣わし往きて行礼せしむ。或るひと曰く、宜しく偕に行くべからず、と。王曰く、朝廷をして疑わざらしむるなり、と。京に至るに及び、斉泰、先に之を収めんことを請う。黄子澄曰く、可ならず、恐らく事覚らば、彼先に備を為すを得ん。遣わし帰し之をして坦懐に疑い無らしむるに若くは莫し、と。世子兄弟三人、皆な魏国公徐輝祖の甥なり。徐輝祖、高煦の異常なるを察し、帝に之を留めんと欲し密奏して曰く、臣観るに、三甥中、独り煦は勇悍にして無頼、自ら騎射を倚み、惟に不忠のみならず、抑且《そもそも》父に叛き、他日必ず大患を為さん、と。帝、以て輝祖の弟増寿と駙馬王寧に問う。皆な力めて庇護を為し、其の他《ふたごころ》無きを保す。帝乃ち之を遣わす。行くを瀕《せ》まるや、高煦、窃かに輝祖の廐中に入りて、其の良馬を取り馳せ去る。之を追うに比《およ》んで、已に江を渡れり。世子等、既に還り、京師の動静の甚だ悉なるを得、燕王喜びて曰く、吾父子相い聚る、此れ天の我を賛するなり、大事済《な》るなり、と。

徐輝祖は父徐達の逝去にともなって、魏国公の爵位を襲いだことはさきに触れたが、それまでは名前を徐允恭といい、懿文太子に近侍していた。その懿文太子が洪武二十五年（一三九二）四月に急死すると、太祖洪武帝はさんざん苦悩したあと、懿文太子の死から五ヶ月後経った九月にようやく允炆を皇太孫にしたのであった(35)。徐允恭は、いずれ近い将来登極する予定の允炆と同じ諱を一字もっているために、太祖洪武帝から輝祖というあらたな名前を賜ったのである。即位した建文帝は、このような因縁が深くかつ父懿文太子に侍していた徐輝祖に対して、信任することすこぶる厚く、即位の年の九月には太子太傅を兼ねさせているが(36)、しかし、燕王弾圧策を成功に導く上での一つの山場でもあったこの時、建文帝は徐輝祖の言を十分に信頼しなかったのである。結果的に見れば、靖難の役における高煦の活躍(37)などを勘案すれば、徐輝祖の認識が実に的を射たものであったことがわかるが、建文帝は、かかる徐輝祖の言を重視せず、逆に燕王に与する徐輝祖の弟徐増寿や王寧(38)の言を信用して、燕王の子供を人質にするという絶好の機会を無にしてしまうのであった。

徐輝祖は、それでも、きまじめな性格であったようで、終始一貫、建文帝支持の立場を崩さなかった。燕王が挙兵したとき、徐輝祖はその誘いに乗らず、生来のきまじめをもとでに戦中における自己の行動を規定した。次のエピソードは、それを雄弁に物語っている。王世貞の前掲「魏国公徐輝祖伝」に、

> 燕師起すに君側を誅するを以て名と為す。諸侯、兵を徹《おさ》めて往き之を攻むるも、相継いで敗れり。始めて大将を置かんことを議し、公と曹公皆な当に往くべし、と。時に曹公、公卿に声を問う。而して公は終に燕の戚属の故を以て左《しりぞ》けらる。然れども、公は一意扞圉《かんぎょ》す。時に曹公と歴城侯とは相継いで敗れ、燕師日々に迫れり。其の世子・高陽王皆な公に餌し、内応を為さしめんとす。然れども、撓《たわ》めず。乃ち改めて公の叔弟に餌す。師の金川門を攻むるに及び、公は猶常開公昇等と分道して出で大いに戦うも利《か》たず、京師悉く燕と為れり。公、独り先王の祠を守り、勧進に従わず。是において、之を私第に錮し、尋いで逮えて獄に下す。

とある。徐輝祖の立場は微妙であった。建文政権内では燕王の縁戚と見られて、建文軍の大将軍としての地位を与えられることはなかった。事実、燕王側からの内応を進める引き合いはあった。しかしながら、徐輝祖は一貫して建文帝支持の立場を崩さず、靖難の役終息直後、建文軍の大将軍として燕王軍との戦いの指揮をとった曹国公李景隆を始めとする建文政権の群臣が燕王を皇帝に推戴する勧進(39)に動いている時も、一人同調しなかった。

こうした徐輝祖の反燕王的行為は、燕王を怒らせた。その結果、燕王が南京に入城した時に出された奸臣に対する逮捕命令ともいうべき燕王令旨において、奸臣と名指しされ、奸臣榜に名を連ねられた(40)。錦衣衛に下されたのは、そのためであった。奸臣と名指しされた人々の多くは、死をもって建文官僚としての終焉を迎えた。その死には、みずから選んだ死と死刑によるもの、あるいは殺戮によるものという他律的な死とに分けられる。徐輝祖の場合、父徐達が開国の功臣であったことや燕王にとって縁戚にあたることで死刑や殺戮は免れたが、しかしながら、前述のように、永楽五年（一四〇七）、寿四十（一説には四十余）をもって死去した。没後、永楽帝は、さきに一度引用した宋端儀の『立斎聞録』に収載する徐輝祖の記事に、「今、病故せり。中山王の功忘るべから

ず。如今、他の嫡長男をして中山王の原封せられし魏国公の爵を襲がしめよ。中山王歿後の禄米は、戸部、査了して都て他に還せ。」とあるように、徐輝祖の嫡長男を召し出し、魏国公を襲爵させることにした。その結果、徐輝祖の長子釈迦保が召し出され、欽という名を賜り、魏国公を襲爵した。そして、誥券が返還され、歳禄として田を賜った。しかしながら、この徐欽もまた父徐輝祖に似てきまじめというか硬骨というか、そのような叔父永楽帝の示す温情に感激せず、父の墓守を願い出た。そのため、永楽帝は激怒し、徐欽の爵を削り、鳳陽に移した。かかる徐欽の爵が復するのは次の仁宗の時のことであった(41)。

徐輝祖は、武骨だけが取り柄というような武将ではなかった。懿文太子に近侍している時は諸王と講読し、経史に通じ、京師に置かれた武学では将臣の子弟に教授したほどあった。その徐輝祖の靖難の役における戦前・戦中・戦後の行蔵(出処)は、夷険一節《いけんいっせつ》であったというのがきわめて剴切である。平和な時も逆境にある時も、節操を変えない、文字通り夷険一節の人であった。

（4）

徐輝祖の弟徐増寿の行蔵は、きわめて対蹠的で、終始燕王に与した。燕王を佐けた靖難功臣十八人の伝記集である『靖難功臣録』に、徐増寿について、

中山武寧王達の次子なり。文皇の靖難の初め、翊戴《よくたい》の功有るも、竟に非命に死す。初め武陽侯に追封し、定国公に進封し、子孫世々襲ぐ。謚は忠愍。

とあり、徐増寿が靖難の役のさなかに、非命、つまり天命を全うしない死に方をしたので、永楽帝から、最初、武陽侯に追封され、ついで定国侯に進封されたことを記している。非命な死については後述することにするが、

『靖難功臣録』の徐増寿に関する記述について、もう少し触れると、当該記事については割注があり、

初め、増寿の兄魏国公耀祖、実は斉黄の謀に与す。而して、増寿は、独り百口を以て文廟を保つこと他に無し。蓋し輝祖は忠を建文に尽くし、増寿は力を文廟に宣す。

と述べている。ここに明確に示されているように、徐輝祖・徐増寿兄弟はそれぞれ敵味方に別れて、靖難の役に対処したのであった。そして、結果として、徐輝祖は建文側に付して奸臣榜に名が載せられ、徐増寿は燕王側に付いて靖難功臣にのぼらせられた。

さて、さきに触れた徐増寿が非命の死を遂げたというのは、靖難の役の終息直前に建文帝の手にかかって斬殺されたことを指す。建文帝は手ずから剣をもち徐増寿の腰を断ったという。(42) それも、燕王軍に金川門が破られ、建文帝が自焚する直前のことで、右順門の廡下は流血に染まった。(43) 建文帝は、なにゆえに徐増寿に憤怒したのであろうか。それは、燕王のために種々貢献するところが多大であったからである。とりわけ、左軍都督府左都督として建文帝の側にいながら、燕王側への情報の漏洩を行っていたことが、建文帝の憤恚を強く買ったのであった。清の徐乾学は、『明史列伝』巻四、徐増寿伝において、建文帝と徐増寿とのかかわりについて、次のように述べている。

建文帝、燕王の反するを疑い、嘗て以て増寿に問う。増寿頓首して曰く、燕王先帝は同気なり、且つ富貴已に極まれり、何故に反するや、と。燕師起こるに及び、しばしば京師の虚実を以て燕に輸る。帝、之を覚るも、未だ問わず。燕王の江を渡るに比び、帝、増寿を召して之を詰《なじ》る。対《こた》えず。手ずから剣もて之を殿の廡下に斬る。

さきに触れたように、太祖洪武帝の小祥（一周忌）のために上京した燕王の三人の息子の扱いをめぐって徐増

寿の意見を採用し、徐輝祖の密奏を退けた。なにゆえに、建文帝は徐増寿を信頼していたのか解せないけれども、建文帝の徐増寿に対する信頼という思いは、燕王軍が南京城の金川門を破り、入城してきたという現実に直面して完全に忿怒と化し、みずからの手で徐増寿を斬殺したのであった。その屍体を見つけた燕王は、屍を撫でて慟哭したという(44)。そのあと、ねんごろにその死を悼むのであるが、燕王と徐増寿との間でこのような関係が生じたのは、徐増寿が燕王のモンゴル遠征に従行したことに由来する。『皇明開国臣伝』巻一、徐増寿伝には、その間の事情について、

> 増寿は、機警勇敢にして、騎射を善くし読書を好む。父の任を以て三遷して左都督に至る。胡寇を征するに従い労有り。宿衛に侍して謹実にして過ち寡し。而して心を燕王に帰す。

と手短く記しているが、徐増寿が燕王に心を寄せるようになった気分はある程度伝わる。ここにいう胡寇とは、のちに藍玉党案に連座して刑死した乃児不花のことである。それは、『国朝献徴録』巻五収載の「定国公徐増寿」に、

> 右軍都督府左都督に陞り、嘗て命を奉じて上に従い、胡寇乃児不花を征し、ともに労績有り。

とあることによって明白である。

燕王が、晋王棡とともに乃児不花征討の出軍を命ぜられたのは、洪武二十三年（一三九〇）春正月三日のことであった。故元の丞相咬住・大尉乃児不花・知院阿魯帖木児等が辺患を為していることを理由に、太祖は第三子の晋王と第四子の燕王に出軍を命じたのであった。その結果、ほぼ三ヶ月を閲した三月三十日に、丞相咬住以下の投降が実現した。これを伝える燕王の捷報が南京にいる太祖のもとに届いたのは、閏四月一日のことであっ

た。捷報を手にした太祖が、群臣を顧みて、喜色満面に「沙漠を清《おさ》める者は燕王なり。朕に北顧の憂い無からん」と燕王を褒めそやしたのは、この時のことであった。乃児不花等平定のためにとった明軍の作戦は、定住という生活形態をとらないモンゴル勢の動静を把握することから始まった。明軍側は、騎哨を発して、モンゴル勢の追跡を行い、乃児不花等が駐屯しているのは、迤都《いと》であることを察知した。そこで、燕王はそこに明軍を進めようとしたが、時はまさに大雪であったので、諸将はそれに反対した。しかし、燕王は、「天大いに雪降る。虜必ずや我が至るをおもんぱからず。宜しく雪に乗じて速やかに進むべし」と強く主張し、諸将の反対を押し切り、進軍を開始したのである。このように燕王の作戦が奏功し、乃児不花等は遁走することをやめ、その部落及び馬駝牛羊を尽く収め明軍に投降したのであった(45)。

さきに引用した『皇明開国臣伝』巻一、徐増寿伝に「心を燕王に帰す」という文言があったけれども、徐増寿は、このときの乃児不花等平定作戦に参加して、その指揮をとった燕王の異能を終始目の当たりにして、燕王に信服したのであろう。靖難の役が起きたのは、それから、およそ十年近く経ってからのことである。この間に、徐増寿は、燕王の気稟に、より一層の忠信を寄せたものと思われる。靖難の役における徐増寿の行蔵は、建文帝側から見れば大いなる裏切りであっても、燕王側から見れば、燕王に忠胆を寄せた忠臣義士としてのものであったのである。それが、建文帝に斬殺された徐増寿の屍を、燕王が撫でて慟哭し、深く悼み、武陽侯に追封し、さらには定国公に進めた所以である。さきに引いた『靖難功臣録』に、「増寿は、独り百口を以て文廟を保つこと他に無し」という文言があった。百口（一族全部）のなかで燕王に味方した者は徐増寿以外にはなかったという評語は、徐増寿の行蔵を剴切に表しているけれども、その行蔵は単に裏切りであるとか打算であるとか、そのような類型的評言をもってすべきではない。徐増寿にとって、燕王と戦場を同じくして生まれた信従の心と多少の党派的感情こそが、その行動を律した大きな要因と見られるのである。

徐増寿の人となりについての記述には、多少レトリックの匂いがしないこともないけれども、「機警勇敢にして、騎射を善くし、読書を好む」（『皇明開国臣伝』巻一、徐増寿伝）、「眉宇秀朗、少《おさな》きとき嘗て父に侍して入見す。太祖高皇帝、其の機警なるを奇とし、名増寿を賜う」（『国朝献徴録』巻五、「定国公徐増寿」）等とあり、ともに「機警」という用語が用いられている。機警とは物事のさとりが早いことをいい、聡明であることを示している。いわずもがなな事かもしれないが、曹操について、「太祖少くして機警にして権数有り」（『三国志』巻一、魏書一、武帝操）とあり、同じ言葉が使われている。これも決して貶損《へんそん》な評語ではない。

ともあれ、徐増寿は、幼いころから聡明な人であったのであるが、定国公を襲爵した嫡子の徐景昌には父親譲りの聡明さは無く、むしろ愚佻《ぐちょう》短慮な人であったようである。

徐景昌が、即位したばかりの燕王（永楽帝）に召されて、定国公を襲爵を命ぜられたのは、わずか十五歳の時のことであった。食禄は二千五百石。これは、淇国《きこく》公に封爵された丘福と同額であり、曹国公李景隆、成国公に封爵された朱能につぐ厚遇であった。このような永楽帝の恩光と偏好とを若年で受けたためか、おおいに驕気を助長した。徐乾学の『明史列伝』巻四、徐増寿伝に、

> 王、入るや、屍を撫でて哭す。位に即くや、武陽侯に追封し、忠愍と諡す。尋いで定国公に進封し、禄二千五百石、其の子景昌を以て嗣がしむ。驕縦にしてしばしば劾さるるも、成祖、輒《たちま》ち之を宥す。成祖崩ずるや、景昌、喪に坐居するも、宿より出でず。冠服・歳禄を奪わる。已にして之を復す。三伝して元孫光祚《こうそ》に至る。

とあるのは、徐景昌の性情を指し示したものと思われる。永楽帝は、徐景昌がその驕気をしばしば弾劾されても、これを庇った。そのような恩遇を受けながら、徐景昌は、登遐《とうか》した成祖の轀輬車《おんりょうしゃ》に付き従うこともなかった。そのために、靖難の役期における丕勲《ひくん》天下にかくれもしない故徐増寿に対する爵賞としての「定国公」に付

随する冠服と食禄は、一度は取り上げられてしまうのである。

（5）

さて、徐達の四男のうち、徐輝祖と徐増寿の靖難の役における行動は、以上に述べてきたように、きわめて対蹠的であった。それでは、残りの二人、すなわち徐添福と徐膺緒の場合は、いかなるものであったであろうか。徐添福と徐膺緒について、『明史』徐達伝には、

添福、早に卒す。膺緒、尚宝司卿を授けられ、中軍都督僉事に累遷し、奉朝請なり。世々指揮使を襲ぐ。

とある。徐添福は夭《わか》くして死去したようである。今のところ、その来歴を述べた史料を目睹したことはない。おそらく、世に出る前に短い生涯を卒《お》えたのであろう。

徐膺緒に関する記事も、徐輝祖や徐増寿に比べれば、きわめて少ない。徐乾学の『明史列伝』徐増寿伝に付せられた記事も、

膺緒、初め尚宝司卿を授けられ、中軍都督僉事に累遷し、奉朝請なり。子孫世々指揮使を襲ぎ、絶えず。

というものであり、『明史』の文言とほとんど変わらない。以上の二史料と異なって、やや文字数が多いのは、『皇明開国臣伝』巻一、徐膺緒伝である。それには、

膺緒、初め尚宝司卿と為る。大同衛指揮僉事に遷り、再び都督僉事に遷り、奉朝請なり。太宗朝、輝祖・増寿皆な前に卒し、膺緒、元舅《げんきゅう》なるを以て尊寵せらる。凡そ封拝有れば、皆な遣わして将命せしむ。仁宗、其の子景珩《けいこう》に中軍都督僉事を加え、景璿を金吾前衛指揮僉事とし、諸孫、指揮と為ること絶えず。

とある。これらの史料は共通して、最初は尚宝司卿に任用されたこと、ついで五軍都督府の一つである中軍都督府の都督僉事に陞進したこと、奉朝請の恩遇を受けたこと、子孫は代々指揮使職を受け継いだことを記している。このような来歴を見ると、徐膺緒は、文官から出発して武官に転じた人であることになる。尚宝司とは宝璽、符牌、印章等を掌管する役所で、璽台、あるいは符台という別称もあったところである。明代においては、長官たる卿は一人、副長官たる少卿も一人、司丞三人からなった。明初における尚宝司官の選用は慎重に対処せられ、卿・少卿には多くは文学儒臣をもって充て、勲臣の子弟を司丞に補したといわれている(46)。

徐膺緒は、最初かかる尚宝司卿に任用され、その後、大同衛指揮僉事を経て、中軍都督府の都督僉事に累進した。そして、奉朝請という善遇を受けた。奉朝請とは、もともと貴族や官僚が定期的に皇帝に朝見することの称謂である。古代においては、春季の朝見は「朝」といい、秋季の朝見は「請」といった。漢代になると、授爵される以前における退休の大臣、将軍、外戚の多くは、「奉朝請」の名目で朝見に参加した。

さて、それでは、明代においては、奉朝請はどのようなものであったかというに、『明史』巻七六、職官志五によると、

公・侯・伯は、凡そ三等なり。功臣及び外戚を封ずるを以てし、皆な流有り、世有り。功臣には則ち鉄券を給し、封号は四等なり。太祖を佐けて天下を定むる者は、開国輔運推誠と曰い、成祖の起兵に従うは、奉天靖難推誠と曰い、余は奉天翊運推誠と曰い、奉天翊衛推誠と曰う。武臣は宣力武臣と曰い、文臣は守正文臣と曰う。歳禄は、功を以て差を為す。已に封じて又功有れば、爵に仍《よ》り、或いは爵を進め、禄を増す。其の才にして賢なる者は、京営総督、五軍都督府掌僉書、南京守備に充て、或いは出でて鎮守総兵官に充つ。否らざれば、則ち食禄・奉朝請のみ。年幼くして爵を嗣ぐ者は、咸な国子監に入れ読書せしむ。

とあり、功臣や外戚をもってこれに充てることが規定されている。かいつまんでいえば、公・侯・伯の綬爵者のうち、才賢なる者は、京営総督・五軍都督府掌僉書・南京守備・鎮守総兵官のいずれかに充任し、そうでなければ、食禄と奉朝請のみを与えるということである。奉朝請の恩恵を得た徐膺緒のケースについて、この規定に照らし合わせると、いささか撞着している。奉朝請の要件は、綬爵者でありながら、京営総督等の武職への任用のない者への恩典であるはずであるが、徐膺緒の場合は、五軍都督府を構成する中軍都督府の都督僉事である点でまず規定と齟齬し、ついで封爵されていない点でも齟齬を来している。封爵者は、太祖のときの開国功臣、成祖のときの靖難功臣等によってなるが、封爵者ではない徐膺緒が奉朝請の恩典を得たのは、いかなる事情によるのであろうか。むろん開国の功臣ではない。それでは靖難の功臣であるか。封爵されていないところを見ると、靖難功臣としての顕著な事績はなかったと思われる。しかしながら、封爵に与からなかったからといっても、それはただちに靖難の役において燕王に付して活躍しなかったということを意味するわけではない。靖難の役において燕王側が動員しえた兵力数は、建文政権が百七十万ないし二百万であったのに対して五十万といわれるが[47]、戦後、封爵されたのは、そのなかの一糸一毫ともいうべきわずかな人たちであり、封爵されなかったといって、活躍の可能性を否定するものではない。徐膺緒が奉朝請の恩恵を受けた事情をさぐっていく場合、靖難の役との関わりをまず検討するのは、きわめて常道なことである。「太宗朝、輝祖・増寿皆な前に卒し、膺緒、元舅なるを以て尊寵せらる」というような『皇明開国臣伝』巻一、徐膺緒伝の記述を見ると、徐膺緒は、徐増寿と同じく燕王側に付したとの見方も可能性なしとはしないが、しかしながら、上記したところだけでは、徐膺緒と燕王軍との関係を直截に結びつけるには十分ではない。

そこで、あらためて徐膺緒の靖難の役期における立場を考察したいと思う。さきに引用した三つの史料には、むろん当該問題を検討する手掛かりとなる直接的証左は見られないから、別種の史料から徐膺緒の本戦役におけ

徐鶴梅
正千户

外黄查有：徐昇，鳳陽縣人。曾祖徐景愉，係中山武寧王徐達孫，都督僉事徐膺緒子，永樂[illegible]年授錦衣衛中所正千户，[illegible]年老。祖徐顯宗，景泰七年替正千户，成化[illegible]年故。父徐鋭，四年替本職，十八年故。昇係嫡長男，優給[illegible]，仍授南京錦衣衛中所[illegible]

一輩 徐景愉 已載前黄

二輩 徐顯宗 舊選簿查有：景泰七年五月，徐景愉年六十二歲，係南京錦衣衛中所正千户，原係[illegible]老疾，[illegible]庶長男徐顯宗年二十二歲，保送替職。

三輩 徐鋭 舊選簿查有：成化四年九月，徐鋭年十九歲，鳳陽縣人，係南京錦衣衛中所故世襲正千户徐顯宗嫡長男。

四輩 徐昇 舊選簿查有：成化十九年[illegible]，徐昇年十三歲，鳳陽縣人，係南京錦衣衛中所故正千户徐鋭嫡長男。欽與全俸優給，至成化二十[illegible]年終住支。

舊選簿查有：成化二十一年五月，徐昇年十五歲，鳳陽縣人，係南京錦衣衛中所故世襲正千户徐鋭嫡長男。

五輩 徐鶴齡 舊選簿查有：嘉靖八年六月，徐鶴齡年二歲，鳳陽縣人，係南京錦衣衛中所[illegible]正千户徐昇庶長男。照例與全俸優給，至嘉靖二十年終住支。

六輩 徐鶴松 舊選簿查有：嘉靖十三年六月，徐鶴松年一歲，鳳陽縣人，係南京錦衣衛中所年老正千户徐昇庶[illegible]男。照例與全俸優給，至嘉靖二十六年終住支。

七輩 徐鶴梅 舊選簿查有：嘉靖十八年[illegible]月，徐鶴梅年五歲，鳳陽府人，係南京錦衣衛中所年老正千户徐昇庶次男。照例與全俸優給，至嘉靖[illegible]年終住支。

舊選簿查有：嘉靖二十八年六月，徐鶴梅年十五歲，鳳陽縣人，係南京錦衣衛中所[illegible]年老正千户徐昇庶次男，優給出幼，襲職。

八輩 徐國全 萬曆三十三年六月，徐國全年五十五歲，鳳陽縣人，係南京錦衣衛中所故正千户徐鶴梅庶長男。[illegible]

九輩 徐維京 天啓二年四月，單本選過南京錦衣衛指揮使優給舍人一名徐維京，年七歲，係故中所正千户徐國全嫡長男。伊父原襲正千户，陞千户，任遼東都司僉書。於天啓元年三月奴酋攻陷遼陽，[illegible]死，恩陞三級，在案。今本舍人以子承父，合於祖職正千户上加陞三級，以指揮使全俸優給，扣至天啓九年終住支。伊父所欠屯糧地租，照例扣俸還官。

る動向を窺う必要がある。かくして、当該問題を考察する上で格好の史料として見出したのが、『南京錦衣衛選簿』に見える、次の史料である。

本衛選簿は、『中国明朝档案総匯』（中国第一歴史档案館・遼寧省档案館編、広西師範大学出版社、二〇〇一年六月）の第七十三冊に収録されている。その一四六頁に、徐鶴梅の条を載せるが、ここに靖難の役における徐膺緒の行動様式を窺うにたる手掛かりがあるように思える。そこで、まず、この原文一葉の写真版（前頁）を掲出し、ついで全文の書き下し文を添えることにする。

【訓読文】

徐鶴梅　外黄査有徐昇、鳳陽県の人、曽祖徐景瑜《じょけいゆ》は中山武寧王徐達の孫にして都督僉事膺緒の子に係る。永楽二十二年、錦衣衛中所正千戸を授けられる。年老もて、祖徐顕栄、景泰七年、正千戸に替る。成化三年、故《し》す。父徐鋭、四年、職を襲ぐ。十八年、故す。昇、嫡長男に係り、優給せられ、二十二年、正千戸を襲ぐ。仍お南京錦衣衛中所帯俸を授けらる。

一輩徐景瑜　已載前黄

二輩徐顕栄　旧選簿査有景泰七年五月、徐景瑜、年六十二歳、南京錦衣衛中所正千戸に係る。原《もと》、舎人に係り、前職に擢せらる。老疾もて衛に在り。庶長男顕栄有り、年三十二歳、保送して替職を告す。

三輩徐鋭　旧選簿査有成化四年九月、徐鋭、年十九歳、鳳陽県の人、南京錦衣衛中所故世襲正千戸徐顕栄の嫡長男に係る。

四輩徐昇　旧選簿査有成化十九年六月、徐昇、年十三歳、鳳陽県の人、南京錦衣衛中所故正千戸徐鋭の嫡長男に係る。全俸を欽与し優給せられ、成化二十一年終に支を住《とど》む。旧選簿査有成化二十一年五月、徐昇、年十五歳、鳳陽県の人、南京錦衣衛中所故世襲正千戸徐鋭の嫡長男に係る。

五輩徐鶴齢　旧選簿査有嘉靖八年六月、徐鶴齢、年二歳、鳳陽県の人、南京錦衣衛屯田所年老世襲正千戸徐昇の庶長男に係る。例に照らして、全俸を与えて優給せられ、嘉靖二十年終に支を住む。

六輩徐鶴松　旧選簿査有嘉靖十三年六月、徐鶴松、年一歳、鳳陽県の人、南京錦衣衛屯田所年老世襲正千戸徐昇の庶長男に係る。例に照らして、全俸を与えて優給せられ、嘉靖二十六年終に支を住む。

七輩徐鶴梅　旧選簿査有嘉靖十八年十二月、徐鶴梅、年五歳、鳳陽県の人、南京錦衣衛屯田所年老世襲正千戸徐昇の庶次男に係る。例に照らして、全俸を与えて優給せられ、嘉靖二十七年終に支を住む。旧選簿査有嘉靖二十八年六月、徐鶴梅、年十五歳、鳳陽県の人、南京錦衣衛屯田所年老世襲正千戸徐昇の庶次男に係る。優給せられ、幼を出で職を襲ぐ。

八輩徐国全　万暦三十三年六月、徐国全、年十五歳、鳳陽県の人、南京錦衣衛中所故正千戸徐鶴梅の庶長男に係る。

九輩徐維京　天啓二年四月、単本選過、南京錦衣衛指揮使優給舎人一名徐維京、年七歳、故中所正千戸徐国全嫡長男に係る。伊《そ》の父、原、正千戸を襲ぐ。千戸に陞せらるるや、遼東都司僉書に任ぜられる。天啓元年三月に、奴酋、遼陽を攻陥するや、捐躯《えんく》して縊死す。三級を襲陞せんと題准するも案に在り。今、本舎人、子の父を承《つ》ぐを以て、祖職正千戸に合わせ、上せて、三級を加陞し、指揮使の全俸を以て優給し、扣して天啓九年終に至りて支を住む。伊の父の欠く所の屯糧地租は、例に照らし、俸を扣して官に還せしむ。

徐鶴梅の条をなすこの一葉の史料が徐達ならびに徐膺緒の子孫の記録であることは、徐鶴梅の「外黄査有」の下に、「曽祖徐景瑜は中山武寧王徐達の孫にして都督僉事膺緒の子に係る」とあることから明々白々である。徐鶴梅の先祖や子孫の世襲記録であるこの一葉は、徐達―徐膺緒父子の後裔記録なのである。それも明末まで絶えることなく衛所官を世襲していった記録なのである。そのため、靖難の役とのかかわりについて検討する前に、徐膺緒に始まる徐達の支葉の流れを辿っておくことにしよう。

都督僉事徐膺緒の子である徐景瑜は、永楽二十二年（一四二四）、錦衣衛中所正千戸の職を授けられた。以後、この衛所官職が世襲されていくことになるが、徐景瑜は庶長男の徐顕栄と交替した。景泰七年（一四五六）のことである。徐景瑜はこのとき齢六十二、老疾でもあった。それに替わって南京錦衣衛正千戸になった徐顕栄は三十二歳であった。

その徐顕栄が亡故したのは成化三年（一四六七）であった。とすれば、寿歳は四十二であったことになる。その翌年、嫡長男の徐鋭が十九歳で正千戸職を襲いだ。徐鋭は短命で、成化十九年（一四八三）に没した。ということは、三十四歳という若さで早世したことになる。当然、その後を世襲した嫡長男の徐昇も若年であり、同年、わずかに十三歳で父の後を襲うことになった。実際に正千戸職を襲ぐのは、その二年後の成化二十一年（一四八五）であった。

以後、しばらく幼年・少年による世襲が続く。

徐昇の庶長男徐鶴齢は、嘉靖八年（一五二九）、年二歳で南京錦衣衛屯田千戸所正千戸の職に、ついで、徐鶴松（徐昇庶長男?）は、嘉靖十三年（一五三四）、一歳で同じく南京錦衣衛屯田千戸所正千戸の職に、さらに、徐鶴梅（徐昇庶次男?）は、嘉靖十八年（一五三九）、五歳でこれまた同じく南京錦衣衛屯田千戸所正千戸の職に充てられている。

このような幼歯のものの任用にならざるをえなかった事情については、後文で詳しく触れることにするが、今はしばらくおいて、その先を急ぐと、徐鶴梅のあとは、その庶長男になる徐国全が、万暦三十三年（一六〇五）に十五歳で南京錦衣衛中所の正千戸の職を世襲している。

この徐国全は、南京錦衣衛中所正千戸の職を襲ぐと、遼東都司僉書に陞転したが、天啓元年（一六二一）三月、ヌルハチの遼陽攻略の際に縊死した。捐躯、すなわち国のために命を捨てたというが、その自死は、『明史』巻二九一、何廷魁伝に、

遼陽破らるるや、廷魁、印を懐き其の妾高氏・金氏を率い、井に投じて死す。婢僕の従死する者六人。都司徐国全、之を聞き、亦た公署に自経す。

とあるのによれば、遼東分巡何廷魁（字汝謙、山西大同の人、万暦辛丑進士）の死を聞いてのことであったという。その日時は、おそらく、天啓元年（一六二一）三月二十日（壬戌）かその翌日（癸亥）あたりのことであったものと思われる。天啓元年は、後金の年号では天命六年である。『熹宗実録』天啓元年三月壬戌の条に拠れば、

奴、遼陽を破る。張銓・何廷魁・崔儒秀・袁応泰等之に死す。

とあり、(48) 何廷魁は、遼東巡按張銓・開原兵備僉事崔儒秀・遼東経略袁応泰等と同日の三月二十日に死去しているからである。したがって、徐国全の自裁が、この日時より遡ることはありえないのである。余計なことながら、『明史』何廷魁伝には、「廷魁、印を懐き其の妾高氏・金氏を率い、井に投じて死す」と記し、何廷魁自身も井戸に身を投じて死んだとあるが、『熹宗実録』に載せられた薨卒伝によれば、死地に赴く様についてさらに詳しく、

城既に陥るや、署に帰り、西の方雲中に向かい、先霊を拜し、印を懐き、徐《しずか》に歩きて井に投ず。二妻金氏・高氏、焉《これ》に従う。婢僕六人も皆な他の井中に投ず。僕の王胤、帛及び手書を蒐《かく》して、間関して西帰す。(49)

とある。

それはさておき、三月二十日に死去した張銓・何廷魁・崔儒秀・袁応泰に対しては、それぞれ官職が追贈された。張銓（字宇衡、山西沁水の人、万暦甲辰進士）には大理卿が贈られ、ついで兵部尚書が再贈され、忠烈と諡された。何廷魁は光禄寺卿が贈られ、ついで大理卿が再贈され、忠愍と諡された。崔儒秀（字儆初《けいしょ》、河南陝州の人、万暦戊戌進士）は大理卿が贈られ、祭ならびに祠・廕が予《あた》えられた。袁応泰（字大来、陝西鳳翔の人、万暦乙未進士）は兵部尚書を追贈され、葬祭・廕一子が予えられた。

これらの追贈や葬祭の賜与とは比校すべくもないけれども、ほぼ同時に縊死した徐国全にも、三級の陞進が贈られた。それによって、徐国全の嫡長男徐維京は、本来の正千戸に三級を加陞せられ、指揮使に陞進したのであった。そのような処置がなされたのは、一年ずれ込み、翌天啓二年（一六二二）のことであった。ただ、その時、徐維京は幼年であったようで、「三級を加陞し、指揮使の全俸を以て優給し、扣して天啓九年終に至りて支を住む」という文言は、そのことを明確に物語っている。徐国全のあとを襲いだ嫡長男徐維京は、天啓九年終（崇禎二年、一六二九）まで指揮使の俸禄のみを受け、実務には就いていなかったのである。それは、徐維京が幼年であったからである。徐維京は、天啓二年（一六二二）から天啓九年（一六二九）の年末に至るまでの八年間、実務に就かず、明けて十年（一六三〇）から指揮使に就くことになっていたのである。

こうした幼年者に対する優遇措置を「優給」、その当事者を「優給舎人」というが、優給の終了年齢には十四歳と十五歳の二種があった。

それは何を意味するのか、その由来を含めて、明代衛所における優給舎人の制度について少しく説明する必要があろう。

衛所官の前任者が死亡、あるいは病気・老などの事由で承継が生じたとき、承継すべきその人が幼齢である場合は、叔父や堂兄弟（父方のいとこ）など尊属にあたる者がいれば、その人が一時的に襲いだ。これを「借職」といった。しかしながら、借職するべき人物がいなければ、幼齢のその本人が世襲したのである。その場合、実務は免除され、当該衛所官職に対応した俸給が与えられたのであった。前述のように、それを「優給舎人」というが、優給される年齢の上限は、十四歳もしくは十五歳で、その年齢の年末までであった。年が明けると、つまり十五歳あるいは十六歳になると、実務に就くことになったのである。

以上に述べたところからわかるように、優給終了年齢－世襲年齢について、十四歳－十五歳の場合と、十五歳－十六歳の場合とがあったのである。前者に該当する者は「旧官」と呼ばれ、後者に該当する者は「新官」と呼ばれた。このような差異は、靖難の役の終息と同時に生まれた。

周知のように、靖難の役とは、第二代皇帝建文帝の削藩政策に対して、北平（現在の北京）に封ぜられていた叔父の燕王が「奉天靖難」の軍を起こし、首都南京を陥れて、帝位に即いた、明代中国のいわば南北戦争であった。帝位に即いた燕王は、その年号に依拠して永楽帝と呼称されるが、永楽帝は、奉天征討、つまり靖難の役において、自軍に参加して功を得て陞職した者を「新官」とし、建文軍についたもの、及び洪武中に陞職した者を「旧官」とした。そして、世襲の際における優遇措置に差異を設けた。新官の子孫は、十六歳で襲職し、しかも襲（前任者が死去しての交替）・替（前任者の老疾等による交替）いずれであっても、比試（能力認定試験）を免除された。これに対して、旧官の子孫は、十五歳で襲職し、比試の合格を義務づけられた。永楽元年（一四〇三）以後、功を得たものは、洪武時代の陞職者ならびに建文軍に付したものと同じく旧官と同等の扱いとしたのであった。(50)

以上を要するに、世襲の際における十五歳優給終了－十六歳襲職という処遇を受けた新官は、建文政権の瓦解・永楽政権の成立を惹起した靖難の役の所産であったのである。かかる新官・旧官、及び優給終了年次の年齢、襲職年齢についての明確な区別は、制度としても実態としても廃弛するものではなかった。それは、たとえ

ば、『天啓二年優給選底』（『中国明朝档案総匯』第七五冊所収）の冒頭に、

沈顕爵《しんけんしゃく》等貳拾漆名は、倶に燕山右衛等衛所の指揮千百戸等の官なり。沈維武等、それぞれの伊の父祖、倶に奉天征討し功有り、前職に歴陞せらるるに係る。今、それぞれ年老・老疾・故す。それぞれの男孫沈顕爵等、具告し、優給せらる。その優給舎人、倶に年壹拾陸歳なるを俟《ま》ち、幼を出でて、保送して都に赴き、職を襲がしむ。

とある。天啓二年（一六二二）といえば、明朝が滅亡する二十二年前のことである。徐一族との関係でいえば、徐国全が遼陽陥落の際に縊死したのがその前年、そしてその嫡長男の徐維京が優給舎人として指揮使の俸禄を受け始めたのが当年のことであった。新官・旧官の制度は、依然として保持されていたのであり、徐達の男である徐膺緒の子孫たちも、その制度のなかで世襲を繰り返していったのである。

それでは、徐膺緒の子孫は、世襲の際、新官・旧官のいずれの方で襲職していったのであろうか。そのことは、畢竟、徐膺緒は、靖難の役の際に燕王側に付したのか、建文軍側に付したかという問題に直結する事柄である。

そのためには、さきに保留した幼齢の者による世襲問題について、『南京錦衣衛選簿』に依拠しながら、あらためて検討する必要がある。

徐膺緒の後孫で最初に優給舎人となったのは、徐昇である。「成化十九年六月、徐昇、年十三歳、鳳陽県の人、南京錦衣衛中所故正千戸徐鋭の嫡長男に係る。全俸を欽与し優給せられ、成化二十一年終に支を住む」とあるから、優給開始年次とその終了年次の関係は、

◇優給開始年次＝成化十九年（一四八三）・年齢＝十三歳

◇優給終了年次＝成化二十一年（一四八五）・年齢（？）

ということになり、この数値から、?を付した優給終了年次の年齢は、十五歳ということになる。十五歳での終了であるならば、その襲職は十六歳ということになり、徐昇は新官の子孫としての処遇を受けた、換言すれば、その宗祖たる徐膺緒は、靖難の役の際には、燕王軍側に付して活躍したということになる。つまり、徐膺緒は、兄弟関係にある徐増寿の行蔵と同じく、燕王を佐けた靖難功臣の一人であったことになる。

しかしながらである。以下に示す数件の事例は、いずれもこの事柄とは齟齬を来すものである。

それは、徐昇の三子に関してである。三子の関係部分について、まず見てみよう。

○嘉靖八年六月、徐鶴齢、年二歳、鳳陽県の人、南京錦衣衛屯田所年老世襲正千戸徐昇の庶長男に係る。例に照らして、全俸を与えて優給せられ、嘉靖二十年終に支を住む。

○嘉靖十三年六月、徐鶴松、年一歳、鳳陽県の人、南京錦衣衛屯田所年老世襲正千戸徐昇の庶長男に係る。例に照らして、全俸を与えて優給せられ、嘉靖二十六年終に支を住む。

○嘉靖十八年十二月、徐鶴梅、年五歳、鳳陽県の人、南京錦衣衛屯田所年老世襲正千戸徐昇の庶次男に係る。例に照らして、全俸を与えて優給せられ、嘉靖二十七年終に支を住む。

以上の優給事例を整理すると、徐鶴齢の場合は、

◇優給開始年次＝嘉靖八年（一五二九）・年齢＝二歳

◇優給終了年次＝嘉靖二十年（一五四一）・年齢（?）

となり、徐鶴松の場合は、

◇優給開始年次＝嘉靖十三年（一五三四）・年齢＝一歳

◇優給終了年次＝嘉靖二十六年（一五四七）・年齢（?）

となり、徐鶴梅の場合は、

◇優給開始年次＝嘉靖十八年（一五三九）・年齢＝五歳
◇優給終了年次＝嘉靖二十七年（一五四七）・年齢（?）

となる。とすれば、?を付した三子の優給終了年齢は、いずれも十四歳となる。この三子の優給関係は、むろん同時並行の支給ではない。徐昇の庶長男たる徐鶴齡が徐昇の正千戸を襲ぐことになった時わずか二歳であった。そこで、十四歳になる嘉靖二十年（一五四一）の年末まで優給されることになった。ところが、徐鶴齡は嘉靖十三年（一五三四）頃、七歳くらいで死去したのであろう。そのため、その弟の徐鶴松（続柄を徐昇の庶長男とするのは誤謬、庶次男とすべきである）が、嘉靖十三年（一五三四）、一歳で正千戸の俸禄を、十四歳になる嘉靖二十六年（一五四七）年末まで優給されることになった。しかしながら、これまた庶長男の徐鶴齡と同じく夭折した。徐昇の庶三男にあたる徐鶴梅に対して優給が開始された年次は、嘉靖十八年（一五三九）であるから、徐鶴松の死がその年のことであるとすれば、まだ六歳の幼児にすぎなかった。そのように夭折が続いたが、庶三男の徐鶴梅は、無事成長し、嘉靖二十七年（一五四八）まで優給舎人として優遇され、

嘉靖二十八年六月、徐鶴梅、年十五歳、鳳陽県の人、南京錦衣衛屯田所年老世襲正千戸徐昇の庶次男に係る。優給せられ、幼を出で職を襲ぐ。

とあるように、嘉靖二十八年（一五四九）、十五歳で南京錦衣衛屯田所の正千戸の実務に就いたのである。

以上、徐昇の三子徐鶴齡・徐鶴松・徐鶴梅の優給の開始・終了の年次・年齢、ならびに徐鶴梅の襲職年齢について、その関係性はまったく撓むことなく符合している。なお、三子のなかで、ただ一人成人した徐鶴梅は、長寿であったようである。

万暦三十三年六月、徐国全、年十五歳、鳳陽県の人、南京錦衣衛中所故正千戸徐鶴梅の庶長男に係る。

とあるから、その庶長男徐国全が、死去した父に代わって、南京錦衣衛中所正千戸の職を襲いだのは、万暦三十三年（一六〇五）、十五歳の時のことであったから、徐鶴梅の没年を同年の万暦三十三年（一六〇五）のことと見なせば、その寿歳は七十一であったことになる。

以上に述べてきたところから、徐昇の優給終了年齢とその子三人のそれとの間には、少しく齟齬があることが知られた。三子の場合、優給終了年齢は十四歳、襲職年齢は十五歳であるのに対して、父たる徐昇の優給終了年齢は十五歳と明示してあるのである。わずか一歳のずれとはいえ、これは徐膺緒が靖難の役の際に燕王軍に付したか、建文軍に付したかを識別する重要な手掛かりであるから、決して些細な問題ではない。

それでは、この齟齬をどのように理解するかというに、徐昇の優給関係記事には、少しく、誤謬があるのではないかと考えざるをえない。徐昇関係記事は、

○成化十九年六月、徐昇、年十三歳、鳳陽県の人、南京錦衣衛中所故正千戸徐鋭の嫡長男に係る。全俸を欽与し優給せられ、成化二十一年終に支を住む。

○成化二十一年五月、徐昇、年十五歳、鳳陽県の人、南京錦衣衛中所故世襲正千戸徐鋭の嫡長男に係る。

の二段からなる。前段には優給開始年次・年齢、優給終了年次などの事項が記され、後段は襲職年次と年齢などによって構成されている。これによれば、徐昇の襲職年次は、成化二十一年（一四八五）、その時の年齢は十五歳であったとする。とすれば、優給の終了年次は、前年の成化二十年（一四八四）のことであり、年齢は十四歳であったはずである。もし、「成化二十一年終に支を住む」という記事に誤りがなければ、襲職は成化二十二年（一四八六）で十六歳でなければならない。いずれにせよ、前段と後段では相矛盾しているのである。しかし、そ

の矛盾を解くことはさほど困難ではない。徐昇三子の優給関係記事を参照すれば、徐昇の優給終了年次は成化二十年（一四八四）のことであったが、それを二十一年と書き誤ったにすぎないと見なされるからである。とすれば、年齢は十四歳、かくて、すべての優給関連記事は、いささかも撓むこともなく、完全に合理によって一貫性を得るのである。

以上、いささか煩言砕辞《はんげんさいじ》な論証を重ねてきたが、一葉の文書から、徐膺緒の後孫にかかわる多岐な世襲情報を得ることができた。それにとどまらず、祖たる徐膺緒の靖難の役における立場も明確にしうる。むろん、『南京錦衣衛選簿』の当該箇所には、徐膺緒の本戦役における動向を示す文言は、一字たりともない。しかしながら、靖難の役の所産である新官・旧官の制度に照らし合わせると、徐膺緒は、建文軍に付して靖難の役に対処したことが明確である。このように、徐膺緒の立場が明著になれば、靖難の役後の永楽朝における徐膺緒の処遇について抱かれる若干の疑念も氷解しよう。

そこで、さきに一度引用した『皇明開国臣伝』巻一、徐膺緒伝の記事を再度掲出することにする。

膺緒、初め尚宝司卿と為る。大同衛指揮僉事に遷り、再び都督僉事に遷り、奉朝請なり。太宗朝、輝祖・増寿皆な前に卒し、膺緒、元舅なるを以て尊寵せらる。凡そ封拝有れば、皆な遣わして将命せしむ。

「太宗朝、輝祖・増寿皆な前に卒し、膺緒、元舅なるを以て尊寵せらる」とあるが、靖難の役の終息によって樹立された永楽政権下においては、成祖永楽帝の皇后徐氏（仁孝皇后）の兄弟四人のうち、健在であるのは徐膺緒だけであった。建文軍側についた徐輝祖は、本戦役終焉後、私邸に禁錮されたのち詔獄に下され、最後は病死した（自裁の可能性もある）。燕王軍に荷担した徐増寿は、南京城陥落の際、建文帝の刃に倒れて絶命した。もう一人の兄弟、徐添福は、蚤夭してすでに幽冥界の人であった。残ったのは、徐膺緒だけであったのである。その徐膺緒は「凡そ封拝有れば、皆な遣わして将命せしむ」とあるように、封拝の沙汰があると、当該対象者のもとに派遣されて、皇帝の命を受けて取り次いだ。将命の用例は、正史の中に夥しくあるが、同時代の事例を一つあげれば、『明史』巻三〇四、鄭和伝に、

和より後、海表に将命する者、和を盛称して以て外番に夸《ほこ》らざるなし。故に、俗に三保太監の西洋に下るを伝え、明初の盛事と為すと云う。

とあるように、将命は「命をおこなう」ということを意味する。すなわち、将は奉と同意義なのである。

それはともかくとして、徐膺緒は、太宗永楽朝において、封爵等の際の「命をとりつぐ」という任務に起用されることが多かった。しかし、徐膺緒自身は、爵号の保持者ではなかった。「都督僉事に遷り、奉朝請なり」とあるように、五軍都督府の一つである中軍都督府の都督僉事でありながら、奉朝請の特典を有していた。このような待遇は、制度的に見ると、前に少し言及したように、いささか自己撞着しているのである。というのは、奉朝請を受ける人の要件は、受爵者でありながら、京営総督等の武職への任用のない者への恩典であるはずであり、徐膺緒の場合は、五軍都督府を構成する中軍都督府の都督僉事である点でまず規定と齟齬し、ついで封爵されていない点でも齟齬を来たしている。

このような徐膺緒が受けたいささか変則的な処遇は、靖難の役の際に建文軍に付して、燕王軍に敵対したが、仁孝皇后につながる唯一の義兄弟であったためではなかろうか。もし燕王軍側に荷担していれば、靖難功臣の一人として、封爵は当然のことであったはずである。封爵がないのは、燕王軍側の人ではなかったことの明証に他ならない。しかも、徐膺緒の子である徐景瑜が受けた衛所官職も、正千戸にすぎず、それが祖職として世襲されていったところをみると、徐膺緒が燕王を佐けて靖難の役に活躍した場合の処遇としては、きわめて冷遇といわ

ざるをえない。このような種種の事項、それに、世襲の際における旧官の子孫としての十四歳優給終了年齢、十五歳襲職年齢という衛選簿から確認できる事項を加えると、徐膺緒は、兄の徐輝祖と同様に建文軍に付して、靖難の役に対処したことが著明である。

むすび

先祖の功績が顕著であれば、それだけで子孫にも大きな恩恵を及ぶことを「積厚流光」（『大戴礼』礼三本）という。流は流沢・恩恵の意、光は広に通じ、大きい意で、合わせて、恩徳や感化が後世まで及ぶことをいうのである。

「開国功臣第一」と賞賛せられた徐達の息子・女たちは、文字通り、「積厚流光」というべき恩恵が光被し、それぞれが枢要な地位や盛位に就くことができた。女たちは四人のうち三人までが親王の妃となり、皇室と親密な婚姻関係が生じた。しかしながら、徐達が没してから十四年の歳月を閲した建文元年（洪武三十二年、一三九九）に起きた靖難の役は、それぞれに進退両難な苛殃《かおう》をもたらした。建文帝対燕王という対決の図式の靖難の役において、燕王の妃（仁孝皇后）を兄弟姉妹にもつ徐達の子供たちにとって、それにどう対処するかは、まさしく進退ふたつながら難き状況に追い込まれたのである。その結果、あるものは、姉の婿である燕王に荷担し、あるものはそれまで臣従していた建文帝に付した。両端を持するというような曖昧な対応に終始することはできなかった。徐達の子・女それぞれが、烈日赫赫《れつじつかくかく》の陽光のもとで、その態度を鮮明にするという苛烈な決断を強いられたのである。徐達の子・女たちは、父徐達の恩恵を被ったけれども、決して福徳円満な生涯を送ることができたわけではなかった。靖難の役に対するそれぞれの対処の仕方について再び要約することは煩を避けてしないが、その対処の仕方や行動様式は、その人の立ち位置や信条に大きく規定されたのであった。建文帝政権の情報を燕王側に漏らしていた徐増寿も、その事柄だけを見れば、きわめて陋劣な人間に見える。しかしながら、燕王との従前からの関係などの素因を考慮すれば、一概に陋劣と断ずることは剴切ではない。つまり、結果から行動の是非を論ずるのは、その人固有の人生を捨象することになり、剴切ではないのである。その人生の履歴・人間関係・価値観などを包括した経験値は、同じ環境で育った兄弟・姉妹といえども、つねに一定の値を示す定数ではありえない。さまざまな因素がない交ぜとなって変数が構成され、それがその人の行動をおおいに規定するのである。徐達の息子・女たちの靖難の役における多岐にわたる行動様式は、いささか凡庸な結論ではあるが、各人の経験値の変数がそれぞれにもたらした結果であったといえよう。

歴史学研究において、私が最も関心を抱くところは、ある人、あるいは人たちが、ある特定の変乱に際会したとき、どのように生きたかというところにある。それが、一貫して、藍玉党案（藍玉の獄）・靖難の役・土木の変等における人々の動向、行動様式に関心を払ってきた理由である。それと同一の問題関心から、本稿においては、徐達の四人の息子、四人の女の靖難の役期における動向に焦点をあてて検討してきた。できるかぎり仔細に描出することに力めたため、やや冗漫なものとなってしまったが、所期の目的は一定程度満たすことができたのではないかと思われる。

（1）李善長の獄と『昭示奸党録』については、拙稿「『昭示奸党録』について」（『汲古』第四〇号、二〇〇一年）参照。
（2）『太祖実録』洪武十八年二月己未の条所収薨卒伝。
（3）『明史』巻一二五、徐達伝。

（4）陪葬者として鍾山の北側に埋葬された人としては、徐達のほか、常遇春（開平王）・李文忠（岐陽王）・湯和（東甌王）・呉良（江国王）・呉禎（海国公）・顧時（滕国公）・呉復（安陸侯）等の功臣たちがいて、死後の世界においても、太祖に臣従した。太祖自身が鍾山南側中腹の孝陵に埋葬されたのは、崩御した洪武三十一年閏五月十日から一週間後の十六日のことであった。ここには、すでに最愛の妻高皇后（孝慈皇后）が埋葬されており、同じ墓所で永遠の眠りにつくことになった。なお、太祖の崩・葬の両当日を含めた日数はわずかに七日にすぎず、殯のために足かけ三ヶ月もかけるといわれる中国歴代皇帝の葬送儀礼では異常に短期間であった。これについて、燕王（のちの永楽帝）は、奉天靖難軍をもって挙兵する時の大義名分で、この薄葬を問題にするが、しかしながら、これは、『孝陵詔勅』中の遺詔に、「凡そ喪葬の儀、一つに漢の文の如くし、異なるなかれ」とあるように、漢の文帝の薄葬に倣ったもので、太祖自身の意志であった。

（5）『続金陵瑣事』巻之上、出将入相。

（6）『国朝献徴録』巻五、所収。

（7）同上。

（8）『内訓』二十篇を編むにあたっては、『明史』仁孝皇后伝の記述のほか、『千頃堂書目』巻一一に、仁孝皇后内訓二十篇に注して「后、女憲・女戒の諸書を観、其の要義を抽して作る」とあって、本書が『女憲』・『女戒』（『女誡』）などによって作られたように記している。しかしながら、『内訓』巻首にある皇后の自序には、「世惟だ范曄の『後漢書』の曹大家の女誡を取りて訓《おし》えと為すも、恒に其の略を病《うれ》う。所謂る女憲・女則有るも、皆徒《た》だ其の名有るのみ」とあるから、仁孝皇后は、これらの諸書に依拠しなかったようである。ましてや、「女憲・女則」は烏有の書であったようなので、仁孝皇后が参看を得ていないことは確かであろう。なお、「女憲・女則」とあるうちの「女憲」は、「女の法《みち》」の意を指す普通名詞なのか、固有名詞として書名を指すのかは、今のところ不明とされている（山崎純一『教育からみた中国女性史資料の研究』明治書院、一九八六年、一六三頁）。仁孝皇后の『内訓』自序は、「女憲」を書名と見なしている。ちなみに、「女憲」は、曹世叔の妻曹大家（後漢の班固・班超の妹班昭の尊称。家は姑に通じ、「そうたいこ」と読

む）の『女誡』の専心・曲従の両章に見える語句である。ちなみに、専心第五には、

故に女憲に曰く、

意を一人に得れば、是れ永しえに畢うと謂う、意を一人に失えば、是れ永しえに訖うと謂う、と。

（されば、女憲にはこういっています。夫一人に気に入られると、女の一生すべては安泰、夫一人に気に入られねば、女の一生すべては終わり。）

とあり、曲従第六には、

故に女憲に曰く、

婦影響の如くんば、焉んぞ賞すべからざらん、と。

とある。一方、「女則」は、唐太宗の皇后長孫太后が古の婦人の善事をとって作った『女則要録』十巻の書である（『旧唐書』巻五一、后妃伝上、同巻四七、経籍志下）。

（9）当該部分の邦訳は、山崎純一『教育からみた中国女性史資料の研究』（前掲書）一六〇頁を参照した。

（10）前掲『明史』巻一二五、徐達伝。

（11）拙著『明代建文朝史の研究』（汲古書院、一九九七年）。

（12）前掲拙著「第六章　靖難の役と諸王の動向」参照。

（13）以上に述べた燕王による大寧府襲撃については、註（12）に同じく前掲拙著参照。

（14）李景隆のこの北平重囲軍の数について、『明史』巻八、仁宗本紀には、「成祖、挙兵するや、世子、北平を守り、善く士卒を拊《な》で、万人を以て李景隆五十万の衆を拒ぎ、城、頼《よ》りて以て全す」と記され、「五十万」に作っている。

（15）『太宗実録』奉天靖難事蹟、元年十月壬子の条。

（16）『姜氏秘史』は正徳六年（一五一一）進士の姜清の撰。建文帝側の立場から書かれた編年史料である。

（17）『奉天靖難記』巻一。

（18）『太祖実録』洪武四年九月丙午の条。

(19)『祖訓録』は、その後、《重定》されて、新たに『皇明祖訓』として成立する。洪武二十八年(一三九五)閏九月のことである。この『祖訓録』から『皇明祖訓』への変更は、《重定》という言葉から見れば、単なる名称の改変と若干の項目の出入りに止まるように思われるが、ところが実際に両方の文章を比べると、『祖訓録』が全一〇六条からなるのに対して、『皇明祖訓』は九四条と少なくなっている。両者の関係の内訳は、後者が前者から摂取したものが九〇条、捨象したもの一六条、後者が独自に新しく追加したものが四条である。後者が前者から摂取した九〇条も、同文のもの六一条、文の異なるもの二九条という内訳になるのである(『祖訓録』と『皇明祖訓』との関係については、拙稿「『皇明祖訓』編纂考—とくに『祖訓録』との関係について—」『中央大学アジア史研究』第七号、一九八三年、参照)。このように、数字を列挙しただけでも『皇明祖訓』における内容上の大改変が知られるが、この改変は、一口でいえば、諸規定緩和のための手直しであったのである。しかしながら、それにもかかわらず、天子及び親王の婚姻に関しては、『祖訓録』・『皇明祖訓』ともに同文であり、内容の改変はない。つまり、その条件が緩和されることはなかったのである。なお、『皇明祖訓』における諸規定緩和の背景については、前掲拙著「序章　懿文太子の死と波紋」参照。

(20)建文政権の削藩政策期ならびに靖難の役期の代王の動向については、註(12)参照。

(21)佐藤文俊『明代王府研究』(研文出版、一九九九年)「第三章　明代宗室の婚姻の性格」の(付　明代宗室婚姻事例表)参照。なお、付言すれば、「洪武十八年二月己未(?)」と疑問符を付せられていることは、佐藤氏も、この洪武十八年(一三八五)二月己未(二十七日)をもって冊立時期の史料とすることに躊躇されたからであろう。したがって、この年次は、安王楹王妃の事例の典拠として示されたものにすぎず、冊立年次そのものを提示されたのではないと思量するが、ただ「冊封時期」という項目に入れられているので、やや紛らわしいことは否めない。

(22)『国朝献徴録』巻五、所収。

(23)『明史』巻一六一、宋端儀伝。なお、同伝に、「端儀、建文朝忠臣の湮没を慨《なげ》き、乃ち遺事を捜輯し、革除録を為す。建文忠臣の録有るは、端儀より始まるなり」とあり、『革除録』という書籍を撰したようである。現在ではその存在は知られていないけれども、『立斎閒録』に収める建文朝の忠臣に関する史料は、この『革除録』を下地にしていると思われる。

(24)『国朝献徴録』巻五、所収。なお、王世貞撰の当該徐輝祖伝は、王世貞の詩文集である『弇州山人続稿』巻六九にも収録されているが、ここでは、表題を「魏国第一世嗣太子太傅徐公表忠伝」に作る。

(25)前引の『名山蔵』臣林外記に見える「徐輝祖は、中山王達の子にして、仁孝皇后の同産の兄なり。」という文言の「兄」は事実誤認にすぎず、「弟」であることはすでに述べた通りである。「同産」という文言も、「同母」「同腹」という意味を示すものであるならば、謬りである。徐輝祖の生母は、『明書』巻一〇二、忠節列伝二、徐輝祖の条に、「徐輝祖は中山王達の長子なり。初め允恭と名づく。母は謝、輝祖を生む」とあり、生母は謝氏であった。この生母謝氏は、徐達にとっては二度目の妻であった。『皇明開国臣伝』徐達伝に、「初め、張氏を娶るも卒す。上、為に特に謝氏を継とせしむ」とあり、初婚の相手は張氏であったが、没故したあと、洪武帝の特別の思し召しで謝氏を後妻として迎えたのである。その謝氏が生んだ最初の子供が徐輝祖であった。それは、王世貞撰の「魏国公徐輝祖伝」に、「上、為に特に謝夫人を継とせしむ。首めに公を挙ぐ。」とあり、継室の謝氏が儲けた最初の子は徐輝祖であるという。とすれば、姉の仁孝皇后は最初の妻である張氏が生んだ子であり、仁孝皇后と徐輝祖は異腹の異母姉弟なのである。それが、長姉・長子の間で六歳余りの年の差がある所以なのであろう。

(26)余談ながら、管見に拠れば、正史において、「豊下」と表現された中国最初の皇帝は、後漢の第二代の明帝である。『後漢書』巻二、明帝本紀に、「顕宗孝明皇帝、諱荘、光武の第四子なり。母は陰皇后、帝、生まるるや豊下なり。十歳にして能く春秋に通ず。光武、之を奇とす。建武十五年、東海公に封ぜられ、十七年、爵を進めて王と為る。十九年、立てて皇太子と為す。」とあるがそれである。それ以前において、「豊下」と言われた一人としては、魯の公孫敖《こうそんごう》の子がいる。

『春秋左氏伝』文公元年の条に次のような話を載せている。「元年春に、周の襄王は内史の叔服を使者として魯につかわして僖《き》公《こう》の葬式に会葬させた。魯の公孫敖は、叔服が人相見の上手であることを聞いて、自分の二人の子供を面会させた。すると叔服は、「兄の穀（文伯）はあなたを養うであろうし、弟の難（恵叔）はあなたの葬式を行うであろう。

轂の顔は下ぶくれであるから、きっとその子孫が魯国に栄えることであろう」といった」（訳は新漢文大系『春秋左氏伝』明治書院、二〇〇三年に拠る）。「轂の顔は下ぶくれであるから、きっとその子孫が魯国に栄えることであろう」と訳されている部分の原文は、「轂や豊下なり。必ず魯国に後有らん」に作る。

(27) 三年間を守制に要したことは、『遜国正気紀』巻六、武忠列伝、徐輝祖の条に、「中山王、北平より還るも、疽を病む。上、輝祖に命じて、手詔を奉じて、道に迎労せしむるも、俄に王薨ず。守制終わり、洪武己巳に至りて、始めて国公の爵を嗣がしむ」とある。

(28) この時、徐輝祖に下された誥命には、次のような文辞が記されていた。「朕観古昔名臣、当創業垂統之時、撫順摧堅、勤労開国、及天下甫定、享有爵禄、爰及子孫、与国悠久、若是者簡冊昭然、歴歴可数。朕自渡江以来、爾徐允恭父達天資挺特、為朕首将、屢命出師四征、奇謀妙筭、席捲長駆、使群雄束手、不数年間廓清海内、是以威容遠振、勲業兼隆。行賞験功、最於諸将、故生錫公爵、死授王封、雖古昔名臣、何以過此。然功既成於前人、業必伝於後嗣、今特命爾徐允恭襲封魏国公、俾承父業。爾其永思前人之艱難、忠以立志、礼以守身、恪尽継承之道、則神人共鑒、福禄永昌。敬之哉」（『太祖実録』洪武二十一年十月丙寅の条）。なお、あえて贅語を用いれば、王世貞の「魏国公徐輝祖伝」に引く「忠は立志を以てし、礼は守身を以てし、恪しみて継承の道を尽くせしむ」という文言は、上記洪武二十一年（一三八八）十月丙寅（二十六日）に徐輝祖宛に発出された誥命のなかの文辞であることが知られる。それにもかかわらず、王世貞が、徐輝祖の魏国公襲爵を何故に翌洪武二十二年（一三八九）のこととするのか、はなはだ疑問である。

(29) 以上に略述した還郷政策については、拙著『明代中国の疑獄事件—藍玉の獄と連座の人々』（風響社、二〇〇二年）「第七章　刀鋸の彼方に」参照。

(30) 前掲拙著『明代中国の疑獄事件—藍玉の獄と連座の人々』参照。

(31) 『太祖実録』洪武二十六年三月乙卯の条。

遣魏国公徐輝齎勅諭今上曰、阿魯帖木児・乃児不花倶有異志、雖撫之以誠、難保其往。人言夷狄畏威不懐徳。果然、可遣人防送至京。胡人反側背恩、不可無備。爾護衛士卒毎遇出獵、必選数千騎、被堅執鋭以訓練之、使之常習労苦、則臨陣不怯。宋国公馮勝等今已召回、諭以防禦之策、旧降胡兵、非出征不可軽縦、恐盗馬潜遁、陰泄事機、所係甚重。若欲用以禦敵、常使参錯為伍、庶幾無慮。

(32) 同右書、洪武二十六年二月乙巳の条。

人有告燕山中護衛指揮使阿魯帖木児・留守中衛指揮使乃児不花有逆謀、上曰、二人之来帰也、朕知其才可用、故任之不疑、今反側乃爾、何胡人之心、不誠如是乎、命軍中察実以聞。

(33) 阿魯帖木児・乃児不花の藍玉党案連座の背景・波紋等の諸問題については、前掲拙著『明代中国の疑獄事件―藍玉の獄と連座の人々』「第五章　藍玉の獄とモンゴル人」参照。

(34) 前掲拙著『明代建文朝史の研究』参照。

(35) 前掲拙著『明代建文朝史の研究』「序章　懿文太子の死とその波紋」参照。

(36) 『建文朝野彙編』巻一六、魏国公徐輝祖伝。

(37) 『明史』巻一一八、諸王三、漢王高煦伝、「成祖第二子。性凶悍。……成祖起兵、仁宗居守、高煦従、嘗為軍鋒。白溝河之戦、成祖幾為瞿能所及、高煦帥精騎数千、直前決戦、斬能父子於陣。及成祖東昌之敗、張玉戦死、成祖隻身走、適高煦引師至、撃退南軍。徐輝祖敗燕兵於浦子口、高煦引蕃騎来。成祖大喜曰、吾力疲矣、児当鼓勇再戦。高煦麾蕃騎力戦、南軍遂却。成祖屢瀕於危、而転敗為功者、高煦力為多。成祖以為類己、高煦亦以此自負、恃功驕恣、多不法。」。

(38) 王寧は、洪武帝の第六女にあたる懐慶公主の駙馬都尉であった。寿州（南直隷鳳陽府）の人で、公主の駙馬都尉になったあと、後軍都督府事を掌ることになった。王寧は靖難の役が起きると、朝廷内部の情報を燕王に漏らしたという嫌疑で、錦衣衛の獄に下されてしまうことになるので（『明史』巻一二一、公主列伝、懐慶公主伝）、それ以前からすでに王寧は、燕王支持の立場にたっていたのであろうが、その因由は明らかでない。

(39) 燕王の南京入城は建文四年（洪武三十五年、一四〇二）六月十三日である。燕王の入城に際して迎降した人々や諸王は、翌十四日・十五日・十六日と三日連続して、勧進の表を奉った。こうした勧進に対して、燕王は形式通り再三断るが、三回目の勧進が終わると、十七日には孝陵の参謁を済ませ、万歳歓呼の嵐のなか、奉天殿に進み、ここで皇帝位に即いたのであった。そして、燕王は、七月一日、皇帝の位に即いたことを内外に宣言するための即位の詔を発布した。戦中は建文軍の指導者でありながら、戦役の終息とともに勧進の主体として動いた人々に対する爵賞は過大なものであった。『壬午功臣爵賞録』によると、たとえば、李景隆に対しては、

奉天輔運推誠宣力武臣、特進光禄大夫、左柱国、太子太師、曹国公、加食禄一千石（従来は三千石－引用者注）、子孫世襲。其賞白金四百両、文綺四十表裏、鈔四千貫。

とあり、茹瑺に対しては、

奉天翊運守正文臣、特進榮禄大夫、柱国、太子少保兼兵部尚書、忠誠伯、食禄一千石、子孫世襲。其賞白金三百五十両、文綺二十表裏、鈔二千五百貫并貂蝉冠服。

とある。

(40) 前掲拙著『明代建文朝史の研究』「終章　建文と永楽の間で―建文諸臣の行動様式―」参照。
(41) 『明書』巻一〇二、忠節伝二、徐輝祖の条。
(42) 『明書』巻一五七、姦回伝、徐増寿の条。
(43) 『国朝献徴録』巻五、「定国公徐増寿」。
(44) 『明書』巻一五七、姦回伝、徐増寿の条、『皇明開国臣伝』巻一、徐増寿伝、『明史列伝』巻四、徐増寿伝等。
(45) 前掲拙著『明代中国の疑獄事件―藍玉の獄と連座の人々』「第五章　藍玉の獄とモンゴル人―乃児不花とその周辺―」参照。
(46) 王天有『明代国家機構研究』（北京大学出版社、一九九二年）五七頁。
(47) 孫承沢『春明夢余録』巻三六、屯田、畿輔屯丁。
(48) 『熹宗実録』の同条は、以下次のように続く。「先二日、奴過代子河、向遼陽。経略袁応泰・巡按張銓皆登埤、応泰出城督戦、留銓居守、奴薄城、攻西門不動。次日、応泰見奴却、易与趣兵出戦、以家丁号虎旅軍者助之、分三隊鋒交而敗。余卒望風奔竄。奴仍旧営、又次日、尽鋭環攻発砲、与城中、砲声相続、火薬発、川兵多死。薄暮麗譙火、賊已従小

西門入、夷幟紛植矣。満賊擾乱、守者皆竄伏簷壁下、而民家多啓扉張炬、若有待婦女、亦盛飾迎門。或言、遼陽巨族多通李永芳為内応。或言、降夷教之也。是日、応泰等死之。奴、既得遼陽、駆士民出城、恣行屠戮。」

(49)『熹宗実録』天啓元年三月壬戌の条。

(50) 以上の新官・旧官に関する事項については、拙著『明代中国の軍制と政治』(国書刊行会、二〇〇一年)「前編第二部第五章　新官と旧官」参照。

都司と巡按
——永楽年間の遼東鎮守——

荷見守義

はしがき

明朝は「北虜南倭」という言葉に象徴されるように、モンゴルやジュシェンなど外敵の侵入や倭寇的状況に対する辺境統治に苦労し、国防、とりわけ、辺境防衛に意を用いざるをえなかった。この辺境防衛は九辺鎮に代表される北部辺疆の防衛網、沿岸を警備する海防網の主に二つから形成された。最後の「万里の長城」が明代のものであるように、前代のモンゴルとも後代の満族とも違い、明朝は北辺を守る塞防網と倭寇に対する海防網の構築と維持に国力を傾けざるをえなかった。このことは明朝の著しい特徴といわざるをえず、この国の形を考えた場合、軍事の与えた影響を計測することは根幹の問題である。辺境防衛、つまり辺防は狭く軍事に限定されるのではなく、広く政治、外交、経済の諸問題にリンクするのであるが、肝腎の明朝辺防のメカニズム解明は遅々として進んでいない。本稿では九辺鎮の要に位置する遼東鎮の分析に取り組むが、とくに遼東都司の位置づけについて幾つかの史料をあげて検討したい。

遼東鎮の研究について、遼東を含む九辺鎮については、早くに田村実造により全体的な見取り図が描かれ、明初期の明軍による東北制覇については和田清に詳細な研究がある。また、遼東鎮を足がかりに明晩期に軍閥を形成した李成梁については和田正広にまとまった研究があるほか、楊暘ら中国における東北研究があり、さらに日本の軍事史研究で触れられることが多い。これらの先行研究を踏まえても、動態的な辺防研究はこれからの研究であり、遼東鎮もその例外ではない(1)。

遼東鎮には遼東都司が設置された。明代の地方行政は周知のように、「都布按」三司による「三権分立」によって行われた。「都布按」は軍政を統括する都指揮使司（以下では都司と略する）、民生を統括する布政使司、監察を担当する按察使司の三司であり、これら三司は皇帝に直結することで地方行政の腐敗、専横を防止しようとしたわけであるが、遼東にも都司が設置された。しかし、ほかの二司の設置を見ることはなかった。遼東鎮が「軍管区」と呼ばれる所以である。それでは遼東鎮の軍政は遼東都司によって統括されたかというと必ずしもそうではない。提督、巡撫、巡按、総兵官、鎮守太監等の役職が次々と設けられていったため、遼東における都司の権限は限定的だったと推測される。ただ、遼東辺政における都司の役割をどう捉えるのか、実証されてはいない。提督以下の官職は逐次設置された上、官職によっては空席になることも珍しくないので、時と場合によって発言力が変動することも考えられ、辺政をリードしたのが何なのかは個別実証的に検討する必要がある。本稿では紙幅の関係で明初、永楽期の档案を検討して右の課題について考察する端緒としたい。

なお本稿では新出の档案史料を中心に検討したい。従来、明代遼東地方の研究は『明実録』『朝鮮王朝実録（李朝実録）』と地志である『遼東志』『全遼志』にほとんどすべてを頼らなければならなかった。もちろん、明朝档案の一部が刊行されており、それを利用した研究はあったし、衛選簿からの研究はあった。しかし、『明代遼東档案匯編』上・下（遼寧省档案館・遼寧省社会科学院歴史研究所編、遼寧書社　一九八五年刊）が刊行され、『中国明朝档案総匯』一〇一冊（中国第一歴史档案館・遼寧省档案館編、広西師範大学出版社　二〇〇一年刊）が刊行されると、史料的環境は格段に改善された。ただ、『明代遼東档案匯編』は遼東にかかわる档案を簡体字に変換して収録したもので、原档案の相貌を失っているところが多く、利用に便が悪かった。しかし、『中国明朝档案総匯』には『明代遼東档案匯編』収録档案のほぼすべてが収められており、また原档案の影印版であるため、この両者を見比べて従来不鮮明であった箇所の解読が可能となってきた。本稿では明朝档案利用に際して、両史料集の档案を逐次比較しつつ論考を進めることにする。(2) また、『明代遼東档案匯編』所収档案の簡体字は『中国明朝档案総匯』を参照して繁体字に直して検討する。

明初の遼東に関する档案は少ない。そのなか、比較的早い時期である永楽二十一年(一四二三)における達賊、つまりモンゴルによる広寧襲撃事件にかかわる档案がある。『中国明朝档案総匯』では第九六冊―第八八档案「関於広寧前左中屯衞呈報達人入境殺擄人畜的文件(諸件)永楽二十一年六〜八月」として、『明代遼東档案匯編』では捌、民族、第一九九档案「関於広寧団山等処達賊入境殺擄人畜的文件(七份)永楽二十一年六月」として収録されている。永楽二十一年に遼東鎮がモンゴルによって襲撃された際の被害の責任を問う档案である。この同じ档案が『明代遼東档案匯編』では七つの断片として提示され、『中国明朝档案総匯』では諸件として断片の羅列で提示されている。まず、両史料集の档案を逐次付き合わせて原档案の相貌を復元しなければならない。本稿では煩を厭わず突き合わせの作業をする。なお、それに先んじて、档案解釈の前提になる明初における明軍の遼東進出過程、行政単位・衞所設置の概要について振り返っておきたい。

一　明軍の遼東攻略

和田清氏が、「遼東の地が山東布政司に属しながら、関外の化外の域で、そこには民政は施かれず、軍政のみで、二十五衛（定遼中・左・右・前・後、東寧、海州、蓋州、復州、金州、広寧中・左・右・中屯・左屯・右屯・前屯・義州、寧遠、瀋陽中・左・右・中屯・鉄嶺・三万）、二州（安楽、自在、これは降夷を置いたもの）だけで、一切郡県の無かつたことは有名であるが、陝西行都司もさうだつたのである。否、遼東や甘粛に限らず、大寧や開平、東勝等もと虜衝に当り、後に行都司が置かれ、衛所と称したところは、もと皆軍政であつて、平和な州県は置かれなかつた。」としているように、(3) 遼東鎮には二十五の衛所と二つの州が置かれた。

しかし、これは最初からこうだったわけではない。明朝初期の明軍の遼東進出は、当地のモンゴル勢力の足並みの乱れに乗じたものであったが、進出時の遼東鎮形成過程において、明軍と当地モンゴル勢力筆頭格のナハチュ（納哈出）との間で激しい戦闘を惹起した。その後、洪武二十年（一三八七）にナハチュが征虜大将軍馮勝に降伏するまで、モンゴル勢力との衝突は収まらなかったのであった。この間、明朝は高麗を経由して明軍の情報がモンゴルに流れることを危惧して、高麗勢力の遼東接近を厳しく拒んだ。高麗が伝統的にモンゴルとの繋がりが深かったためであった。このことから明朝と高麗の関係が拗れ、やがて、洪武二十一年（一三八八）の威化島回軍によって李成桂が高麗の実権を奪取し、洪武二十五年（一三九二）に朝鮮を建国、その後しばらく明朝と半島との冷え切った関係が続いていくことは周知の所である。(4)

明朝が遼東の地に足がかりを得たのは洪武四年（一三七一）のことであった。本稿では広寧の問題を取り上げるので、特段の注意が必要になってくるのであるが、明軍による遼東攻略は陸路で行われたのでなく、山東半島を足場にして海路、遼東半島西端の得利嬴城（のちの復州の地）にこの年二月、遼東衛指揮使司を置いたことに始まった。陸路、北平（のちの北京順天府）から長城線を越えて遼東方面に進出しようとすれば、広寧を経て遼陽に出る線が有力と考えられるが、得利嬴城に遼東衛指揮使司を設置した要因はこの地に力をもっていた劉益らがモンゴルに見切りをつけて明朝に寝返ったことによる。

ここに明朝は遼東に切り込む手掛かりを見出したのであり、また、陸路、モンゴルの襲撃を警戒しつつ、大量の兵員・武器・食糧を前線に運ぶより、海路、一気に大量の物資を遼東半島に揚げた方が効率が良かったのであろう。海路、山東半島から遼東への物資補給は、明軍による遼東攻略後も長きにわたって続くことになったことは、その左証である。

ついで、洪武四年七月には遼陽に定遼都衛指揮使司を設けて遼東諸衛の軍馬を統括させ、洪武六年（一三七三）六月には遼陽に府県を設け、また衛所の数を増やしていった。洪武八年（一三七五）十月、定遼都衛を遼東都司と改称した。同時に遼東衛指揮使司は定遼後衛指揮使司に改編された。その後、洪武十年（一三七七）には遼陽の府県は撤廃された。なお、遼東都司の前身である定遼都衛では都指揮使の馬雲・葉旺、同知の呉泉・馮祥、僉事の王徳らが、遼東諸衛の軍馬を総轄していた。

二　衛所設置

明朝は洪武四年に遼東半島に上陸し、当初は定遼都衛が設置された遼陽城と遼東半島を結ぶラインの守備を固めていった。『明実録』洪武五年六月丙戌の条に、

置遼東金蓋復三州。

とあるように、遼東半島に金州・蓋州・復州の三州を設置した。これらはのちに衛所となる。また、『明実録』洪武六年閏十一月癸酉の条に、

置定遼右衛於遼陽城之北、立所属千戸所五。命定遼都衛指揮僉事王才等、領原将山東諸衛軍馬屯守。

とあり、『明実録』洪武七年正月甲戌の条に、

定遼都衛奏併衛所官軍。以左千戸所青州土軍五千六百人属定遼左衛、以右千戸所莱州土軍五千人并本衛軍七百九十四人属定遼右衛。余軍分為八千戸所、内調千戸余機、領中後二所、往金州守禦、倶隷都衛。従之。

とあり、『明実録』洪武八年四月乙巳の条に、

置金州衛指揮使司、隷定遼都衛。命袁州衛指揮同知韋福・贛州衛指揮僉事王勝領兵屯守。

とあり、『明実録』洪武八年十月癸丑の条には、

以在外各処所設都衛并改為都指揮使司。……定遼都衛為遼東都指揮使司、置定遼前衛指揮使司、以遼東衛為定遼後衛指揮使司。

とあり、『明実録』洪武九年十月辛亥朔の条には、

改定遼後衛為蓋州衛。復置定遼後衛於遼陽城北、以定遼左衛指揮僉事張山統兵屯戍。

とある。また、洪武十九年（一三八六）秋七月癸亥には東寧衛が、翌二十年（一三八七）十二月庚午に三万衛が遼陽に設置されて、高麗と呼ばれた朝鮮人や女直と呼ばれたジュシェン人で明朝に属した人々が収容されたことはよく知られている。

このように洪武二十年に至るまで遼東における衛所設置は遼陽城をポイントに遼東半島を守護することが目的であった。これは強敵ナハチュの明軍に対する執拗な抵抗に対抗するためであったが、宋国公馮勝を征虜大将軍とし、潁国公傅友徳を左副将軍、永昌侯藍玉を右副将軍とする二十万の北伐軍により、二十年六月にナハチュの本拠である金山が陥落し、ナハチュも降伏すると遼東における状況は一変した。

『明実録』洪武二十年七月丙戌の条には、

命左軍都督府、自山海衛至遼東、置馬駅一十四駅、各給官馬三十四、以贖罪囚徒為駅夫、駅百二十人、仍令田其旁近地、以自給。

とあり、『明実録』洪武二十一年二月庚午の条には、

詔自山海至遼東遵化至大寧、置馬駅一十五駅、設馬五十疋。

とあり、『明実録』洪武二十一年七月甲午の条には、

増置山海衛至遼東松亭関至大寧、凡十七駅、命太僕寺、選淮馬給之駅五十匹。

とあるように、ナハチュ一党が降伏した直後に、相次いで山海関から遼東及び大寧間の駅伝ルートが整備され、駅夫と駅馬が配置され、駅夫の食糧は自給を基本に考えられたことがわかる。ナハチュ降伏以前、海路での補給に頼ってきた遼東では遼河の東岸地域である河東における基盤整備が先行してきたが、山海関からの駅伝ルートが整備されることで、陸路での補給が可能となり、これにともない駅伝ルートが通る遼河西岸地域である河西地方の整備が進むことになった。『明実録』洪武二十一年八月戊申の条には、

置遼東義州衛指揮使司。初大軍討納哈出。詔指揮同知何浩等統金復蓋三衛軍馬、往遼河西十三山屯種守禦。至是、始置衛及五千戸所。

とあり、明軍の河西への進出はナハチュ討伐作戦にともない、この地域の十三山に駐屯していた指揮同知の何浩等率いる金・復・蓋三衛の軍馬が基点となった。十三山は『遼東志』巻一、地理志、山川の条に、

広寧右屯衛　十三山　城北三十里。頂有池、巌下有洞。

とあり、のちにできた義州城の東側に位置する。さらに『明実録』洪武二十三年五月庚申の条には、

置遼東広寧衛指揮使司、以王雄為指揮僉事。

とあり、『明実録』洪武二十四年九月癸卯の条には、

置広寧左屯・中屯二衛。先是、舳艫侯朱寿督餉遼東、領新編士卒、至牛荘馬頭屯守。至是、於遼河西、置左屯衛、錦州至（ママ、置）中屯衛。命鉄嶺衛指揮僉事任興・僉機往左屯衛、海州衛指揮僉事陳鍾往中屯衛、分統士卒、戍守。

とあり、『明実録』洪武二十六年正月丁巳の条には、

置広寧中・左・右・前・後五衛及右屯・後屯・前屯三衛。命指揮僉事姚文・王確、領兵屯守。

とあり、遼河の河西地方の主要な衛所である広寧衛・義州衛・錦州衛の設置が相次いで進んでいった。この地方の重要性と安定度を示す象徴的トピックとしては『明実録』洪武二十六年九月乙卯の条に、

建遼王府於広寧。

とあるように、洪武帝の第十五子の遼王植が広寧に就藩したことである。遼王は元来、衞王に封ぜられ、『明実録』洪武二十四年五月戊戌の条には、

命漢・衞・谷・慶・寧・岷六王、往臨清、訓練軍士。各置護衞。漢王甘州中護衞、衞王広寧中護衞、谷王興州中護衞、慶王寧夏中護衞、寧王営州中護衞、岷王西河中護衞。仍勅中軍都督府、凡各王所過処所軍民官不必進見、随侍将士務其約束、毋使擾民。違者罪之。

と広寧中護衞を与えられ、洪武二十五年三月に遼王と改封された(5)。藩王には身辺警護のために三護衞が置かれることになっていたが、就藩の時点では中護衞しか設置されておらず、洪武二十八年四月になって左・右護衞を追加することが決まった(6)。のち、遼王は靖難の役で建文帝側について南京に逃げ帰ったので、戦後、広寧の三護衞は広寧左・右・中衞に吸収されて、遼東都司に隷属することになった(7)。なお、『明実録』洪武二十五年五月丁酉の条には、

置韓・瀋・安三王府護衞。瀋府為瀋陽中護衞、安府為平涼中護衞、韓府為開元中護衞。兵部言開元乃粛慎・渤海・東夷之地。遂改為安東中護衞。

とあり、洪武帝第二十一子の瀋王模のために瀋陽中護衞が創設されたが、永楽六年に潞州（山西潞安府）に就藩したので、これは沙汰止みになったようである。

ともあれ、広寧に王府が置かれるということは、遼東鎮におけるこの地の重要さを示しているし、ナハチュ討

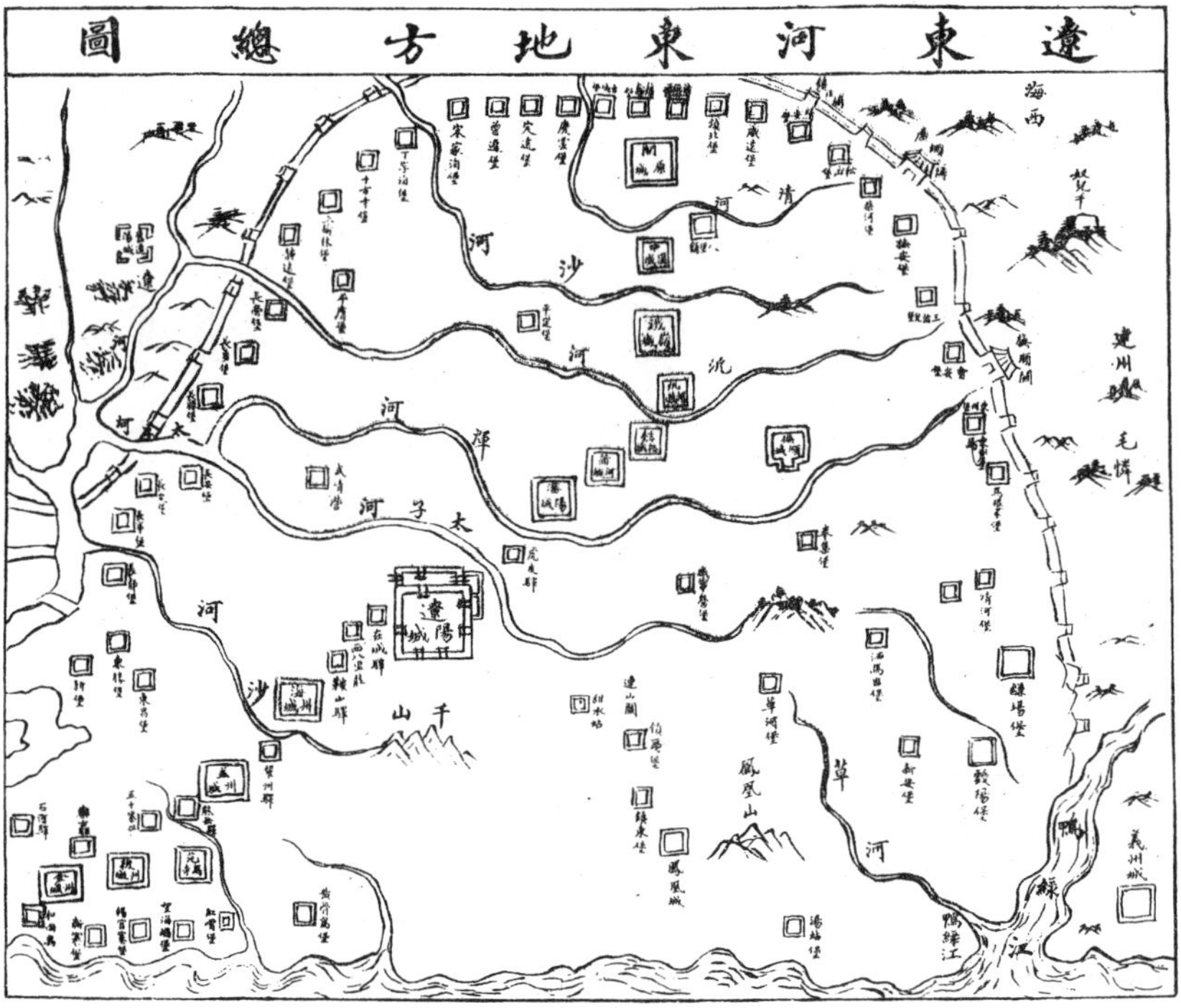

図1　『遼東志』遼東河東地方総図A

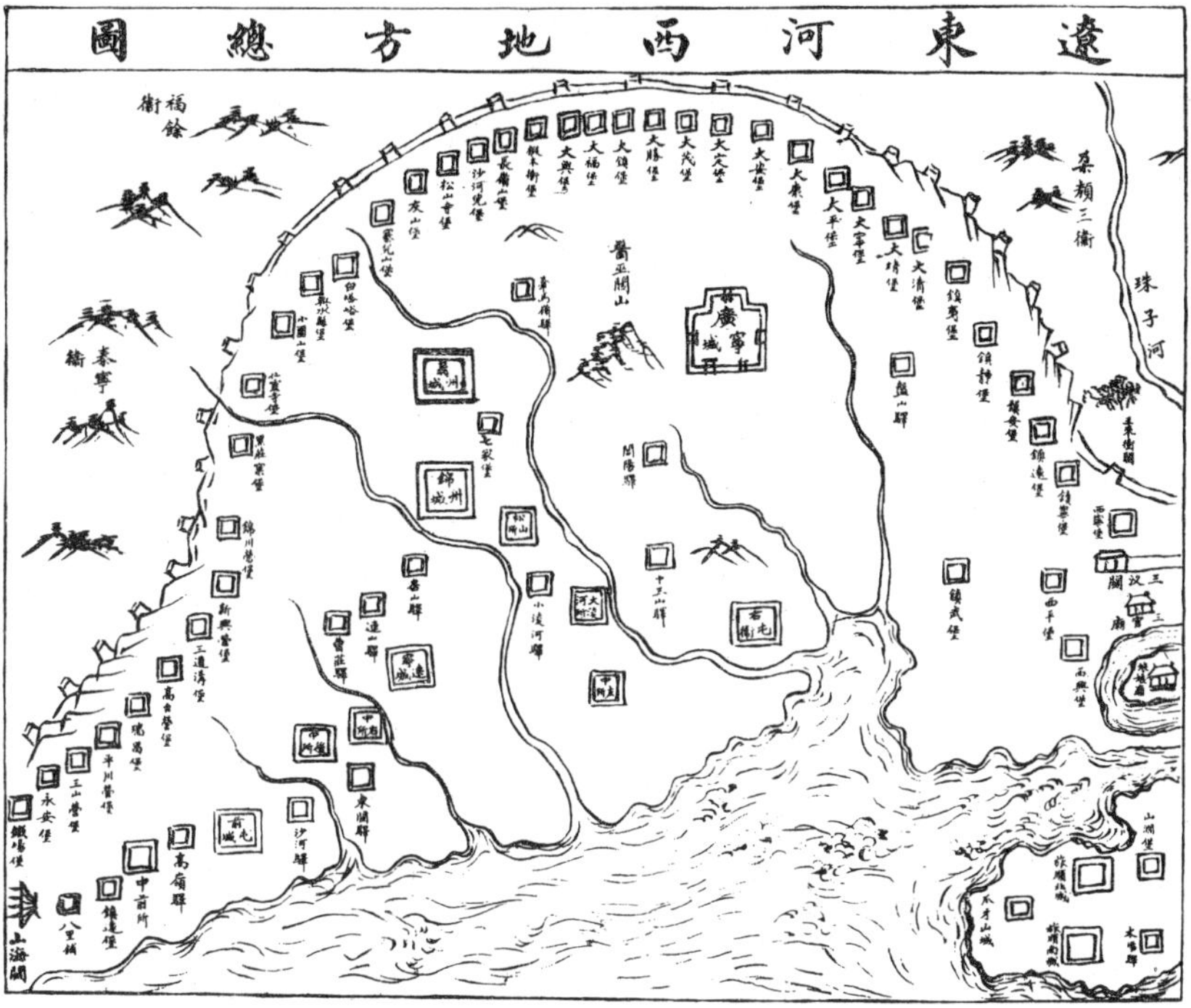

図2　『遼東志』遼東河西地方総図B　錦州城の南に杏山駅が見える。

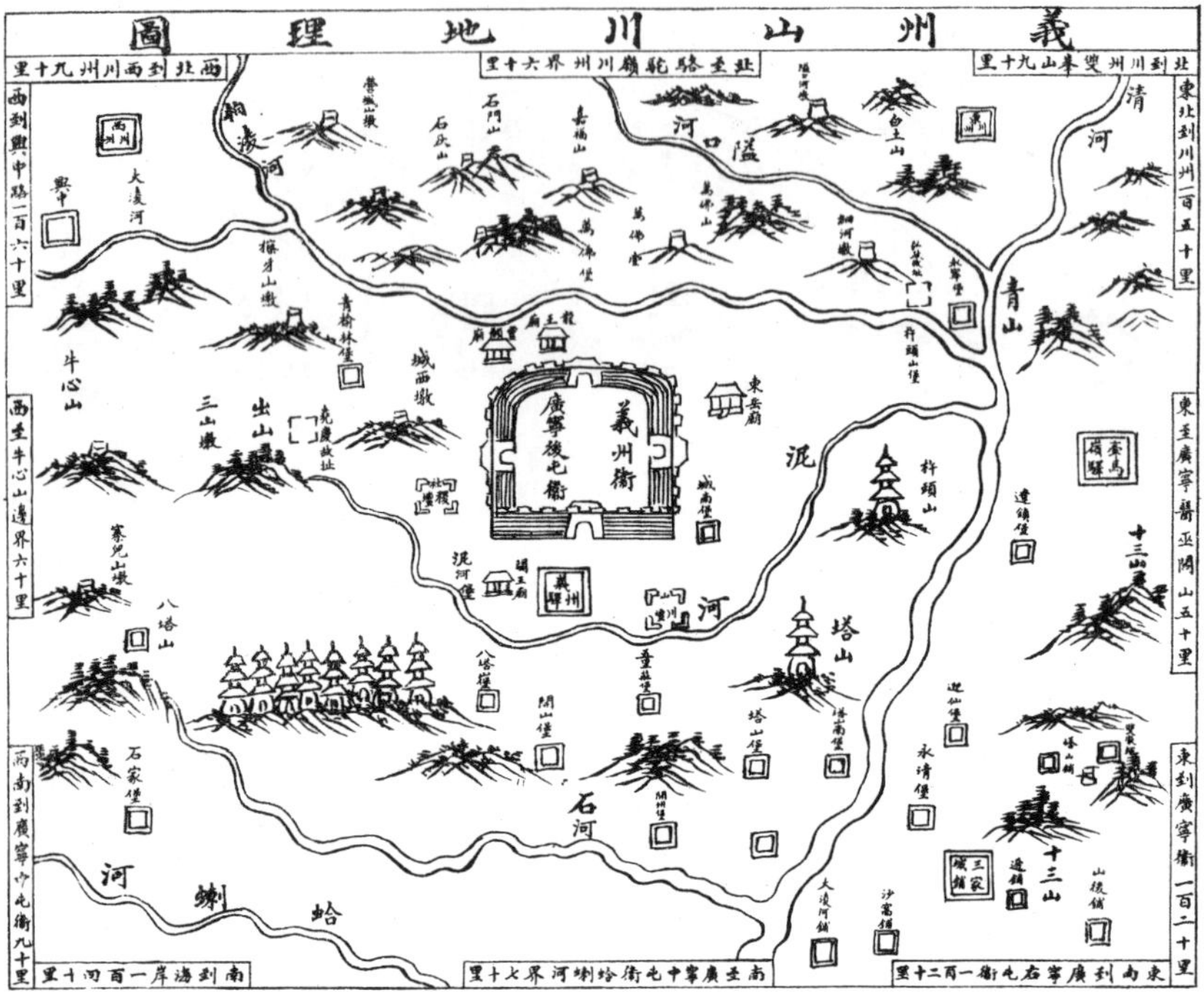

図3　『遼東志』義州山川地理図Ｃ　義州城の東南に十三山が見える。

伐後、王府を設置できるだけ、広寧の整備が急ピッチに進んだのであった。

三　広寧達賊襲撃事件関係档案の検討

永楽二十一年は永楽帝による四度目のモンゴル親征の年にあたる。この年の七月から十一月まで親征が行われた。永楽帝は永楽八年（一四一〇）、十二年（一四一四）、二十年（一四二二）、二十一年（一四二一）とモンゴル親征を敢行し、二十二年（一四二四）の五度目のモンゴル親征の途次の七月に楡木川で崩御したことは周知のところである。永楽年間はほかに三度のヴェトナム遠征、六度の鄭和の下西洋、イシハの黒龍江派遣、侯顕のチベット派遣、李達の西域派遣と、永楽帝とその手足である宦官達による積極的な対外政策が目立つ。

しかし、このような華々しさの反作用かは定かではないが、広寧ではモンゴルによると思われる襲撃を受け、多くの死傷者を出していた。前述の通り、このことに関係する档案は『中国明朝档案総匯』と『明代遼東档案匯編』に収録されている。基本的には同じ档案である。しかし、『明代遼東档案匯編』では「関於広寧団山等処達賊入境殺擄人畜的文件（七份）永楽二十一年六月」と七つの断片（(一)〜(七)）で示されているところを、『中国明朝档案総匯』では「関於広寧前左中屯衛呈報達人入境殺擄人畜的文件（諸件）永楽二十一年六〜八月」として断片の羅列で提示されている。まず、『明代遼東档案匯編』ではこの七つの断片に、(一)山東監察御史胡啓先題本、(二)広寧備禦呈報被達賊殺擄人畜事、(三)指揮陳忠呈報広寧団山草場等処被達賊殺擄人畜事、(四)広寧左屯衛前所百戸呈報被達賊殺擄人畜事、(五)広寧左中二屯衛呈報百戸李旺等堡被達賊殺擄人口事、(六)広寧前屯衛呈報嵩站被達賊搶擄人畜事、(七)定遼後衛呈報沙河堡被達賊搶擄人畜事と、それぞれ档案の内容を示す題目が提示されているが、『中国明朝档案総匯』と比較してみれば一目瞭然のように、原档案にはそのような題目は示されておらず、史料編纂者の手で付された便宜的なもので、原档案分析に際しては外して考えることとする。

さらには『中国明朝档案総匯』には『明代遼東档案匯編』未収録の部分がかなり収録されていて、実は未収録の部分にこそ、この档案類の謎を解く鍵がある。まずは『明代遼東档案匯編』収録の七断片に該当する『中国明朝档案総匯』の部分を列挙して検討してみたい。

『明代遼東档案匯編』（一）山東監察御史胡啓先題本（档案D～G対応部分）

……山東監察御史胡啓先謹……事。拠遼東都司経歴司呈、

奉都司箚付、……揮夏俊咨、及拠義州等処備禦……陸月貳拾玖……

……軍余前去広寧団山等処……各被達賊前去殺擄人口馬牛数目……

前屯衛近城下営等因、畫図貼説、将合問……職名同官吏人等、不

扶保結、繳報到司、備呈到院。案照先拠本司節次呈開、前事已経

具題及案行遼東都司哨捕并体勘。去後、今拠前因、参照前項地

方、自本年陸月以来、屢被賊人入境、肆行殺掠、其各該備禦官

員、職専哨捕、並無殺獲功次、及有広寧前屯衛、又坐視賊……行

乗機襲殺、倶係玩法視常、失誤軍機、擬合拏問。縁係軍職、未敢擅

便。今将殺擄軍余、男婦人口、頭匹数目、並合問官員職名、開坐

具本。……順差所鎮撫劉義親齎、謹具題。

……軍余舎人捌捨捌名……＊牛肆捨隻

□□□屯衛大凌河烟墩

射死正軍壹名。

広寧前屯衛杏林長安等堡寨（以下、図版省略）

射死正軍貳捨捌名、舎人成丁貳名、余丁成丁壹捨名、射傷正軍貳捨伍名、舎人成丁壹名、余丁成丁捨参名、搶去正軍参捨壹名、紀録軍参名、余丁成丁貳捨壹名、不成丁参捨玖名、婦女大陸捨壹口、小貳捨貳名、□肆匹、自己馬＊□□□畜貳百玖捨壹匹隻、射死官馬……。

□□□衛永寧堡等処

射死正軍参名、余丁成丁貳名、射傷正軍壹名、搶去正軍壹名、余丁肆名、紀録貳名、婦女大柒口、小肆口、馬官馬壹匹。

広寧左衛沙河等屯堡

射死正軍柒名、余丁成丁肆名、射傷正軍伍名、余丁成丁肆名。

……貴等屯

射死正軍壹捨肆名、老疾貳名、余丁成丁捌名、馬官馬壹匹、射傷正軍参名、搶去正軍貳名、紀録軍貳名、家□不成丁壹名、余丁成丁参名、□□不成丁貳捨伍名、婦女大伍捨捌口、婦女小壹捨陸口、官馬肆匹、自己馬貳匹、官牛壹捨肆隻。

広寧右衛鉄場

射傷正軍貳名、□□正軍壹名、＊余丁成丁壹名。

□□右衛

射死正軍肆名、射傷正軍壹捨陸名、余丁成丁捌名、搶去正軍壹名。

東寧衛
射死正軍壹名、射傷正軍参名。
……官肆捨伍員
＊……張栄、侯輔、邢貴、趙貴、張岩、梁端、姚雄。
……百戸貳捨捌員
王智、鄭全、許聚、張貴、李貴、尚忠、劉勝、王信、殷敬、倪春、趙原、晁声、郭謙、厳義、徐俊、李真、施溥、蔡圓、梁貴、劉剛、汪清、王関児、鄭貴、黄□、孫義、陳仲、黄禎、王素。
所鎮撫壹員張青。

『中国明朝档案総匯』ではまず「題案」に重ねて「巡按山東監察御史印」が押され、続いて巡按山東監察御史胡啓先の題本本文が来る。比較してみると、『明代遼東档案匯編』で「又坐視賊……行乗機襲殺」としている部分は「又坐視賊人在城、不行乗機襲殺」であり、「開坐具本。……順差所鎮撫劉義親齎、謹具題。」としている部分は「開坐具本、順差所鎮撫劉義親齎、謹具題。」であることがわかる。また、題本の終わりに「東北図書館蔵档」の所蔵印が押されている。また、档案E（図5）とF（図6）は同じ内容を繰り返して収録していて、編纂の誤まりである。

この題本は胡啓先が、遼東都司経歴司が都司の夏俊（後続の史料から広寧備禦都指揮であることがわかる）や義州等備禦の某らの報告による劄付をもとに報告して来た事件について調査した結論を劉義にもたせて北京に報告しているものであるが、本年（永楽二十一年であることが後続の史料からわかる）六月以来、達賊が広寧の団山等処、広寧前屯衛附近を襲撃したのを、各堡塁の備禦官員、広寧前屯衛の官員が見殺しにしたことに対して、その被害

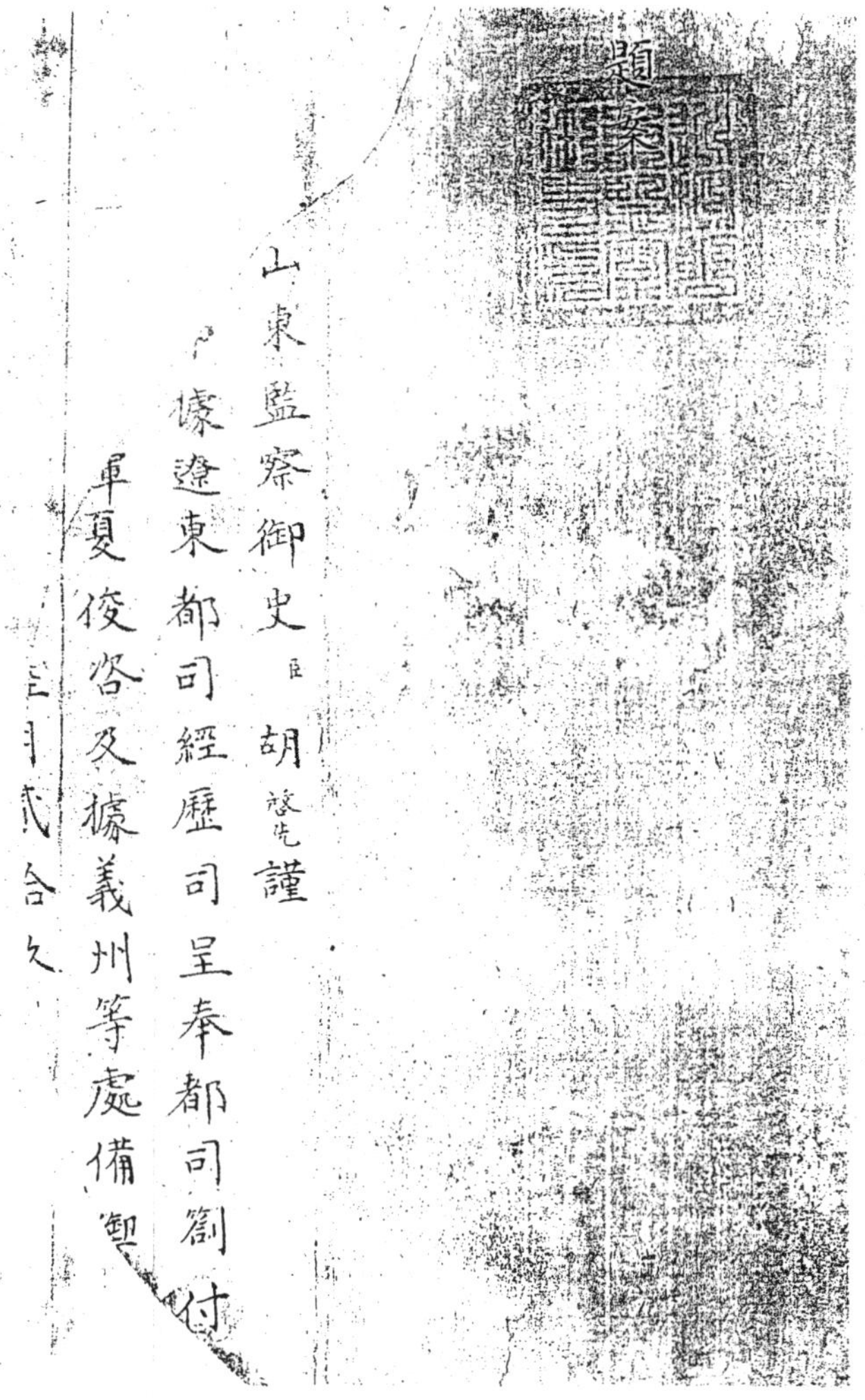

図４　『中国明朝档案総匯』档案D

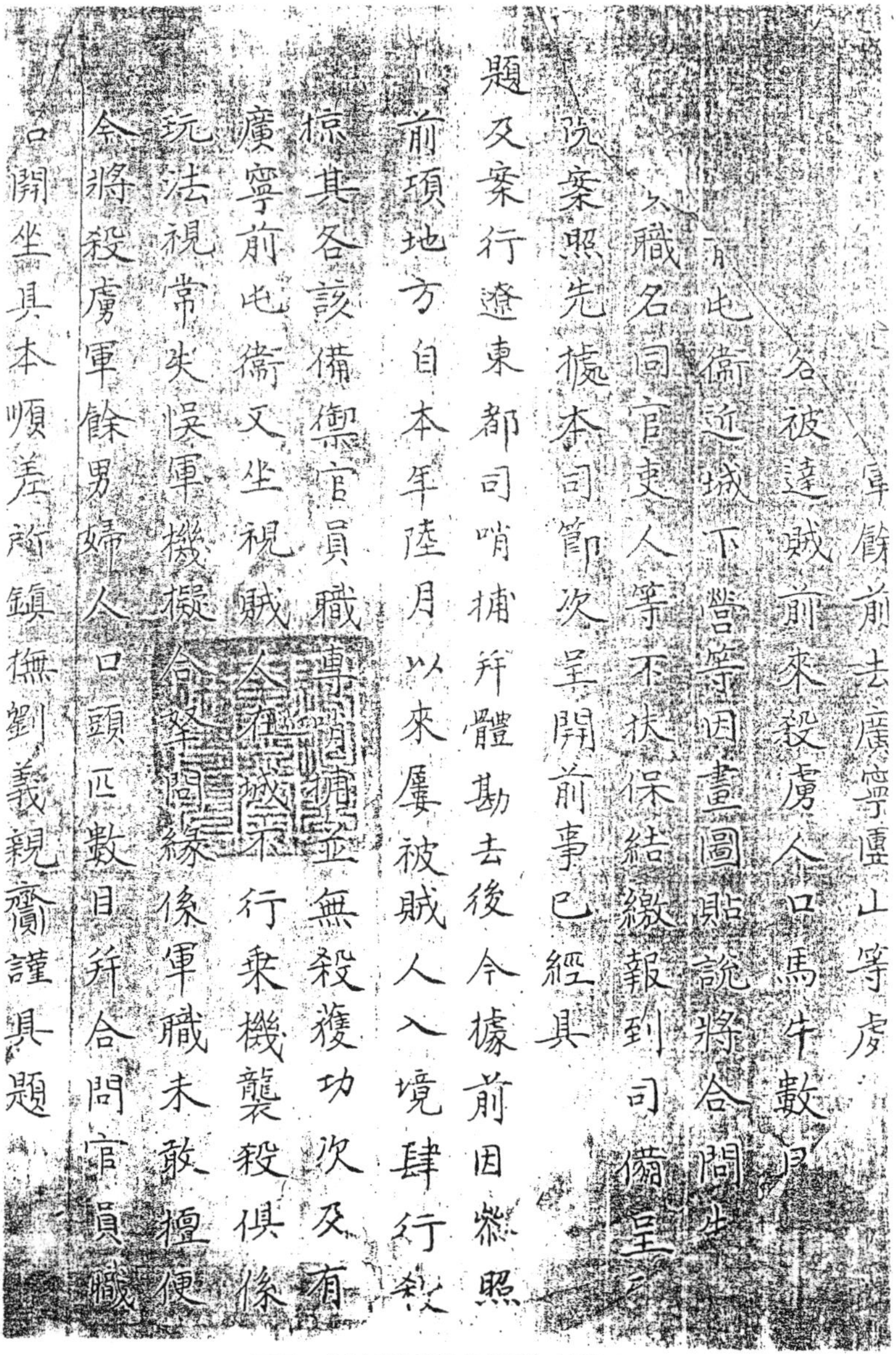
軍餘前去廣寧匱山等虜
名被達賊前來殺虜人口馬牛數目
前屯衛近城下營等因畫圖貼說將合問
職名同官吏人等不扶保結繳報到司備呈
院案照先據本司節次呈開前事已經具
題及案行遼東都司哨捕并體勘去後今據前因參照
前項地方自本年陸月以來屢被賊人入境肆行殺
掠其各該備禦官員職專哨捕並無殺獲功次及有
廣寧前屯衛文坐視賊衆不行乘機襲殺俱係
玩法視常失悞軍機擬合參問緣係軍職未敢擅便
合將殺虜軍餘男婦人口頭匹數目并合問官員職
名開坐具本順差所鎮撫劉義親齎謹具題

図5　『中国明朝档案総匯』档案E

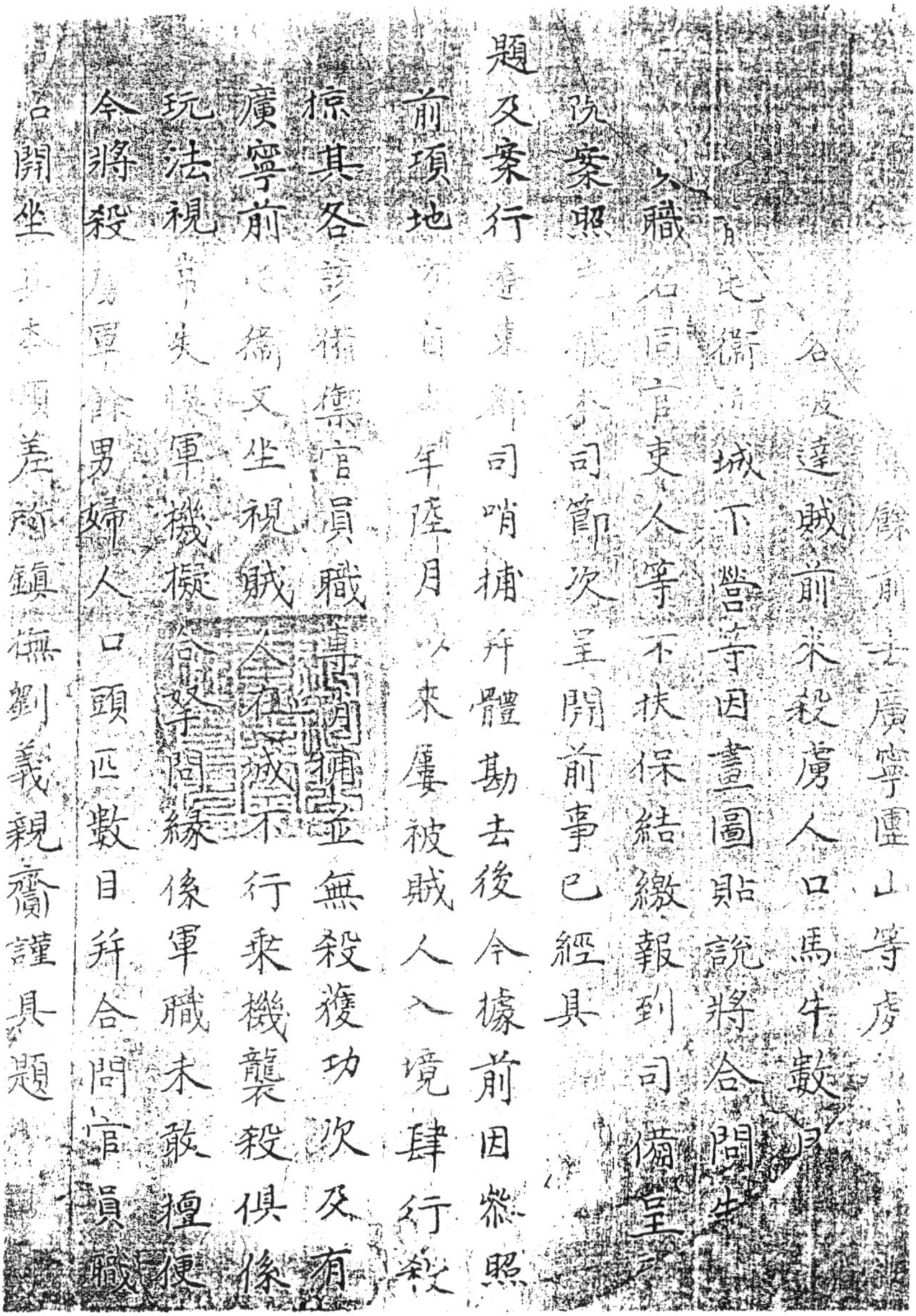
餘前去廣寧鹽山等虜
各被達賊前來殺虜人口馬牛數目
前屯衛城下營等因畫圖貼說將合問失
職名同吏人等不扶保結繳報到司備呈
院案照先據本司節次呈開前事已經具
題及案行遼東都司哨捕并體勘去後今據前因參照
前項地方自本年陸月以來屢被賊人入境肆行殺
掠其各該備禦官員職專防捕並無殺獲功次及有
廣寧前屯備禦文坐視賊人在城不行乘機襲殺俱係
玩法視常失悞軍機擬合參問緣係軍職未敢擅便
今將殺虜軍餘男婦人口頭匹數目并合問官員職
合開坐具本專差齎鎮撫劉義親齎謹具題

図６　『中国明朝档案総匯』档案Ｆ

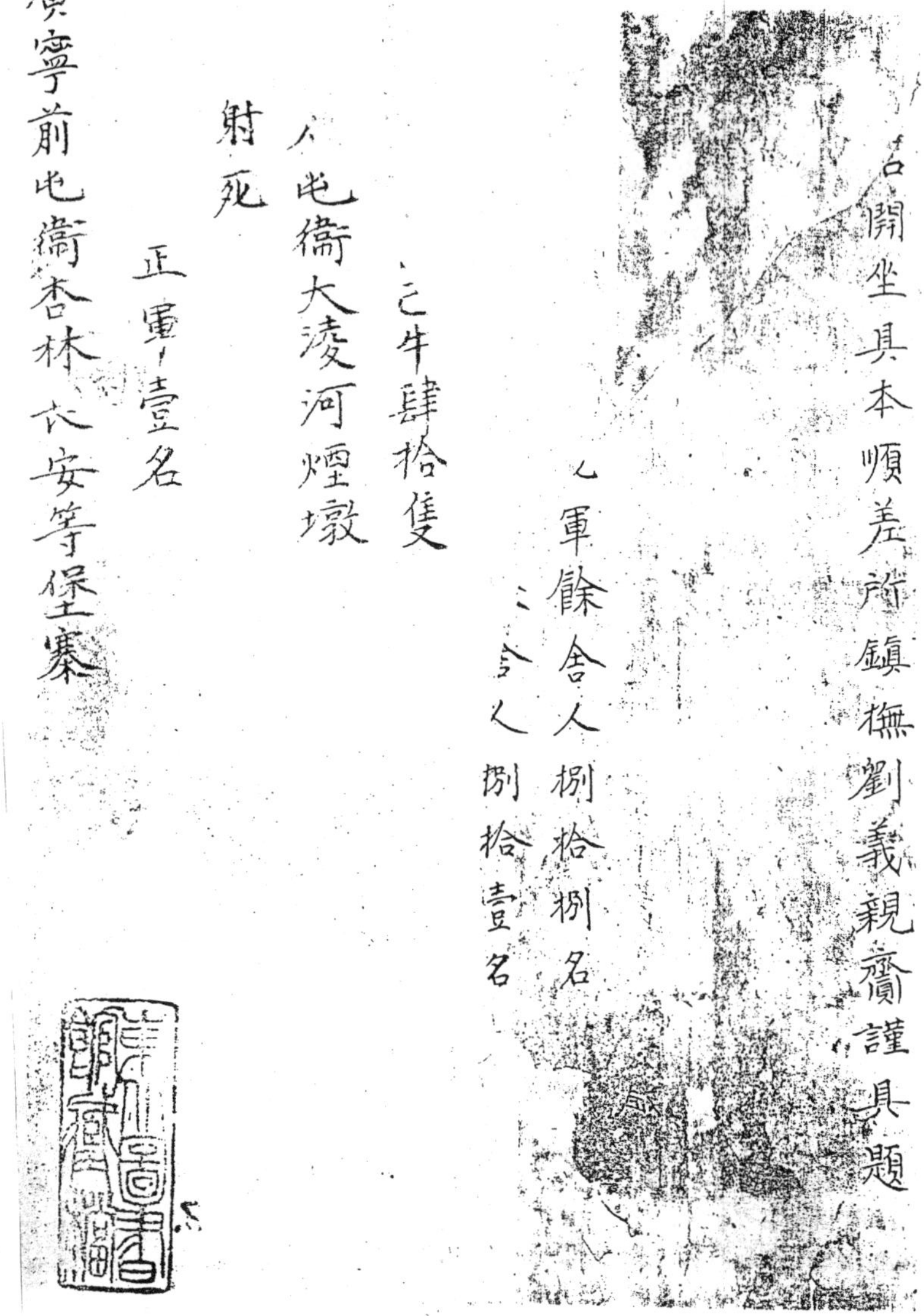
名開坐具本順差所鎮撫劉義親齎謹具題
乙軍餘舍人捌拾捌名
二舍人捌拾壹名
己牛肆拾隻
人屯衛大淩河煙墩
射死
正軍壹名
廣寧前屯衛杏林六安等堡寨

図７　『中国明朝档案総匯』档案Ｇ

と不作為の官員を調べ上げて列挙したものである。団山は義州城の近くで、広寧前屯衛城は山海関の近くであるので、その間の距離は直線にして百km以上離れている。なお、団山には永楽十年（一四一二）からモンゴル相手の馬市が設置されていた。

この題本で留意すべき点は漢数字に大字が首尾一貫して使われていることである。ほかの档案が漢数字に大字を使っていないので、見分けの場合にポイントになってくる。なお、列挙された損害の部分については煩雑になるので原档案の掲出を避けたが、档案上、接続していない部分は『明代遼東档案匯編』の文章に原档案にもとづいて＊印を入れておいた（以下、同じ）。

『明代遼東档案匯編』（二）広寧備禦呈報被達擄殺擄人畜事（档案H、I対応部分）

遼東都司経歴近奉都司劄付、為声息事。准広寧備禦都指揮夏
……戸李貴等屯、広寧右衛鉄場、広寧右屯衛大凌河烟墩、広寧前
屯衛……城下等因、畫図貼説、将合同失機官員職名、同官吏人等、
不扶保結……奏、及委官行勘。去後、今該前因、参照前項地
方、累被賊人入境殺擄人畜並……呈該府開坐具本、差所鎮撫劉義
賫奏外、劄付到日、具呈巡按山東監察御史施行。奉此前事、今将
殺人畜数目、並合問官員職……今開
一、被賊射死射傷搶去人口頭匹
＊……小一十六口、……金香児、熊黒女、鄭雲女、陳奴児、……
……董閏児、董奴奴、董召児。
頭匹二十四隻、馬六匹、官馬四匹、自己馬二匹、牛官牛一十

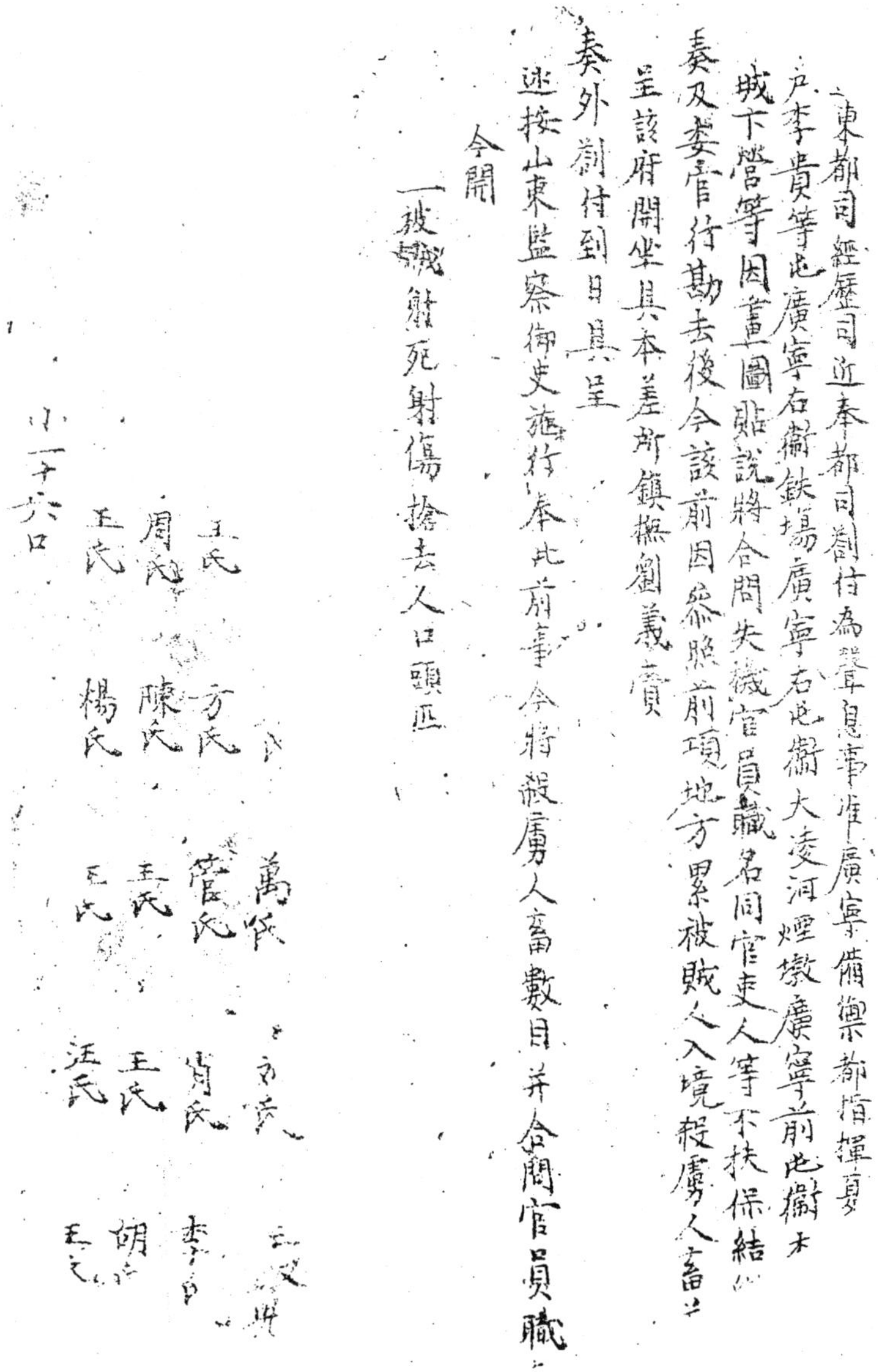

東都司經歷司近奉都司劄付為聲息事准廣寧備禦都指揮
戶李貴等也廣寧右衛鉄場廣寧右屯衛大凌河煙墩廣寧前屯衛本
城下營等因畫圖貼說將合開失機官員職名同官吏人等不扶保結
奏及委官行勘去後今該前因參照前項地方累被賊人入境殺虜人畜
呈該府開坐具本差官鎮撫劉義齎
奏外劄付到日具呈
巡按山東監察御史施行奉此前事今將殺虜人畜數目并合開官員職
今開
一被賊射死射傷擄去人口頭匹
王氏　周氏　王氏
方氏　陳氏　楊氏
萬氏　崔氏　王氏　王氏
肖氏　王氏　汪氏
胡氏
小一十六口

図8　『中国明朝档案総匯』档案H

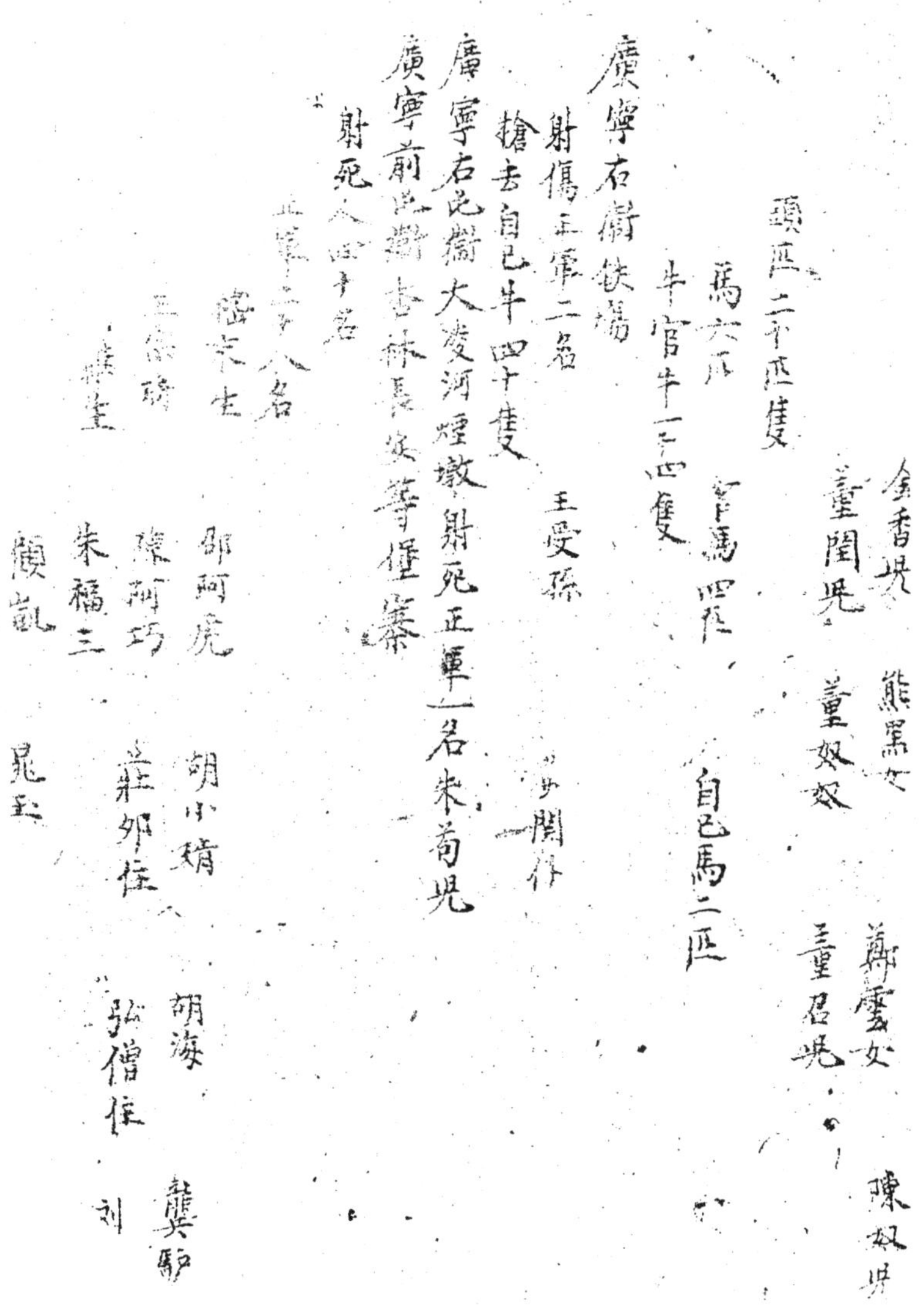

金香児　熊黑女　蔣雲女　陳奴児
董閏児　董奴奴　董君児
頭匹二千匹隻
馬六匹　官馬四匹　自己馬二匹
牛官牛一千四隻
廣寧右衛鉄場
射傷正軍二名　王受孫　趙閏仔
搶去自己牛四十隻
廣寧右屯衛大凌河煙墩射死正軍一名朱苟児
廣寧前屯衛杏林長安等堡寨
射死人口十名
正軍二十八名
邵阿虎　胡小猜　胡海　龔驢
陳阿巧　莊卯住　弘僧住
朱福三　劉
顧亂　晁玉

図9　『中国明朝档案総匯』档案Ⅰ

四隻。
広寧右衛鉄場
射傷正軍二名、王受孫、黄関存、搶去自己牛四十隻。
広寧右屯衛大凌河烟墩
射死正軍一名　朱苟児。
広寧前屯衛杏林長安等堡寨
射死人四十名。正軍二十八名、龔末生、邵阿虎、胡小娟、胡海、□駈□、王宗琦、陳阿巧、荘印住、弘僧住、劉□□、□維生、朱福三、顧凱、晁玉……。

この档案は遼東都司経歴司が都司の劄付を受けて、一方では上奏し、一方では巡按山東監察御史に呈文を送っている。劄付は声息について広寧備禦都指揮の夏(俊)からの報告を受けて、賊人(＝モンゴル)の侵入にともなう被害と座視した官員について調査したものであった。『明代遼東档案匯編』では冒頭から「遼東都司経歴」と「経歴司」の司を落とし、「広寧前屯衛……城下等」と「城下営等」の営を落とし杜撰である。また、「小一十六口」の前の被害女性の人名をすべて落としている。さて、この档案の広寧右衛鉄場、広寧右屯衛大凌河烟墩、広寧前屯衛杏林長安等堡寨の被害数が(一)と一致しているので、この档案は遼東都司から巡按山東監察御史に送られた档案であり、(一)は(二)を受けていることがわかる。

『明代遼東档案匯編』(三)指揮陳忠呈報広寧団山草場等処被達賊殺擄人畜事(档案J、K対応部分)
……陳忠呈、永楽二十一年六月二十九日至七月十七日、日期不等、有義州……遼左等衞軍余、前去広寧団山等処草場、砍積備辺草束、各被達……本官等咨呈、前事已経具、……官員殺獲賊人功次、具係失機誤事、其広寧前屯衞在衞官員、又係坐視……合行具呈施行。須至呈者。

射死人八十八名。軍士六十一名、正軍五十九名、老疾二名、舎人成丁二名、余丁成丁二十五名。馬官馬一匹。

射傷人八十一名、正軍五十五名、舎人成丁一名……。

搶去人三百五十七名口。男子一百六十四名、軍士四十六名、正軍三十五名……。

＊……劉不士人、趙痩児、黄□□、□阿助、金道安、朱伏保、汪旺児、王孝、李逮保、陳紅□、□羊生、康恭仔、蘇康祐、祖満僧、黄敬、陳宗、陳阿童、□四十、高雷孫、徐阿娟（以下、図版省略）□興孫、董良児、王寨児、頓小水、頓駈児、鍾成児、胡村廝、□移住、陸中易、許受孫、劉慶保、孫宏、盧長児、張保児、盧潑羊、張狼児、蘇継、頓興児、趙伴叔、趙吾真、趙海泉、趙安児、張普児、楊狗児、郝閏山、丁勝孫、張痩児、臧興、臧黄頭、□□□、□□□、符氏、王氏、李氏、趙氏、□□、□氏、秦氏、林氏、張氏、武氏、董氏、劉氏、□□、王氏、蒋氏、張氏、蘇氏、□□、応氏、王氏、□氏、顧氏、□□、□皂児、馮秋児、呉柳児、李奴才、唐鎖児、常佛□、徐亨、潘受、馮痩廝、杜柳

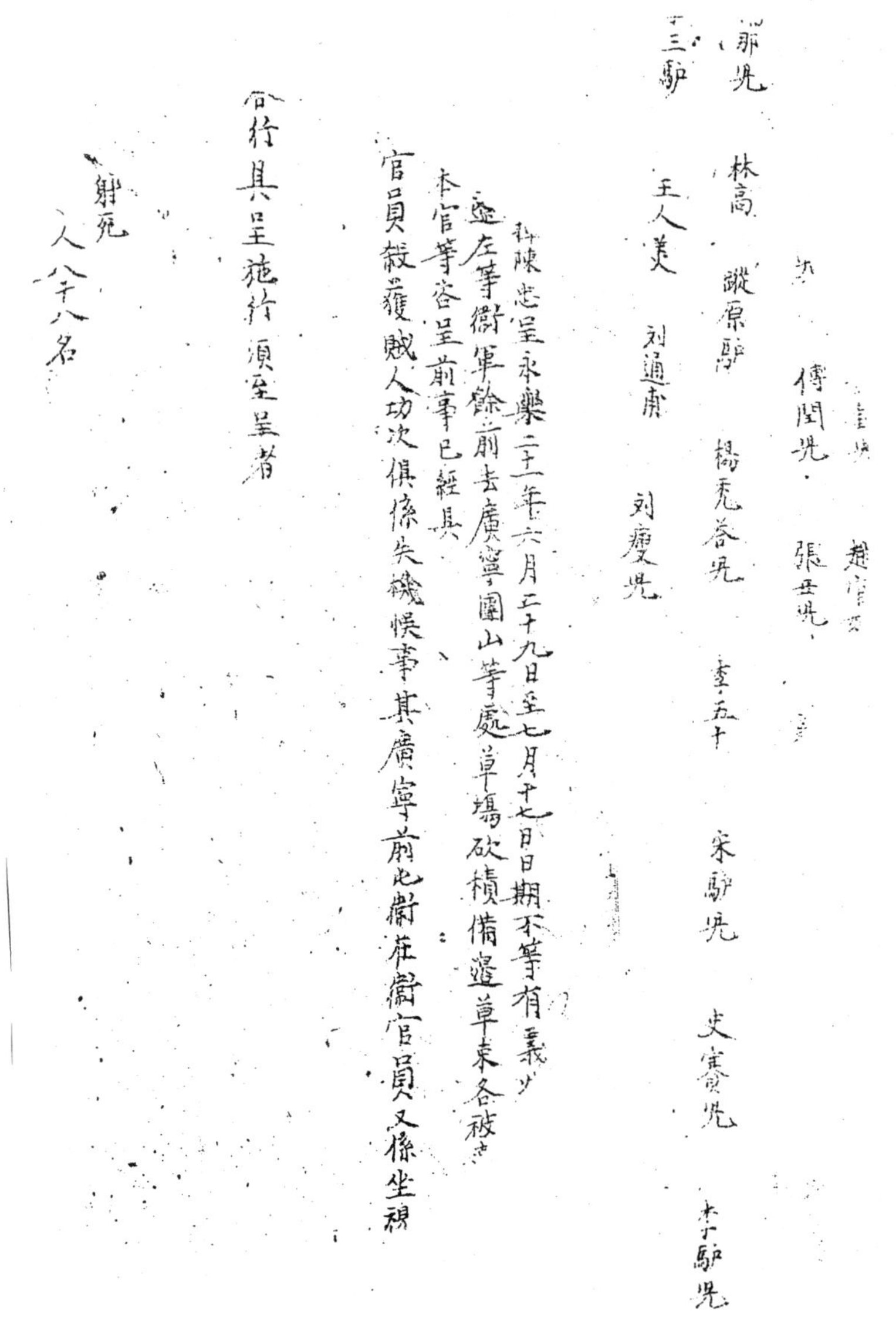

卯兒　林高　蹤原驛　楊禿答兒　五十　宋驛兒　史賽兒　李驛兒

傳聞兒　張丑兒

三驛　王人美　刘通虎　刘瘦兒

科陳忠呈永樂二十一年六月二十九日至七月十七日日期不等有義少

逃在等衛軍餘前去廣寧團山等處草場砍積備邊草束各被

本官等呈前事已經具

官員殺獲賊人功次俱係失機悞事其廣寧前屯衛在衛官員又係坐視

合行具呈施行須至呈者

射死

人八十八名

図10　『中国明朝档案総匯』档案Ｊ

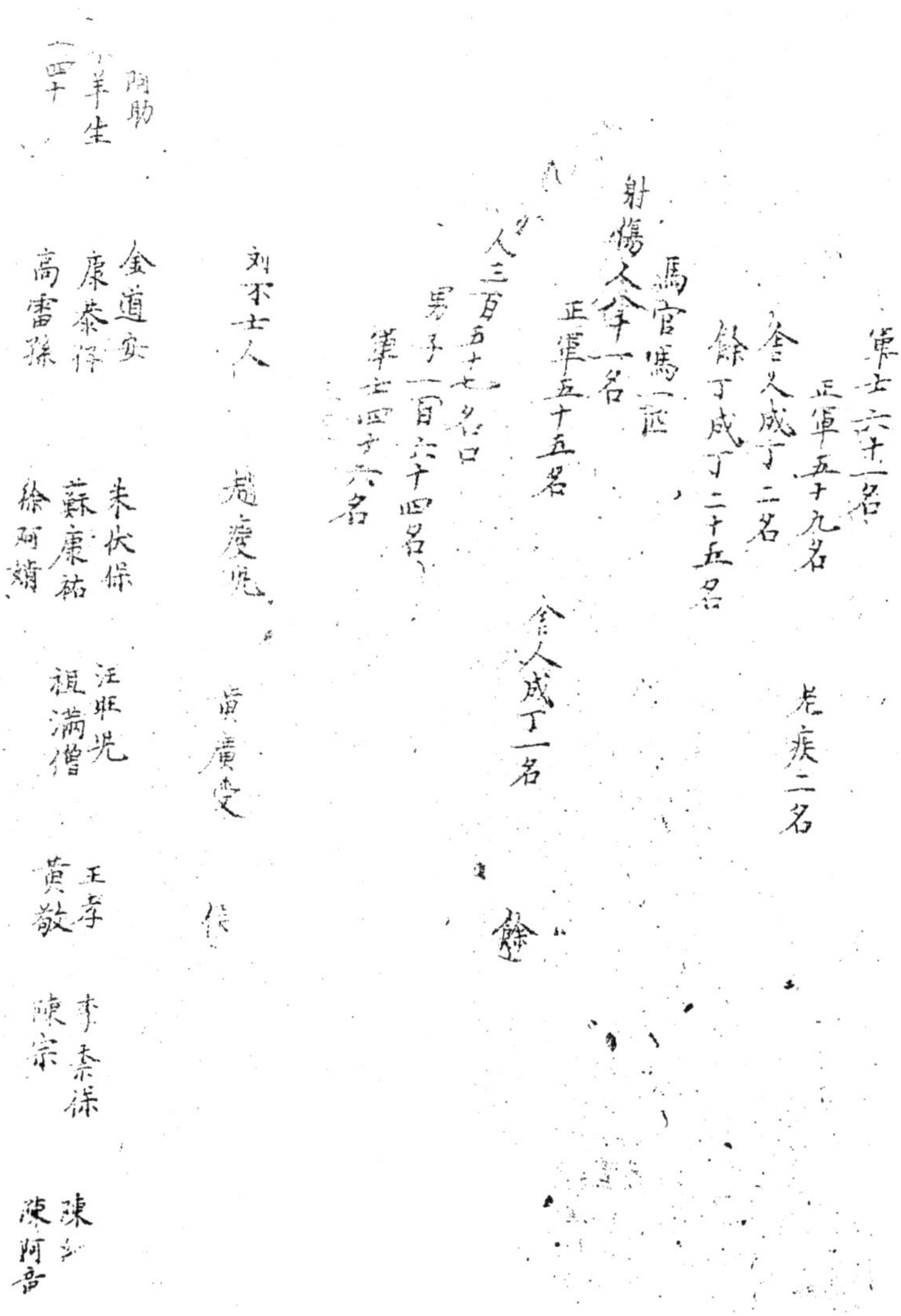

図11 『中国明朝档案総匯』档案K

駉、余官音保、□官保、徐細初、紀耐驚、周孫孫、張趙□……。

『中国明朝档案総匯』原档案の掲出では後半の人名を羅列した部分は除いたが、『明代遼東档案匯編』では読めていない人名を多く拾うことができる。この档案は義州備禦指揮の陳忠（肩書きは次の（四）の档案からわかる。）から遼東都司に送られた報告の呈文であり、永楽二十一年六月二十九日から七月十七日にかけて、義州や遼東定遼等衛の軍余が広寧団山等のあたりの草場で備辺用の草束の作業をしていたところ、モンゴルの襲撃を受け大きな被害を出した上に、広寧前屯衛の在衛官員は反撃することなく見殺しにしたことを被害の具体とともに報告していた。ここでも漢数字に大字は使っていない。

『明代遼東档案匯編』（四）広寧左屯衛前所百戸呈報被達賊殺擄人畜事（档案L〜Q対応部分）

……司経理司承奉都司劄付、近拠本司呈、抄蒙巡按山東監察御史案験、為軍務事。拠広寧左屯衛前所管屯百戸唐鑑、李旺等呈前事。……戸軍余家属、原派順寧同堡人数、鑑拘収前来本堡共住後、至本月十二日未時分、有……至晩、達達安営宿歇、本堡将軍余家属人等、遶堡提鈴喝号、至天明、十三日寅時分、達達……打開、一斉向前入堡、将本堡六百戸軍余家属人口家財牛騾等項、殺死搶擄去訖。今思付本所官員、坐視不肯調軍救護、以至達賊殺擄軍余家属、並搶擄男婦人口牛騾数多……奏。去後、今該前因、仰抄呈堂、速行義州備禦都指揮李信処査勘。本堡相離本衛、路程幾許及……

……信、先為走回人口事、已提離職、坐委指揮陳忠在彼備禦、行拠本官呈准広寧左屯衛、備本……会同広寧中屯衛指揮管安等官軍、前去追襲、至紫荊山回還。十二日声息、復令官軍追……広寧中屯衛指揮管安等、領軍追赶達賊、至杏山駅北、追下原搶去牛八隻、回城、有広寧……殺擄人畜等因、已経備由差人飛報、其本堡被賊攻囲之時、一向無人走報、連日本職領軍……領軍追赶達賊縁由、並無在衛坐視不行救護情由、将百戸李旺屯堡軍路及本衛指……巡按山東監察御史施行。奉此、前事開坐具呈、回報施行。須至呈者。合開

一、百戸李旺屯堡離城四十里。□衛指揮千百戸、……衛官指揮一員孫鎮、永楽二十一年六月十二日領軍出城、追赶達賊……等所千百戸本年六月十二日、十三日、倶各領軍追赶達賊……戸四員、馬玉、李旺、李敏、王資。＊

……

射死人五名。正軍三名、陳貴、黄弟□、陳奴児、余丁成丁二名、張貴、馬敬得。

射傷正軍一名　高定児。

搶去人一十八名口。男子七名、軍人三名、正軍一名　張鎖児、紀録二名梁阻受、□□□、余丁四名、成丁一名劉伴児、不成丁三名孫興、李庚厮、金蛮子。婦女一十一口。大七口、孫氏、柳氏、麻氏、林氏、馬氏、小四口、陳引児、馬旺児、金仲児、滕咬児。

馬官馬一匹。

広寧左衛沙河等屯堡

射死人一十一名。正軍七名、陳文辛、劉得山、李駉児、……

余丁成丁四名、孟皂児、石添児、李貴、□□□。

射傷人九名。正軍五名、邵万児、曲士遠、崔愛□、□□□、

＊□□□、□□成丁四名、潘三児、斉候児、劉紀祥、陳普児。

……十三名、楊鎖児、劉義州、王狗児、王呆廝、＊石住児、李拴

児、斉茄蘭保、石丑児……。

……婦女二十五口。大一十八口、馬氏、楊氏、張氏、闞氏、張

氏、王氏、……、小七口、劉官奴、石氏、周動花、朱咬児、邵

景、□□□、□□□。

広寧中衛百戸李貴等屯

射死人二十四名。軍士一十六名、正軍一十四名、丁三、楊添

鱗、魏保児、陳政、李安遠……、老疾二名、趙二、王毛駉。余

丁成丁八名、楊茂、王継、全陳文書奴（ママ、王継全、陳文書奴）、鄭丑児、……。馬官馬一匹。

射傷正軍三名、李福、田興児、顧興。

搶去人一百七名口。男子三十三名、軍士四名、正軍二名　許満

児、馬保児、紀録……＊

……□□十二口、林奴、叢鎖女、程丫頭、呉鎖奴、郭忙女、

郝林児、劉□□、……。

……頭匹二百二十九匹隻。馬五匹、官馬四匹、自己馬一匹、

牛二百二十四隻、官牛一百四十隻、自己牛八十一□。

広寧団山等処草場

定遼左衛射死人二名、正軍一名　徐討児、余丁成丁一名　宋痩児。
定遼右衛二十九名。
射死正軍四名、陳五十、陳課僧、朱礼三、張頂□。
射傷二十四名、正軍一十六名、孫七児、王福、周保、王成、
秦売児、陳旺□、張弟得、……、余丁成丁八名、高勝児、張穏、
馮帖児、王猪狗、……。
搶去正軍一名　王永中。
東寧衛四名
射死正軍一名　杜斗保。
射傷正軍三名、鄔記保、李朝、羅□□。
……四十五員、……備禦都指揮夏俊、備禦指揮陳忠、……。

両档案を見比べると、『明代遼東档案匯編』の「至本月十二日末時分」は「至本月十二日未時分」の誤り、「十二日声息、復令官軍追」は「十二日声息、復領官軍追」の誤り、「須至呈者。合開」は「須至呈者。今開」の誤りであることがそれぞれわかる。また、被害列挙の部分には補うべきところが多い。ただ、逆に、档案OからP（図15、16）にかけて、広寧中衛百戸李貴等屯の被害額は同じ档案を並べた上で、前者の档案部分は後者に比べて「搶去」の部分を脱落させてしまっていることがわかる。档案Oの繋がりの最後に見える人名「李勝」を『明代遼東档案匯編』では落とし、「射傷人九名。正軍五名、邵歹児、曲士遠、崔愛□、□□□、□□□、□□成丁四名、潘三児、斉候児、劉紀祥、陳普児。……十三名、楊鎖児、劉義州、王狗児、王呆厮、石住児、李拴」は、原档案では档案N（図14）で「崔愛」以下は見えずに途切れていて、辛うじて「劉紀祥、陳普児」の左半のみが見

えるだけで、「□□成丁四名、潘三児、斉候児、」を確認することはできない。これは『中国明朝档案総匯』の杜撰な史料編纂の結果といえよう。また「十三名、楊鎖児」は「十三名、相鎖児」の誤りである。档案P（図16）の中央で档案が分かれているが、前半の断片の最終行の「□人不成丁□名方馬駅」は『明代遼東档案匯編』では落としている。「自己牛八十一□。広寧団山等処草場、」と『明代遼東档案匯編』で落としているところは档案Q（図17）で見てみると「自己牛八十一□」の「一」は档案が切れかかっている箇所でわかりにくいが「自己牛八十四隻」である。

さて、（四）の前半、原档案のL（図12）からM（図13）に跨る断片であるが、これは遼東都司経歴司が都司の劄付を受けたところ、その内容は同経歴司が巡按山東監察御史に送った呈に応じた巡按の案験を承り、それは軍務のことであった。これは広寧左屯衛前所管屯百戸唐鑑、李旺等の呈報にもとづいていた。唐鑑らは錦州城南東の順寧堡に部下を率いて行き滞在した間、六月十二日にモンゴルの部隊があらわれ、堡の前に陣を敷いて圧力をかけ十三日夜明けに総攻撃をかけて同堡を占拠し、本堡の六百戸の軍余・家属の人口や家財はあるいは殺され、あるいは略奪された。ところが広寧左屯衛前所の官員は座視して助けようとはしなかった。このことを都司は上奏した後、巡按からの意見を入れて、義州備禦都指揮の李信に調査を命じた。しかし、順寧堡は義州衛から遠く、また李信は外夷の手から逃げ帰った者に対処するため義州備禦の職を離れており、その職は指揮の陳忠に委ねていたので、陳忠に調査報告をさせた。それによれば、この当時、広寧中屯衛指揮の管安らは広寧左屯衛とモンゴルの部隊を追撃して錦州城東の紫荊山まで至って引き返した。十二日にモンゴル軍の情報に接して、再び管安等は軍を率いて追跡し、錦州城南の杏山駅の北で奪われた牛八隻を取り戻して帰還していた。順寧堡の襲撃に際しては同堡から連絡がなかっただけで、座視していたようなことはないということであった。これらの事情を都司は再び巡按山東監察御史に報告している。

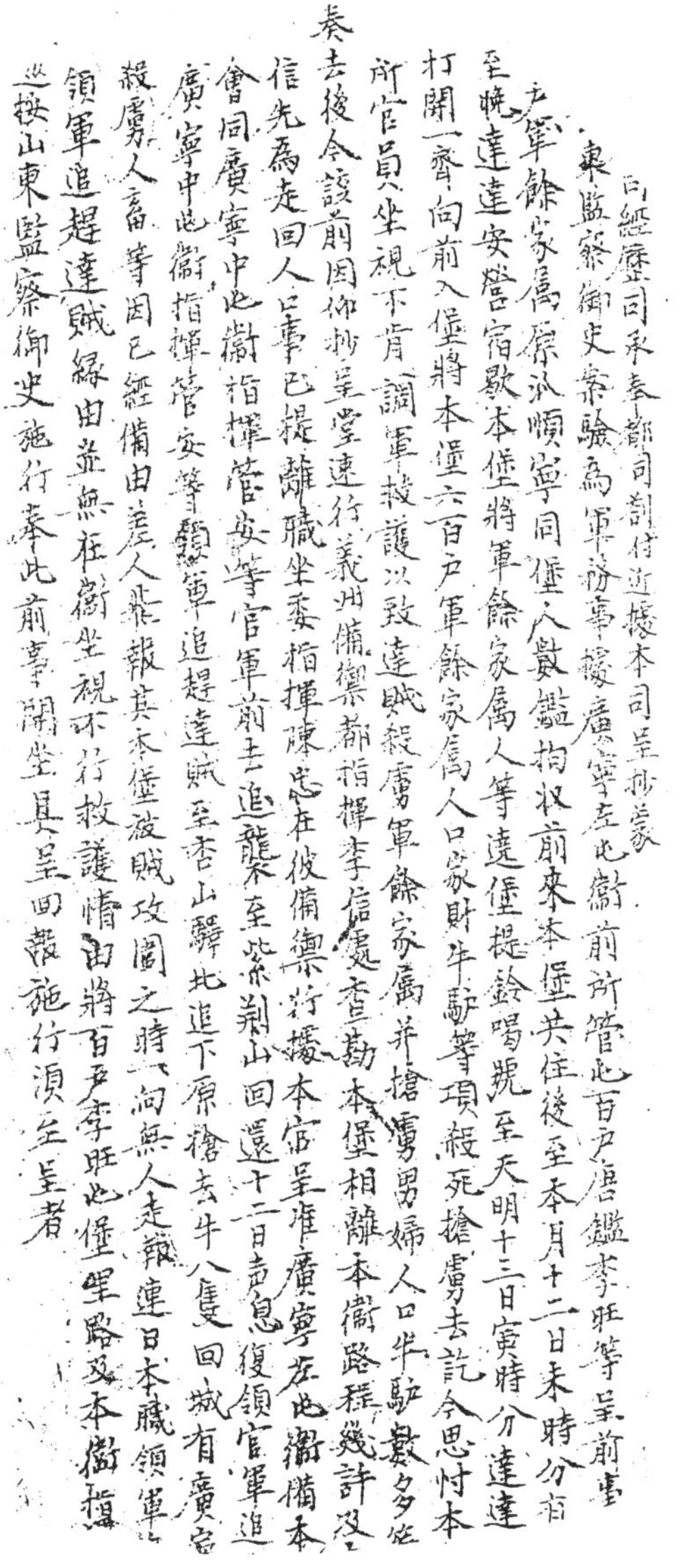
已經歷司承奉都司剳付近據本司呈抄蒙
東監察御史案驗爲軍務事據廣寧左屯衛前所管屯百戶唐鑑李旺等呈前事
戶軍餘家屬原以順寧同堡人數鑑拘收前來本堡共住後至本月十二日未時分有
至晚達達安營宿歇本堡將軍餘家屬人等遶堡提鈴喝號至天明十三日寅時分達達
打開一齊向前入堡將本堡六百戶軍餘家屬人口家財牛驢等項殺死搶虜去訖今思忖本
所官員坐視不肯調軍救護以致達賊殺虜軍餘家屬并搶虜男婦人口牛驢數多似
奏去後今該前因仰抄呈堂速行義州備禦署都指揮李信處查勘本堡相離本衛路程幾許沒
信先爲走回人口事已提離職坐委指揮陳忠在彼備禦行據本官呈准廣寧左屯衛備本
會同廣寧中屯衛指揮管安等官軍前去追襲至紫荊山回還十二日声息復領官軍追
廣寧中屯衛指揮管安等領軍追趕達賊至杏山驛北追下原搶去牛八隻回城有廣寧
殺虜人畜等因已經備由差人飛報其本堡被賊攻圍之時向無人走報連日本職領軍
領軍追趕達賊緣由並無在衛坐視不行救護情由將百戶李旺屯堡單路及本衛指揮
巡按山東監察御史施行奉此前事開坐具呈回報施行須至呈者

図12 『中国明朝档案総匯』档案L

図13　『中国明朝档案総匯』档案M

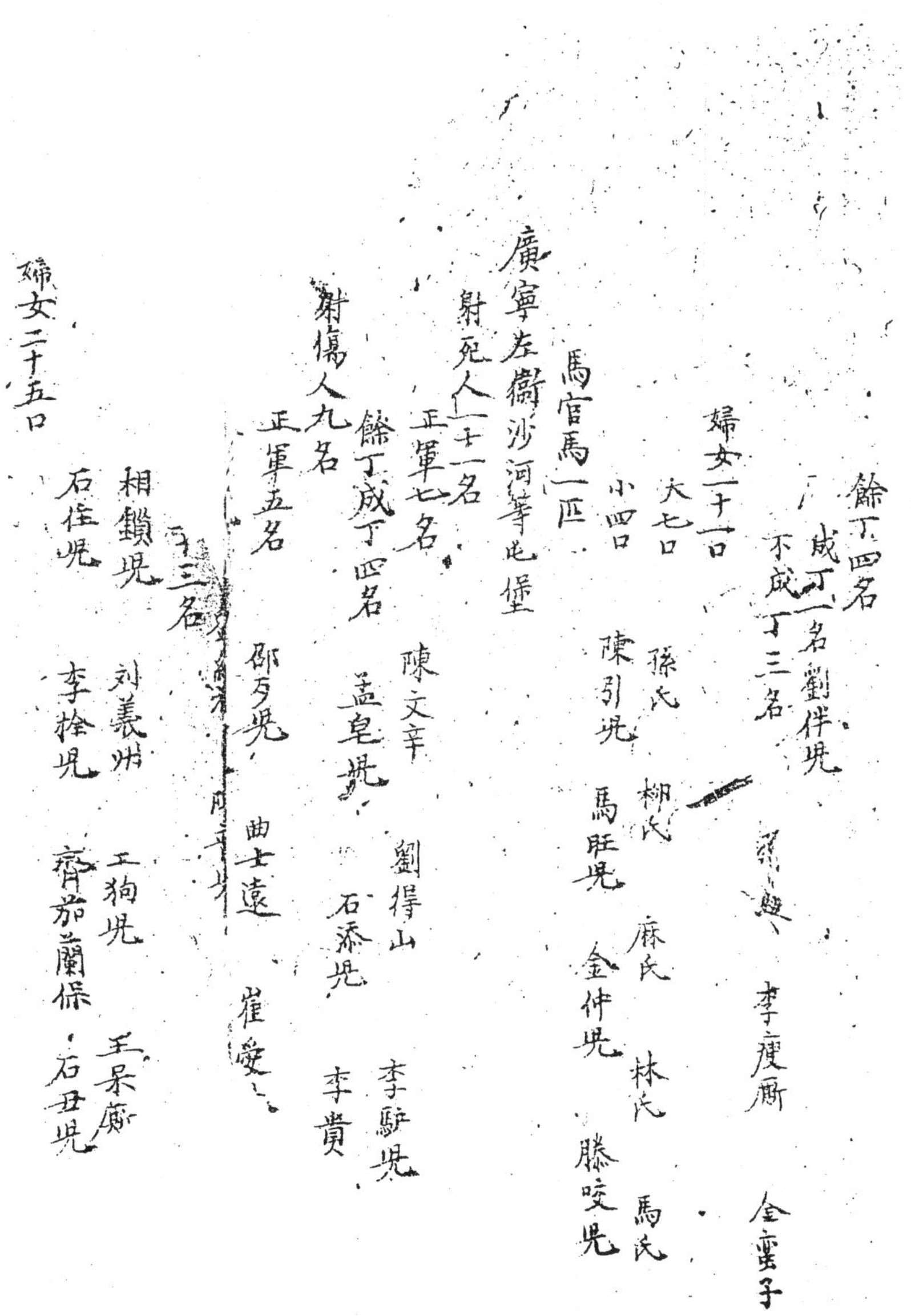
餘丁四名
成丁一名 劉伴兒
不成丁三名 孫[illegible]兒、 李度厮 金蛮子
婦女一十一口
大七口 孫氏 柳氏 麻氏 林氏 馬氏
小四口 陳引兒 馬旺兒 金仲兒 滕咬兒
馬官馬一匹
廣寧左衛沙河等屯堡
射死人一十一名
正軍七名 陳文辛 劉得山 李驢兒
餘丁成丁四名 孟皂兒 石添兒 李貴
射傷人九名
正軍五名 邵歹兒 曲士遠 崔愛〻
丁三名
相鎖兒 刘義州 王狗兒 王呆厮
石住兒 李拴兒 齊茄蘭保 石丑兒
婦女二十五口

図14 『中国明朝档案総匯』档案N

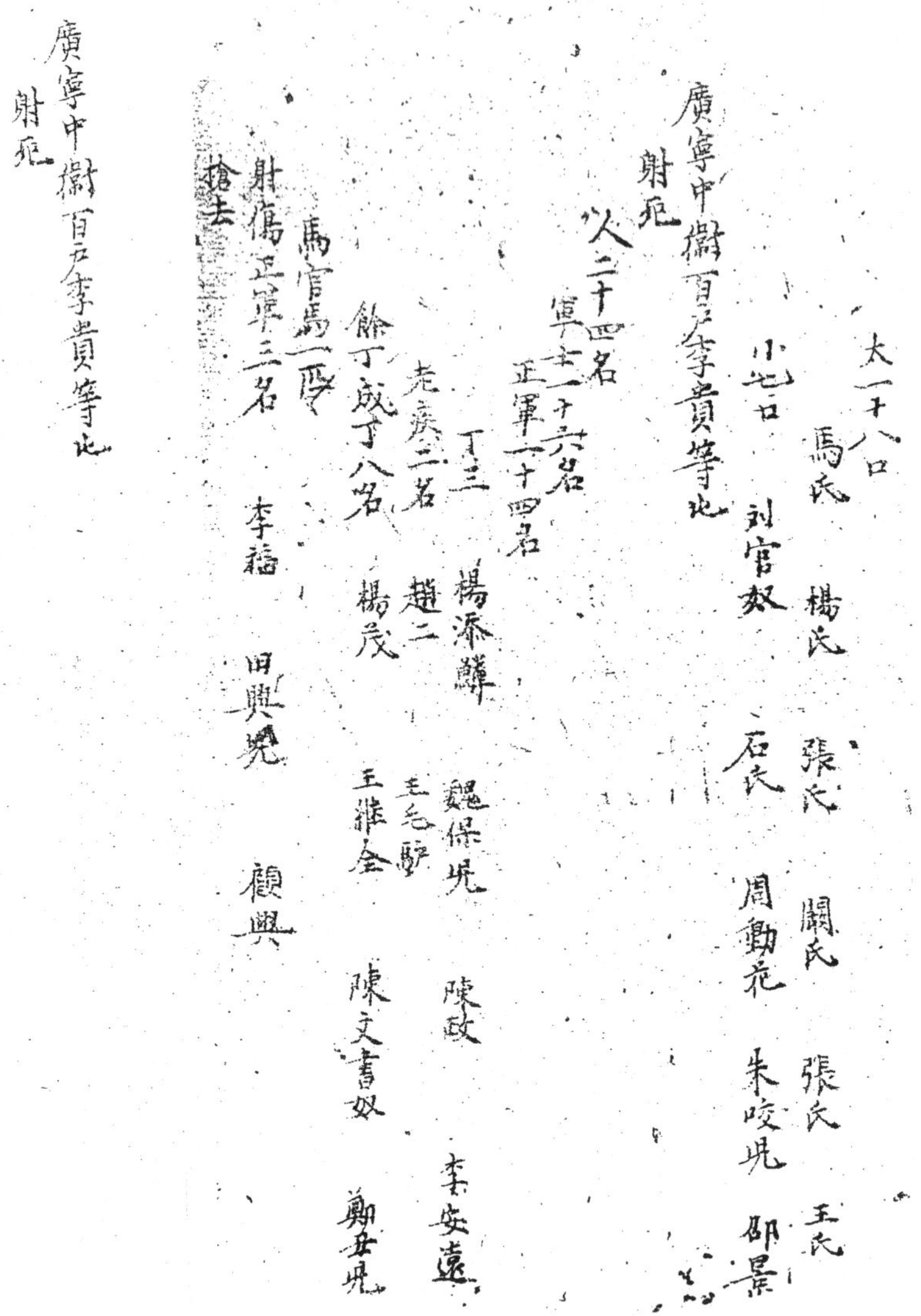
大一十八口　馬氏　楊氏　張氏　關氏　張氏　王氏
小七口　劉官奴　石氏　周勤花　朱咬兒　邵景
廣寧中衛百戶李貴等下
射死
人二十四名
軍丁二十六名
正軍一十四名
丁三　楊添驥　魏保兒　陳政　李安遠
老疾二名　趙二　王毛驢
餘丁成丁八名　楊茂　王排金　陳文書奴　鄭丑兒
馬官馬一匹
射傷正軍三名　李福　田興兒　顧興
搶去
廣寧中衛百戶李貴等下
射死

図15　『中国明朝档案総匯』档案O

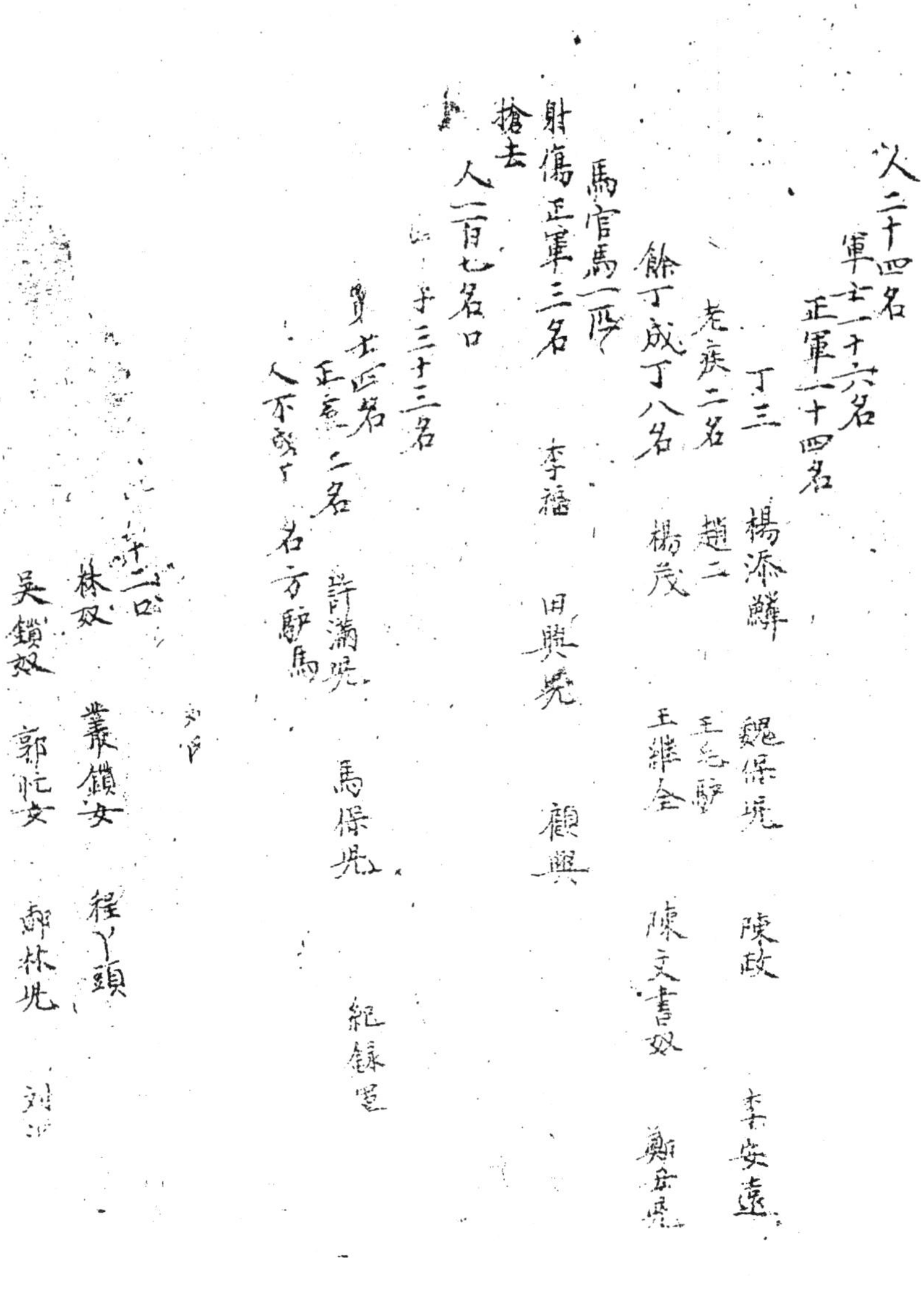

図16　『中国明朝档案総匯』档案P

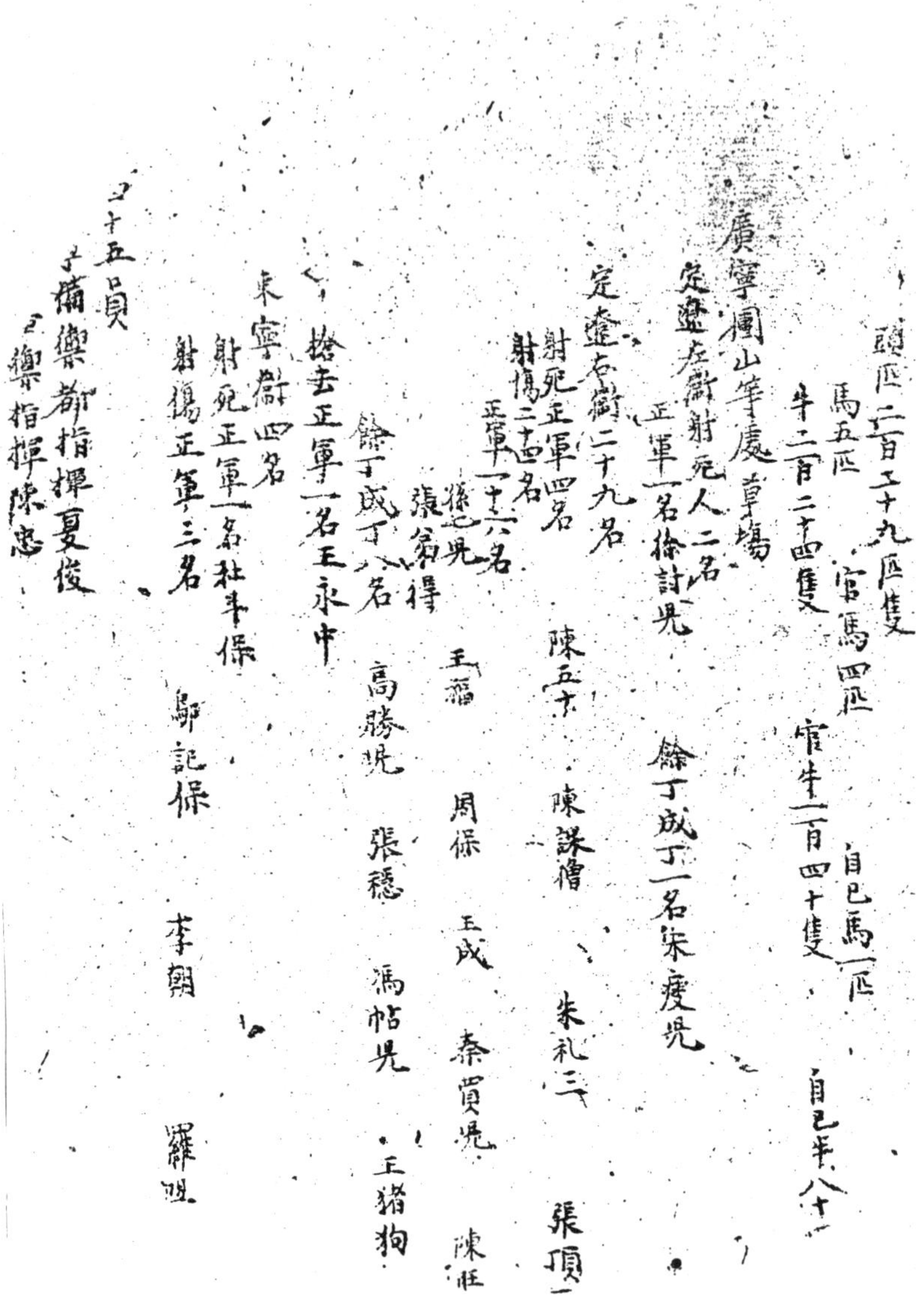
頭匹二千百五十九匹隻
馬五匹　官馬四匹　自己馬一匹
牛二百二十四隻　官牛一百四十隻　自己牛八十一
廣寧團山等處草場
定遼左衛射死人二名
正軍一名徐討兒　餘丁成丁一名朱瘦兒
定遼右衛二十九名
射死正軍四名　陳五十　陳課僧　朱礼三　張頂一
射傷二十五名
正軍一十六名　王福　周保　王成　秦買兒　陳旺
孫丑兒
張翁得
餘丁成丁八名　高勝兒　張穩　馮帖兒　王猪狗
搶去正軍一名王永中
東寧衛四名
射死正軍一名杜斗保
射傷正軍三名　鄒記保　李朔　羅旺
二十五員
備禦都指揮夏俊
禦指揮陳忠

図17　『中国明朝档案総匯』档案Q

ところで、この都司の巡按に対する呈文に続いて取り上げられている被害を列挙している部分は(一)(二)の数値と一致していることが留意される。

『明代遼東档案匯編』(五)広寧左中二屯衛呈報百戸李旺等堡被達賊殺擄人口事(档案R対応部分)

……六月初九日戌時分、听得砲響、次日知是中屯衛百戸谷敬等堡、倶被達達搶擄。鑑等将左所百戸……人郭永寧堡、前来報説達達来了、牽騎人馬、不知其数。随即拘収軍余家属人等、倶上門楼四角、敵……屯堡。鑑等率領軍余対敵、倶各被傷、人馬数多。至午時分、是火薬銃砲軍器放盡、無可対敵、被達達……原有屯田内、摘撥包納。屯粮軍人楊狗児等一百七十二名、不行差遣救護、明知達寇侵打屯堡、豈無接砲、報呈到院。案照先抛遼東都司経歴司呈、該広寧左中二屯呈開、百戸李旺等堡、被賊攻開、殺擄人口等因、已経具……何指揮千百戸、本日在衛、坐視不行領軍前去接応、官員職名、作急回報施行。蒙此、備呈。査得義州備禦都……孫鎮関該本職独員署事、本年六月初十日夜達賊声息、十一日早調差千戸馬玉率領各所官軍千百戸……堡挨問守備百戸張礼称説、達賊於十一日辰時分、従東南拘赶人口牛隻、往西北出境去訖。至晩回衛……衛軍人蘇喜孫等識認、給還了当。本日夜亥時分、有舎人閔用来報、才知百戸唐鑑……賊四散剽掠、非止攻囲百戸唐監屯堡、本職等並不曾在衛坐視、及抛左等五千戸所申……職名備坐回関具呈、案照先為前事己行。去後、今呈前因、理合回報。為此開去劄……。

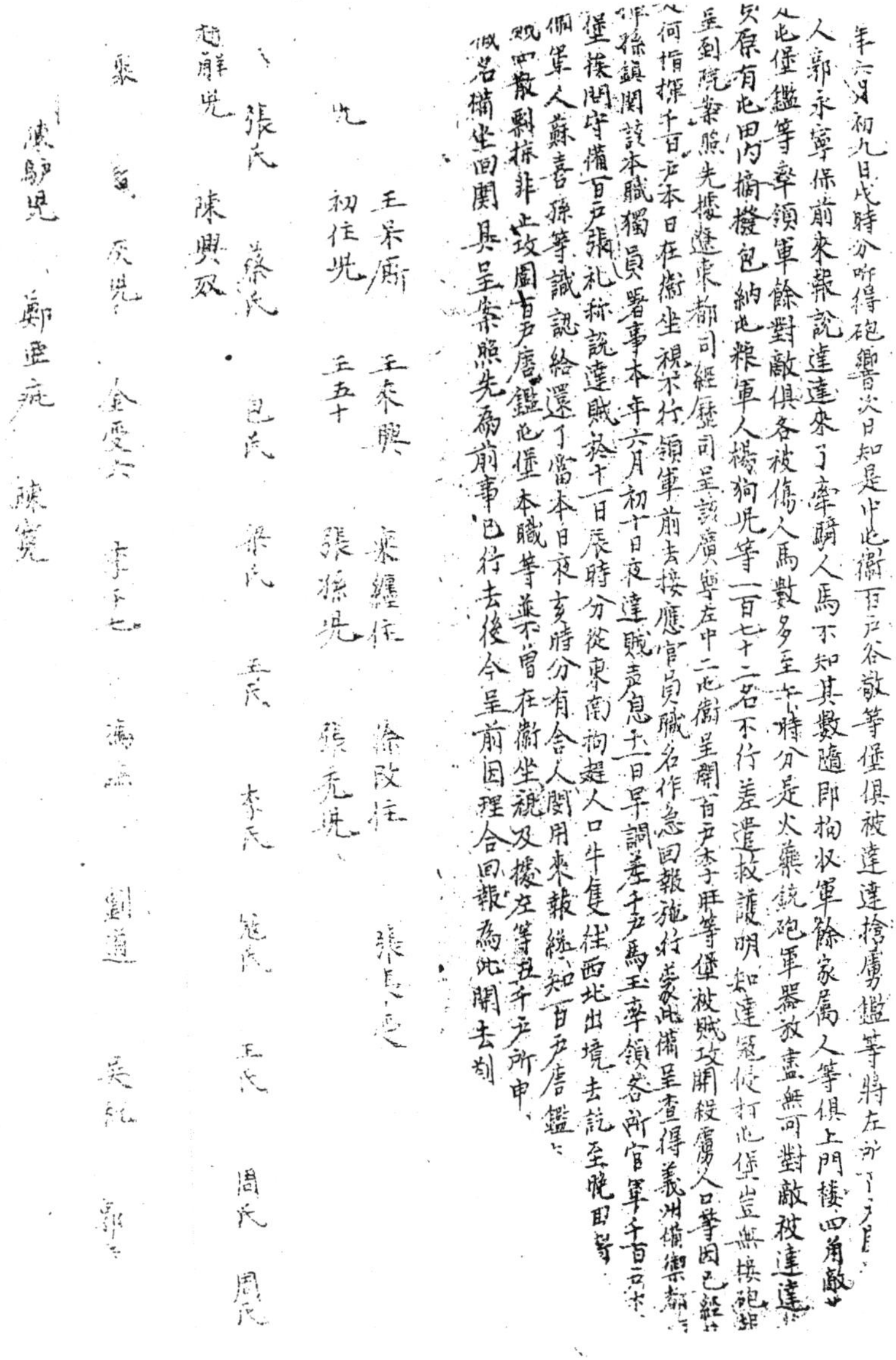

年六月初九日戌時分聽得砲響次日知是中屯衛百戶谷敬等堡俱被達達搶虜鑑等將左所
人郭永寧保前來報說達達來了牽騎人馬不知其數隨即收軍餘家屬人等俱上門樓四角敵
又屯堡鑑等率領軍餘對敵俱各被傷人馬數多至亥時分是火藥銃砲軍器放盡無可對敵被達達
只原有屯田內摘撥包納屯糧軍人楊狗兒等一百七十二名不行差遣救護明知達賊侵打屯堡豈無接砲
至到院案照先據遼東都司經歷司呈該廣寧左中二屯衛呈開百戶李旺等堡被賊攻開殺虜人口等因已經
又何指揮千百戶本日在衛坐視不行領軍前去接應官員職名作急回報施行蒙此備呈查得義州備禦都
揮孫鎮閱該本職獨員署事本年六月初十日夜達賊聲息十一日早調差千戶馬王率領各所官軍千百戶
堡接聞守備百戶張禮稱說達賊於十一日辰時分從東南擄趕人口牛隻往西北出境去訖至晚田
佃軍人蘇喜孫等識認給還了當本日夜亥時分有舍人閔用來報緣知百戶唐鑑
賊四散剽掠非止攻圍百戶唐鑑屯堡本職等並不曾在衛坐視及據左等五千戶所申
俱各備坐回關具呈案照先為前事已行去後今呈前因理合回報為此開去

王呆廝　王來興　宋纏住　徐改住　張長

初住兒　王五十　張孫兒　張元兒

兒

張氏　孫氏　包氏　孫氏　王氏　李氏　魏氏　王氏　周氏　周氏

趙醉兒　陳興双

宋　灰兒　金愛兒　李千七　滿　劉道　吳　郭

陳驢兒　鄭醜廝　陳寬

図18　『中国明朝档案総匯』档案R

『明代遼東档案匯編』の「郭永寧堡」は「郭永・寧保」で人名、「査得義州備禦都……孫鎮関該本職独員署事」は「査得義州備禦都指揮孫鎮関該本職独員署事」、「至晩回衛……衛軍人蘇喜孫等識認」は「至晩回衛……備軍人蘇喜孫等識認」、「案照先為前事己行」は「案照先為前事巳行」である。ここでは六月十日に広寧中屯衛百戸谷敬等が守る堡塁がモンゴル軍の襲撃を受け、さらに唐鑑等が守る堡塁などが襲撃されて大きな被害が出た。また、屯田が襲われて被害が出たが応戦の暇もなかった。このことが巡按のところに報告された。そこで遼東都司経歴司の呈文を参照し、広寧左・中二屯衛の呈文を見ると、百戸李旺等の守る堡塁の襲撃に際して、衛にそれを座視した官員がいたとして回報を求めた。義州備禦都指揮の孫鎮関は十日夜のモンゴル軍の侵入情報に接して、十一日には軍を派遣しているものの、賊軍が去った後に唐鑑の屯堡の襲撃を知ったのであり、座視していたわけではないとしており、これを巡按は回報している。

『明代遼東档案匯編』（六）広寧前屯衛呈報崗団站被達賊搶擄人畜事（档案S対応部分）

……百余人馬、来到本衛城東八里崗団站、至酉時分、退往東南去訖。……銃射退。至初九日卯時前、賊従西復回到門対射、巳時分各散。初十日守備……野馬川烟墩、放砲三声。及拠左等五所中、亥百戸厳義等所軍余鍾牛昭等、……独守孤城、被賊搶擄截路、亦無隣境接応、若不通行、誠恐失誤。除搶殺人畜、取勘……厳督守瞭操備官軍人等、昼夜用心、設法加等謹慎隄備、固守哨護。少壮軍余……劄付、拠広寧前屯衛呈開……

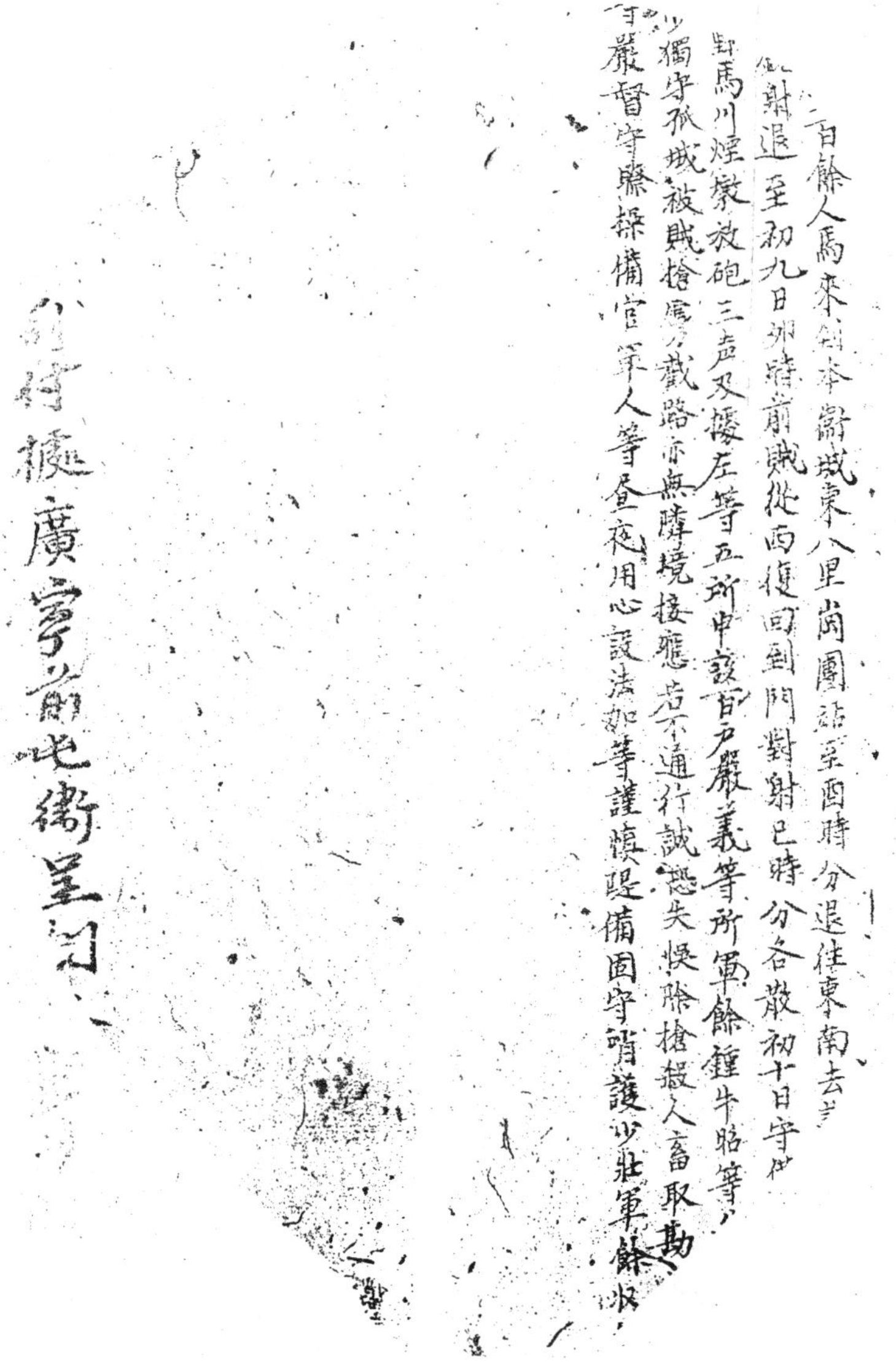
二百餘人馬來到本衛城東八里崗團站至酉時分退往東南去訖
砲射退至初九日卯時前賊從西復回到門對射巳時分各散初十日守
墩馬川煙墩放砲三声又據左等五所中設百戶嚴義等所軍餘鍾牛貽等人
少獨守孤城被賊搶虜劫截路亦無隣境接應若不通行誠恐失悞除搶殺人畜取勘
嚴督守禦操備官軍人等晝夜用心設法如等謹慎隄備固守哨護少壯軍餘收
付據廣寧前屯衛呈

図19　『中国明朝档案総匯』档案S

六月か七月(?)の九日以前に広寧前屯衛城東八里の崗団站に賊軍の第一撃があり、九日から十日にかけて同城北側の野馬川烟墩周辺に第二派の襲撃があり、被害が出たが孤立無援であった。その後は守りを固めているとの内容である。

『明代遼東档案匯編』（七）定遼後衛呈報沙河堡被達賊搶擄人畜事（档案T－1、2対応部分）

……都司経歴司承奉都司劄付、拠広寧前屯衛呈、為軍務事、
開本年七月……退往沙河堡、搶截站門、射死舎人晁玉等、搶去馬牛。申時分賊三百余人馬……時有賊三百余人、復来攻堡、放火焼門、用銃射敵、打傷達賊十个、馬三匹、賊退……掠搶殺人畜、作践田禾、及将在途運粮牛隻搶擄、車輛焼毀、具告備申。今照本衛……行。去後、今呈前因、擬合隄備通行。為此、除行属衛及咨広寧等処備禦都指揮……巡按山東監察御史施行。奉此、前事合行具呈施行。須至呈者。
右　　呈
巡按山東監察御史
永楽二十一年七月二十六日
経歴　王章（被提）
都事　郗俊（考満）
署経歴司定遼後衛経歴　李聡

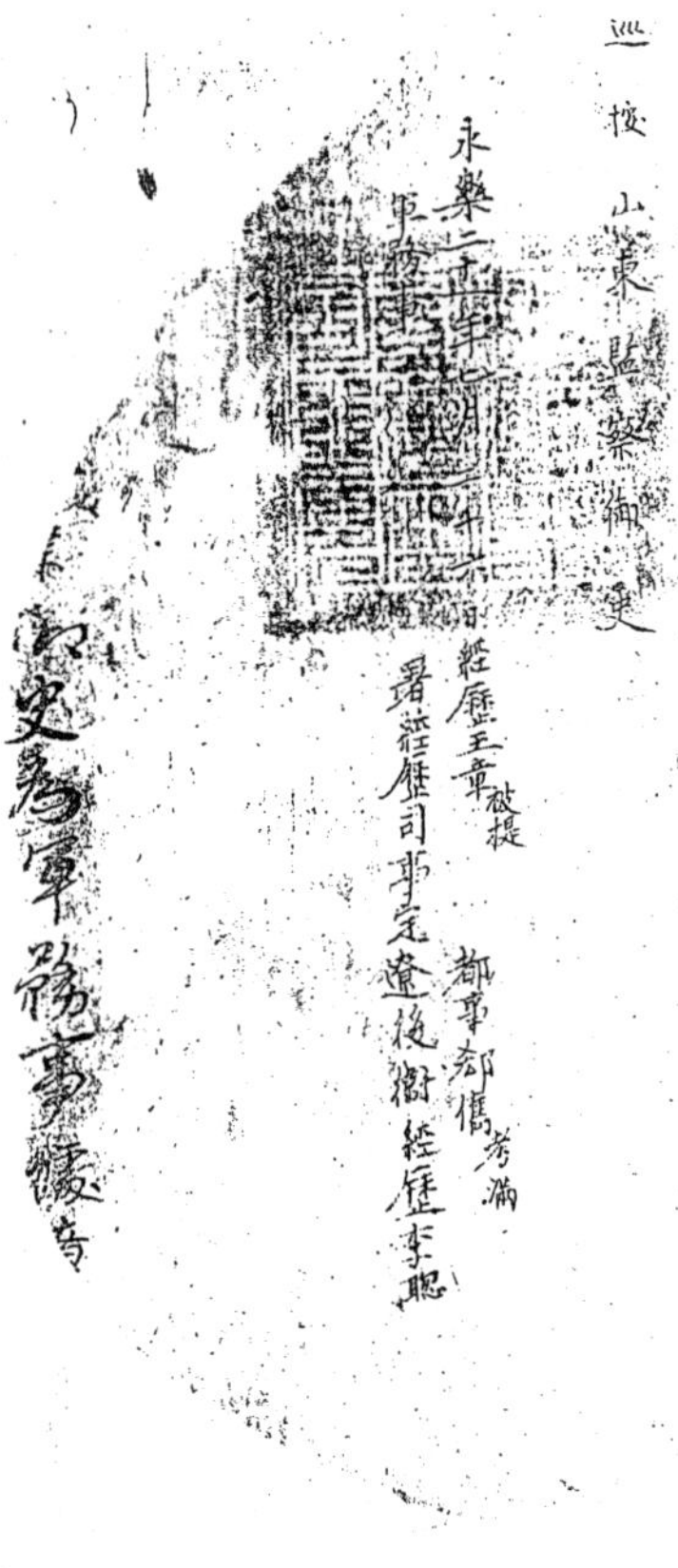

図20－2　『中国明朝档案総匯』档案Ｔ－２

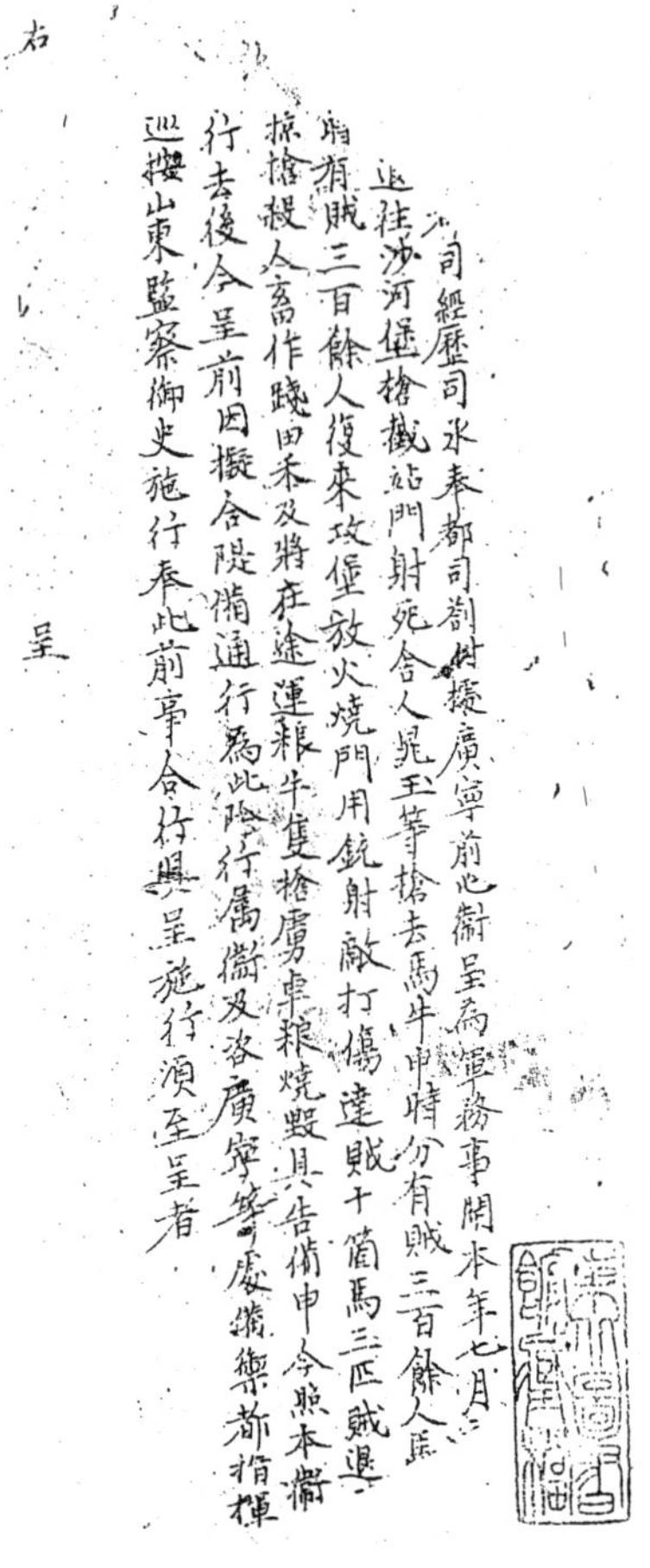

図20－１　『中国明朝档案総匯』档案Ｔ－１

両者の相違は『明代遼東档案匯編』の「署経歴司定遼後衛経歴」は「署経歴司事定遼後衛経歴」であり、また、日付のあとに「軍務事」の一句が入り、さらに最後に「……□□御史為軍務事、拠遼……」の書込みがある。遼東都司経歴司が都司の箚付を承り、巡按山東監察御史へ送った呈文である。これは広寧前屯衛の呈文に拠っており、永楽二十一年七月に沙河堡が賊軍に襲撃されたことについての監察を求めるものであった。なお、『明代遼東档案匯編』では(七)を定遼後衛呈報沙河堡被達賊搶擄人畜事としているが、李聡は遼東都司の署経歴司定遼後衛経歴の肩書きであり、定遼後衛が呈報しているわけではない。

四　档案の再構成における『明代遼東档案匯編』未収録部分の検討

前節では(一)から(七)まで档案の断片を検討してきた。これらをすっきり整理することはなかなか難しい。『中国明朝档案総匯』では『明代遼東档案匯編』に収録されていない档案断片がかなり存在する。そこで、この『明代遼東档案匯編』未収録部分と合わせて档案の関係性を再構成してみたい。

(一)は巡按山東監察御史胡啓先の題本で遼東都司とのやりとりをもとに永楽二十一年六月以来、具体的には同年六月二十九日から七月十七日までのモンゴルの広寧団山、広寧右衛、同右屯衛、同前屯衛など広寧全域への襲撃とその対応をまとめた報告書である。

(二)は都司から声息のことについて巡按に送った呈文で(一)の前提となっている。

(三)はさらに(二)の前提となった義州備禦指揮陳忠の都司への呈文か、都司が襲撃の被害報告に接して義州に調査を命じた結果の呈文かである。(四)後半の被害を列挙した部分も都司を通じて(一)の前提となった被害報告の一部と見られる。

(四)の前半は都司が巡按に送った呈文で軍務のことであり、おそらく六月十日前後から始まるモンゴルの広寧方面への侵入による被害を報告しつつ、義州備禦指揮陳忠に辺防の詳細を調査させた結果を報告し、巡按の調査に委ねている。

(五)(六)は(四)呈文に関連して巡按が調査した時の広寧前・左・中屯衛からの釈明の呈文と見られる。

(七)は都司から巡按への呈文で、やはり軍務のことであり、七月の広寧前屯衛への賊軍の襲撃が主題であり、あるいは(一)にかかわるものかもしれない。

このように見て来ると、モンゴルの広寧襲撃時期は永楽二十一年、六月十日前後、六月末から七月中旬と、少なくとも二度あったと考えられる。

ここで『明代遼東档案匯編』未収録部分を見てみよう。

U－1档案(図21－1)を見ると、

遼東都司奏、永楽二十一年六月二十九日至七月十七日、期不等……
□鎮撫夏俊等四十五員倶合問罪、具奏本部議……
……咨呈□□照先務行在兵科……

とあり、遼東都司が六月末から七月中旬にかけての襲撃を巡る問題で、夏俊等四十五員を罪に問おうとして本部(＝行在兵部?)に具奏した写しであろう。またU－2档案(図21－2)を見ると、

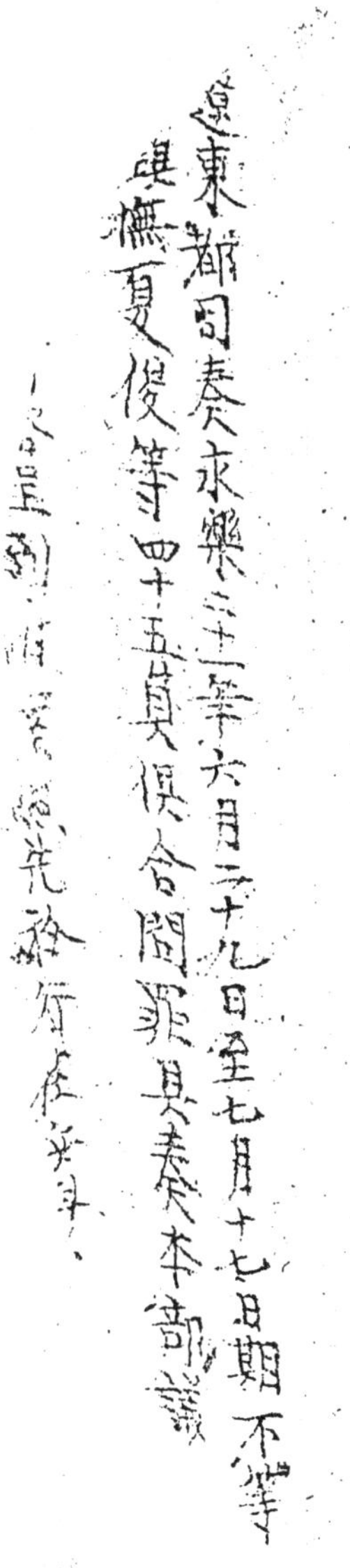

遼東都司奏永樂二十一年六月二十九日至七月十七日期不等
鎮撫夏俊等四十五員俱合問罪具奏本部議
呈到 究 行在兵部

図21－1　『中国明朝档案総匯』档案U－1

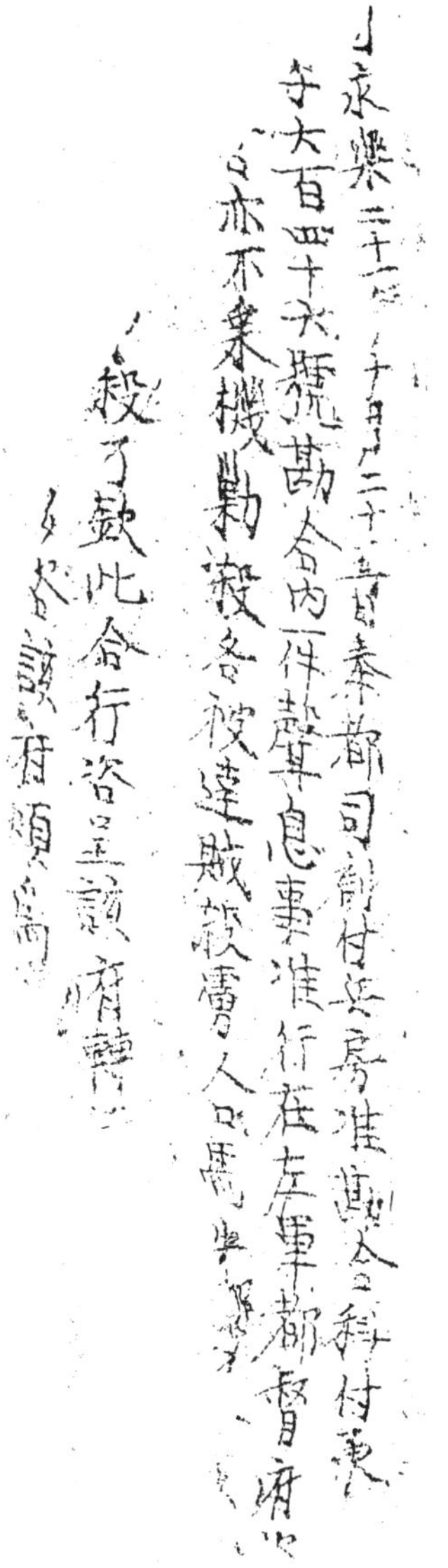

等大百四十六撫勘合內一件聲息事准行在左軍都督府

図21－2　『中国明朝档案総匯』档案U－2

……□永楽二十一年十月二十五日奉都司箚付、兵房准勘合科付東……
……□六百四十六号勘合内、一件声息事、准行在左軍都督府咨……
……□亦不乗機勦殺、各被達賊虜人口馬□□……
……□殺了、欽此、合行咨呈該府転……
……移咨該府煩為……

とあり、「声息」に関する巡按山東監察御史からの題本は恐らく都察院で検討され、やがて行在左軍都督府を通して遼東都司に最終的な指示が降りていった。その結論は不明である。

次に、前掲の档案T－1（図22－1）、T－2（図22－2）は断片の左端に、

……□御史為軍務事。抝遼……

という書込みを見ることができる。巡按のところで書き込まれたものであろうが、これに関連する未収の档案を見ることができる。

档案U－3（図22－3）の書込みには、

……□史為軍務事。抝遼東都司経歴……
……□賊搶擄節次縁由及本衛指揮□……

已経□□□今立案另行
奏外、
右　立　案。
……十一年八月

とあり、これが档案Tの書込みとは断定できないが、巡按は遼東都司経歴司から送られてきた都司の呈文に対する案文を書き込んでいることがわかる。U－5(図22－5)も軍務に関する永楽二十一年八月の巡按の題案であろう。

別に声息に関する巡按の題案が档案U－4(図22－4)、U－6(図22－6)である。档案U－4には、

……□山東監察御史為声息事。抛遼東都□……
是。去後、今抛前因、擬合立案、另行
右立案。
……二十一年八月
声息事

とあり、遼東都司からの呈文に応じて題案を作っていることがわかり、また、日付は永楽二十一年八月の後に「十一日」と書して「巡按山東監察御史印」が押されており、その下に「監察御史胡」とある。档案U－6もやはり声息に関するものでおそらく八月二十一日の巡按の題案であろう。

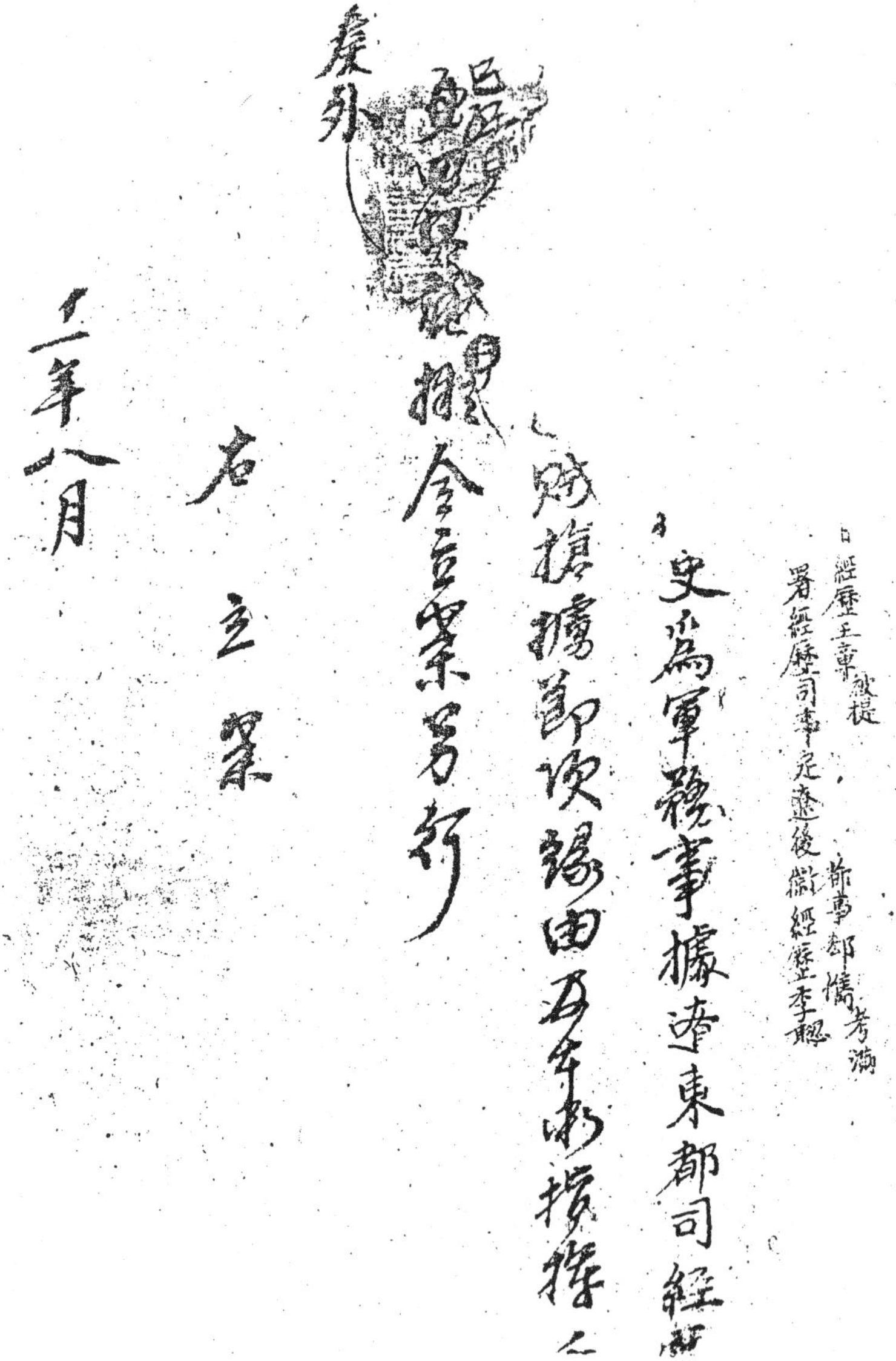

図21－3　『中国明朝档案総匯』档案U－3

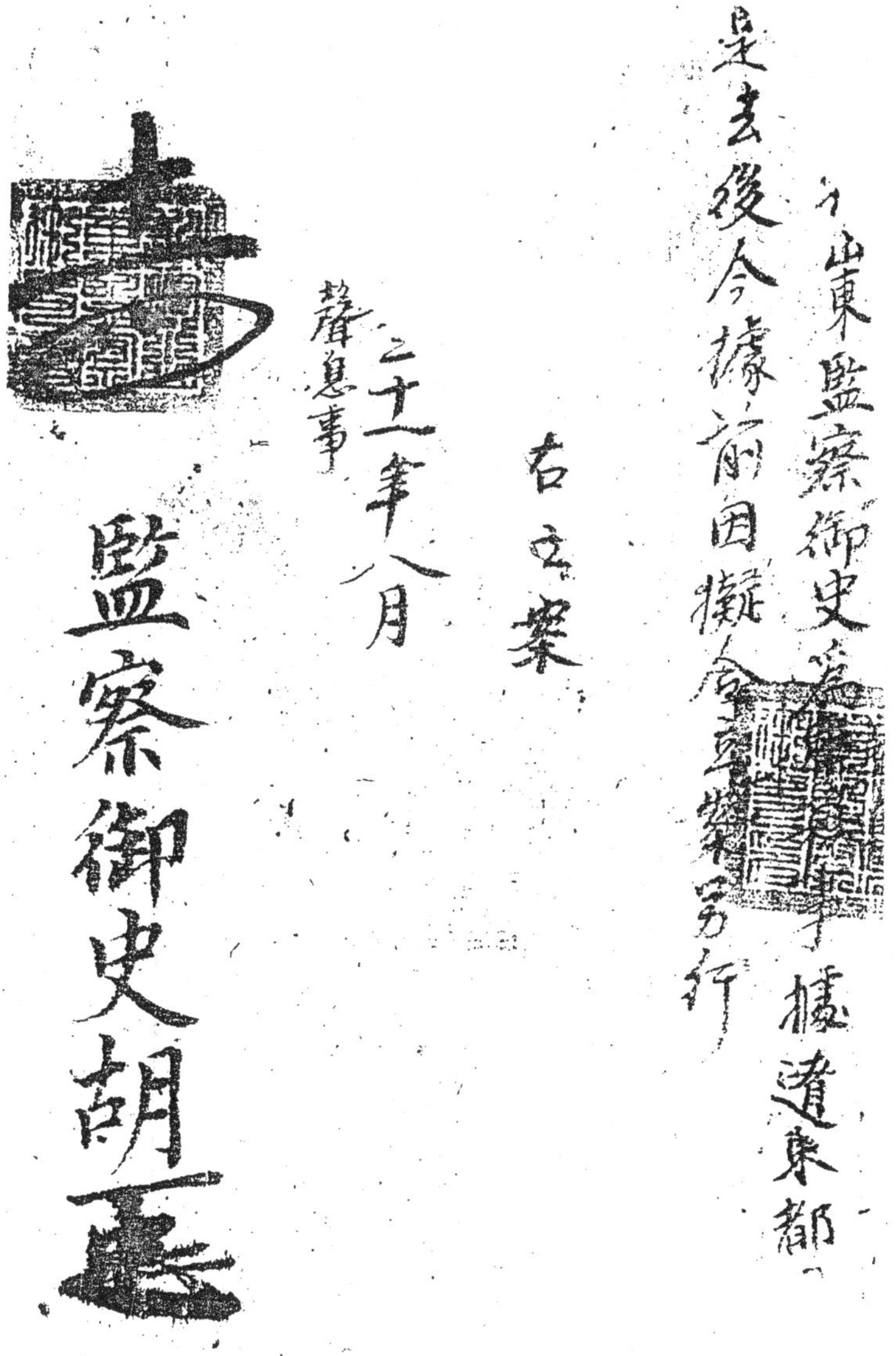
山東監察御史
據遼東都
是去後今據前因擬合就案另行
聲息事
監察御史胡

図21－4　『中国明朝档案総匯』档案U－4

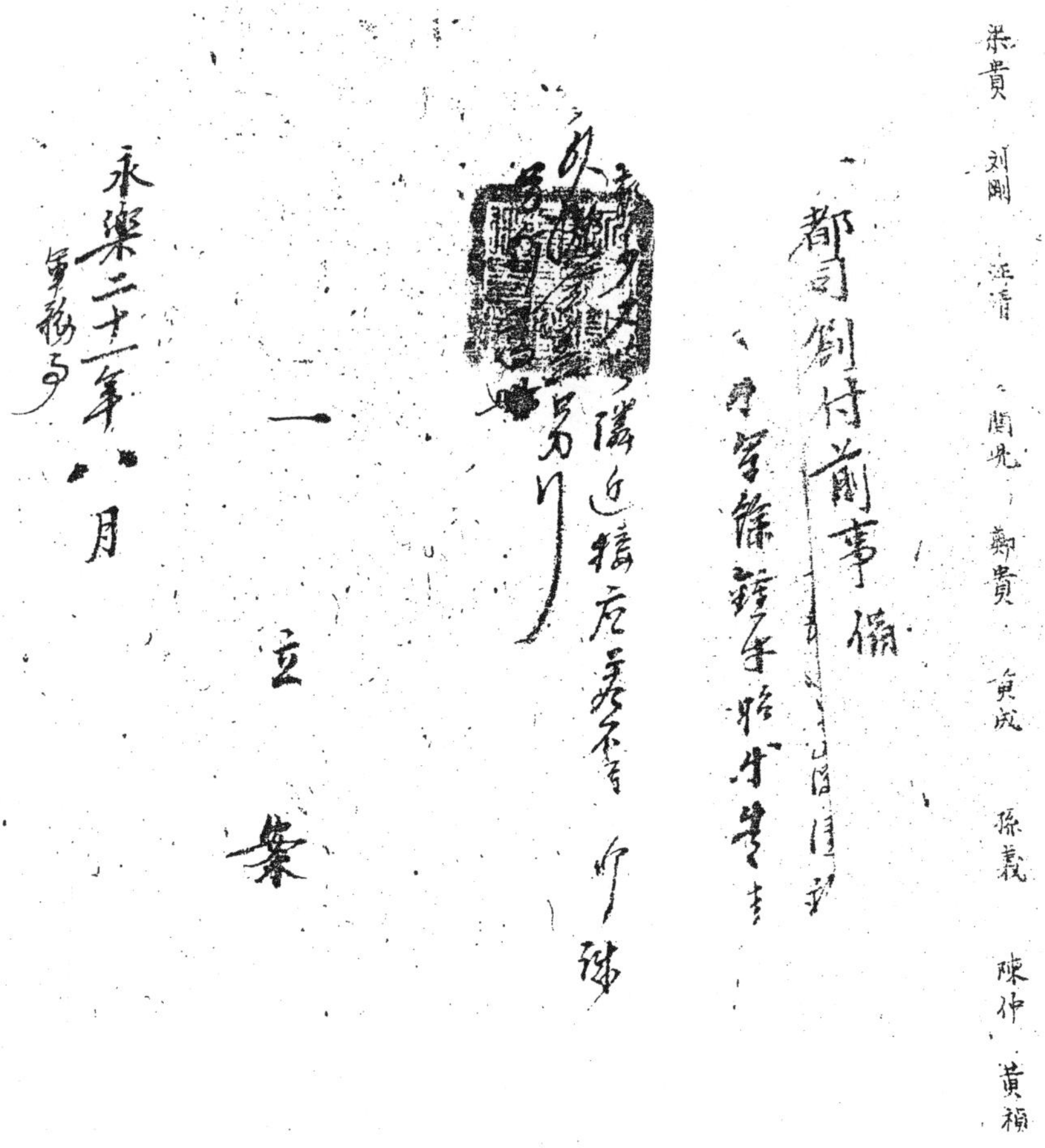

図21－5　『中国明朝档案総匯』档案Ｕ－5

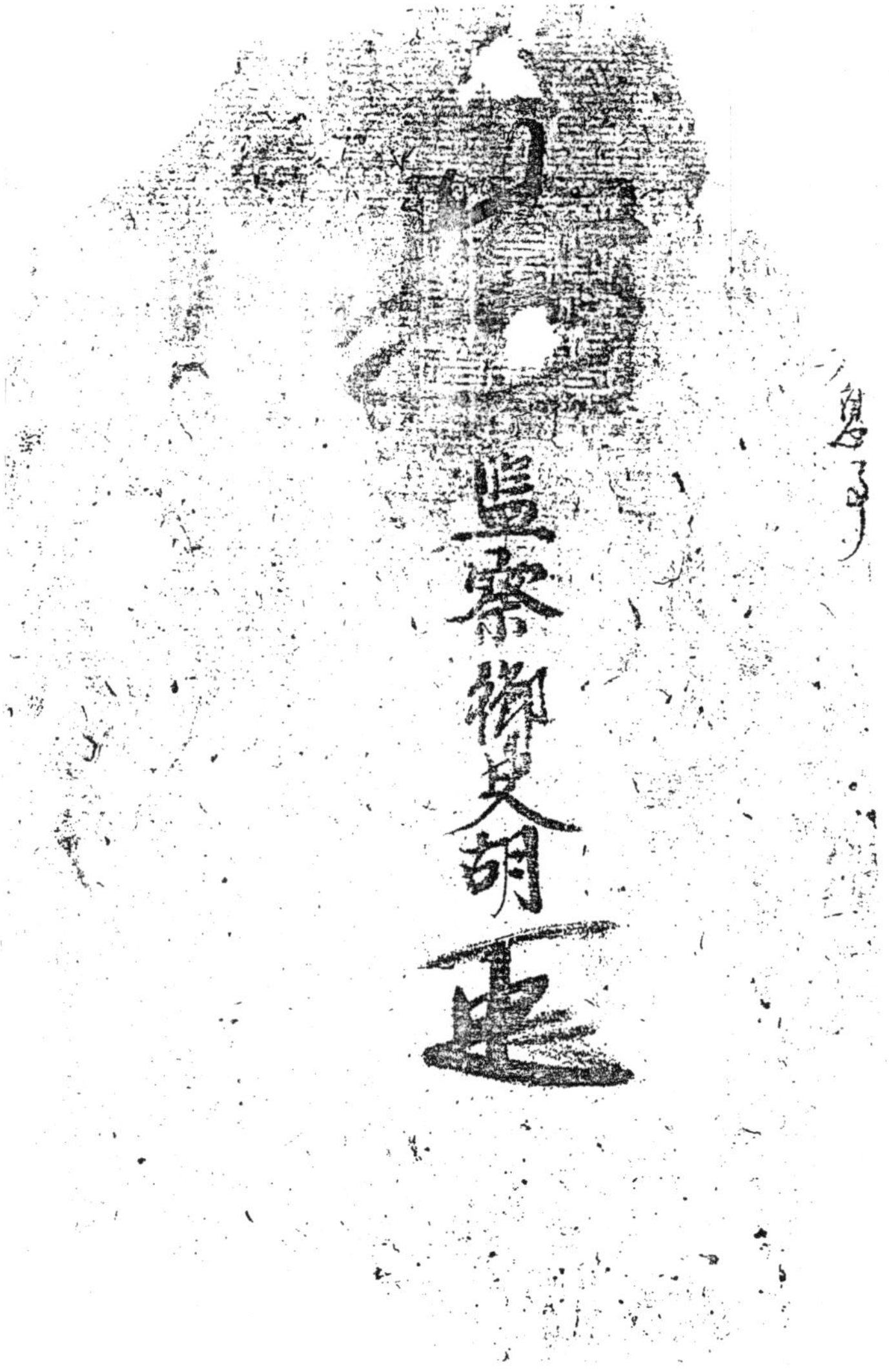

図21－6　『中国明朝档案総匯』档案U－6

さてこれからわかることは、永楽二十一年の広寧へのモンゴル軍の侵入事件とそれから生じた明軍の被害と責任問題は遼東都司と巡按山東監察御史の間でまず検討されて行ったことがわかる。前節では(一)〜(七)を相互に関連づけて「軍務」と「声息」の二編の題本に結実していく線で考えたが、「軍務」にしても「声息」にしても複数の呈文が遼東都司から送られて、巡按もそれに応じて複数の題本を製作していたのである。

むすび――都司と巡按及び総兵官――

遼東鎮にはのちに多くの官職が設けられていくが、洪武年間においては主たる官として遼東都司と総兵官しかない。布政司も按察司も設けられなかった。しかし、辺政を考えた時、監察の官がないということはどうしても行政が手薄になる。遼東における監察の官は洪武二十九年十月甲寅に按察分司、つまりのちの分巡道であるが、山東三道の一つとして遼海東寧道が設けられ、東寧・瀋陽中・遼海・鉄嶺・三万・金州・復州・蓋州・海州・義州・広寧中護衛・広寧右屯・広寧左屯・広寧前屯・広寧後屯・定遼左・定遼右・定遼中・定遼前・定遼後の衛所を治することになった。この時には広寧城に置かれたが、すぐ一旦廃止され正統元年(一四三六)の再開を待つことになった。その後、永楽年間から巡按御史が派遣されるようになった。巡按の職掌として、罪囚の審録・巻宗の吊刷・軍民の詞訟処理・官吏の考察の四つが主要である[8]。遼東鎮を巡按する監察御史は巡按山東監察御史である。ただ、永楽年間から置かれたとしても、在職者で判明するのは『明実録』には永楽十三年十二月壬申の賈節のみであり、『遼東志』『全遼志』でも幾人かの人名を拾うことができるだけである[9]。ただ、本稿が取り上げる档案に登場する胡啓先の名は見当たらない。ただ、『遼東志』『全遼志』には永楽末年の巡按として「胡起先」という名前がある。「啓」も「起」もqiの三声であるから音通であり、『遼東志』編纂者の誤りを『全遼志』が引き継いだと思われる。

永楽二十一年の档案から見えてくる遼東鎮の構造は、遼東鎮全体の軍務は遼東都司を中心に廻っているということである。これは後代、提督・巡撫・太監が主導権を握る鎮運営とは明らかに違う。この相違について本稿では触れる余裕がないので後続の論考で展開していこうと考える。地勢的に考えれば、遼東鎮の当初の中心は遼陽城であり、都司を始め主要官員はここに滞在していたと思われるが、本稿で触れたように広寧方面の整備が進むと河東は遼陽城、河西は広寧城が拠点となり、後代、むしろ広寧に提督・巡撫・太監・巡按・総兵官が集結して、遼陽城の重要性は低減することになる。これにともない広寧で起こったことは都司に報告せず実権を握る広寧の高官に報告すればよいことになろう。永楽二十一年の時点では、モンゴルなどの侵入による被害報告は、各堡塁を守備する備禦官から都司に上げられ、その実態調査は都司と巡按によって進められた。その上で都司から皇帝・兵部・左都督府等に実態報告が上げられ、巡按からは監査報告が皇帝・都察院等に上げられていた。

本稿の最後に検討すべきことがある。都司と総兵官の関係である。総兵官は統兵権をもち、辺鎮においては全軍を指揮して外敵の侵入を防ぎ、作戦行動を指揮する。これに対して都司は統兵権をもたず、もっぱら軍隊の維持にかかわる軍政に携わる。しかし、遼東鎮創設当初の都司には統兵権もあったようである。そもそも遼東都司は定遼都衛を改称したものであるから、定遼都衛時代に都指揮使として一軍を率いていた葉旺と馬雲は遼東都司の都指揮使になっても統兵権を維持していたものと思われる。これは、『遼東志』巻五、官師、名宦の条では、葉旺は「龍虎将軍鎮守遼東」、馬雲は「鎮守遼東」と表現されており、また葉旺は『明実録』洪武十二年四月庚申、六月甲戌の各条では「遼東守将潘敬・葉旺等」とあり、馬雲は『明実録』洪武十二年六月丁卯の条に「都督僉事馬雲（この当時は鳳陽行大都督府僉事の肩書きを有していた）に命じて統兵して大寧を征せしむ。」とあった。「遼東守将潘敬」は、洪武十一年（一三七八）から遼東都指揮使となっていた。守将といった場合、『明実録』洪武十七年五月丙寅の条では「遼東守将唐勝宗」のように総兵官を指す。遡るが、定遼都衛の統兵権については『明実録』洪武五年六月癸卯の条に、

定遼都衛指揮同知馮祥等率兵克十万山大片崖・小片崖、石甕九崖等処撫輯其民而還。

とあり、馮祥が兵を率いて出軍したことがわかる。遼東都司の統兵権は定遼都衛から引き継いだと思われる。なお、『遼東志』巻五、官師の条（『全遼志』巻三も同じ）には、鎮守総兵として葉旺、馬雲、劉江、焦礼、曹義、巫凱らの名前を含む総兵官のリストがある。のちに葉旺・馬雲は事実上の総兵と認識されたのである。つまり、明初においては、総兵官と並んで遼東都司（定遼都衛）も軍令にかかわっていた。また『明実録』洪武二十二年十二月甲辰の条に、

遣使勅遼東都指揮使胡旻・朱勝訓練精鋭馬歩官軍各一万、聴調征進。

とあり、都司の統兵権は維持されたようであるが、『明実録』洪武三十五年（建文四年）八月壬子朔の条に、

命左軍都督府左都督劉貞鎮守遼東、其都司属衛軍馬聴其節制。

とあり、『明実録』永楽元年正月癸巳の条に、

命保定侯孟善鎮遼東、節制遼東都司所属軍衛。

とあるように、靖難の役を挟んで永楽時代となると、統兵権は都司から総兵官に集中するようになった。しかし、遼東都司が完全に統兵権を失したわけではないことは、『明実録』永楽四年二月甲申の条に、

勅鎮守遼東保定侯孟善及遼東都指揮高得等曰、欽天監奏、今、天象有兵占在辺境。爾等、切宜慎防慎、凡有御宝文書及諸司文移必須詳審、毋為奸偽所欺。其諸辺務、尤須用心。

とあり、『明実録』永楽十三年十二月辛卯の条に、

勅遼東総兵官都督劉江及遼東都司、選女直官軍及舎人・余丁、不限名数、以明年春赴北京操練。

とあることから、総兵官と都司は並び称されていたのである。

したがって、少なくとも永楽年間までの遼東都指揮使は総兵官に匹敵する統兵権をもつ場合も多かったと思われる。そうであれば後代よりも遼東鎮の全衛所・堡塁から遼東都司に集まる情報は多く、掌握力も強かったことになろう。しかし、そうなれば、都司のカヴァーすべき仕事は膨大となり、やがて巡按などの助けを借りなければ辺政全体を統括することはできなくなったともいえよう。

（1）田村実造「明代の九辺鎮」（『石浜先生古稀記念 東洋学論叢』石浜先生古稀記念会編、一九五八年）、同「明代の北辺防衛体制」（同編『明代満蒙史研究―明代満蒙史料研究篇―』京都大学文学部、一九六三年）、和田清「明初の満洲経略（上）（下）」（『東亜史研究（満洲篇）』東洋文庫、一九五五年（原載『満鮮地理歴史研究報告』一四、一五、一九三四、一九三七年））、和田正広『中国官僚制の腐敗構造に関する事例研究―明清交替期の軍閥李成梁をめぐって―』（九州国際大学社会文化研究所、一九九五年）のほか、李健才『明代東北』（遼寧人民出版社、一九八六年）、楊暘『明代遼東都司』（中州古籍出版社、一九八八年）、同『明代東北史綱』（学生書局、一九九三年）、佟冬主編『中国東北史』第三巻、第四巻（吉林文史出版社、一九九八年）などがある。

（2）明朝档案史料集の問題点については拙稿「遼東馬市信牌档―明朝档案の配列を中心として―」（『明清史研究』一、二〇〇四年）参照。なお、档案検索にあたっては、岩渕慎『中国第一歴史档案館・遼寧省档案館編　中国明朝档案総匯総目録』（二〇〇三年）参照。

（3）和田清「明代の北辺防備」（『東亜史研究（蒙古篇）』東洋文庫、一九五九年）参照。

（4）高麗末期から朝鮮初期にかけての中朝関係については、末松保和「朝鮮の政治と外交一　麗末鮮初に於ける対明関係前編　高麗末に於ける対明関係」（『高麗朝史と朝鮮朝史　末松保和朝鮮史著作集5』吉川弘文館、一九九六年（原載『京城帝大史学論叢』二、一九四一、『青丘史草』一、一九六五年所収））、池内宏「高麗末に於ける明及び北元との関係」（『満鮮史研究』中世編第三冊、吉川弘文館、一九六三年（原載は『史学雑誌』二九―一、二、三、四、一九一八年））、デイビッド・ロビンソン（水越知訳）「モンゴル帝国の崩壊と高麗恭愍王の外交政策」、夫馬進「明清中国の対朝鮮外交における「礼」と「問罪」」（ともに夫馬進編『中国東アジア外交交流史の研究』京都大学学術出版会、二〇〇七年所収）などがある。

（5）川越泰博『明代建文朝史の研究』（汲古書院、一九九七年）、二五九―二六〇頁。

（6）『明実録』洪武二十八年四月甲申の条。

（7）『明実録』洪武三十五年（建文四年）十一月乙未の条には「改広寧三護衛為広寧左右中三衛、隷遼東都司。」とある。

（8）小川尚『明代地方監察制度の研究』（汲古書院、一九九九年）二三頁。

（9）拙稿「明代巡按「遼東」考」『九州大学東洋史論集』三四、二〇〇六年、同「明代遼東守巡道考」（『山根幸夫教授追悼記念論叢　明代中国の歴史的位相　上巻』汲古書院、二〇〇七年）参照。

中央大学図書館蔵『秋審招冊』に見る非民人人犯の案について
――「蒙古人犯関連事案抄」「八旗・蒙古・回民等人犯関連事案目録稿」――

高遠拓児

はしがき――『秋審招冊』と非民人人犯の案

中央大学図書館には、『秋審招冊』との表題が付された計百七十九冊から成る大部の史料が収蔵されている。本史料は清代の死刑制度にかかわって作成された档案史料の現物であり、中央大学の所蔵する貴重な蔵書の一つとなっている。

そもそもこの秋審とは[1]、清代の各地方に拘禁されていた監候人犯[2]を対象として、死刑の執行・減免の可否などを問うために行われた審査であり、清朝の為政者たちはこれを「大典」と称して王朝の重要な制度と位置づけていた。その手続きは年間周期で行われ、監候人犯の身柄を拘禁する各地方から順次事案を積み上げてゆき、最後に皇帝の裁決を経て当該年の審理が終了するというのが通常の流れであった。清代中期以降には、対象となる罪人は、事案の具体的事情などを斟酌した上で情実（執行妥当）・緩決（執行延期）・可矜（減刑相当）に分類され、さらに緩決・可矜の罪人については留養（減刑し老病の親を養わせる）・承祀（減刑し家の祭祀を継がせる）の適用が議されるなど、秋審制度は監候人犯の処理に弾力性をもたせつつ細分化する機能を担っていたものと思量さ

れる。(3)

このような秋審については、清代の司法手続きの特徴の一つとして早くから識者の関心を集めてきたが、とくに近年では邦文の専論が多く公刊されている。(4)なかでも伊藤洋二氏が一九八七年に発表された「清代における秋審の実態」(『中央大学アジア史研究』第十一号)は、日本語による秋審の専論としてはおそらく最初の成果であり、そこで取り上げられ、制度の実態を検討する際の重要な手がかりとして用いられたのが、中央大学図書館の所蔵する『秋審招冊』であった。以来、本史料は中村治兵衛氏や編者の論攷などにおいても利用され、少なからぬ知見を学界に提供してきた。(5)

この秋審招冊と呼ばれる文書(6)は、秋審の手続きの過程上、清朝中央の司法機関である刑部が作成し、審議にかかわる関係官僚に配布したもので、通常は個々の秋審事案ごとに[i]事案の基礎情報(人犯の名・年齢・籍貫もしくは身分等を記す)、[ii]個々の人犯に対して監候判決が下るまでの経緯、[iii]総督・巡撫等地方長官による秋審の原案が記されるという体裁がとられていた。秋審招冊は前述の中央大学図書館のほか、東京大学東洋文化研究所の大木文庫、京都大学人文科学研究所、東洋文庫といった国内の各研究機関にも収蔵され、全体で九千件近くの事案を確認することができる。そして、中央大学図書館の蔵する『秋審招冊』は、そのうちの約五千件を占めており、国内で閲覧可能な同種の史料としては最多の事案数を抱えるものとなっている。この五千件は、時代的にはすべて清末の光緒年間(一八七五〜一九〇八)後半のものに限定されるが、清朝の統治が終焉を迎える直前の時期における裁判や行刑の運用状況を伝える史料群として、出色の価値を有するものとなっている。

そして、この『秋審招冊』の収録事案の大半は、いわゆる民人(州・県・庁に籍を置く漢族の一般庶民)を対象とするもので占められるが、このほか満洲・蒙古・漢軍の各八旗にかかわる者、内属蒙古や外藩蒙古の住人、イスラーム教徒(回民)などを対象とする事案も百二十件以上収録されている。これらは清朝の多様な人的構成を反映した事案であり、かかる人々に対して、清朝が司法面でいかなる姿勢で臨んでいたのかを実証的に検討する際の一つの手がかりとなりうるものである。とくに秋審に関しては、従来、主として民人を対象とした手続きや具体的案例から研究が進められてきた経緯もあり、その点からもこの清末の『秋審招冊』に収録される非民人人犯の案は貴重な存在とみなすことができるであろう。ただ、この秋審招冊という文書は、その事案の処理を分担した刑部の部局（直隷司・山西司・陝西司・奉天司等の各清理司）ごとに分類製本される慣例となっており、[7] たとえば旗人の案件などをとくに分冊にするような編集方針はとられなかった。このため、かかる人犯の案は膨大な民人案件の中に半ば埋没する状態で収録されることとなり、史料の検索上かなりの不便がともなう状況に置かれていた。編者は先に「清代秋審制度と蒙古人犯―秋審招冊の関連事案を中心として」と題する小文を認めた際、この『秋審招冊』中の蒙古人犯にかかわる案を抽出し、さらにその他の旗人・回民等の案についても一通りの目録情報を得ていたので、今回これを補訂の上公表すれば、その不便をいくらかなりとも解消することができるのではないかと考えるに至った。以下に掲げる中央大学図書館蔵『秋審招冊』所収「蒙古人犯関連事案抄」と「八旗・蒙古・回民等人犯関連事案目録稿」は、このような趣旨から編んだものであり、前者には関連事案の全文を収録し、後者は事案の所在と概要を把握できる構成とした。これらが新たな知見を学界に伝える媒介となり、将来の研究に僅かなりとも裨益するところがあれば幸いである。

（1）秋審制度の概要は、滋賀秀三『清代中国の法と裁判』（創文社、一九八四年）二四―二五頁を参照。

（2）『大清律例』名例律・五刑の条は死刑について、執行の手段による斬（斬首）・絞（絞首）と、手続き上の区分による立決（判決後、即時執行する）・監候（判決後、執行をしばらく待ち、秋審・朝審にかける）の別をそれぞれ定めていた。この監候等の罪名は『大清律例』はもとより『蒙古律例』等の法典中にも確認されるところとなっている。ここでいう監候人犯とは、これら清代の諸法典にもとづく裁判で斬監候・絞監候とされた者のことを指すものとする。

（3）秋審制度が担っていた諸々の機能については、拙稿「清代秋審制度の機能とその実際」（『東洋史研究』第六三巻第一号、二〇〇四年）を参照。

（4）日本で公刊された秋審制度にかかわる諸研究については、赤城美恵子「日本における秋審研究の紹介と今後の課題」（［韓国］中国史学会『中国史研究』第四七輯、二〇〇七年）に詳しい。

（5）中村治兵衛「清末山西の村落の諸様相―秋審招冊よりみたる」（同氏『中国聚落史の研究』刀水書房、二〇〇八年）、拙稿「清代の刑部と秋審文書」（川越泰博編『明清史論集―中央大学川越研究室二十周年記念』国書刊行会、二〇〇四年）、同「清代秋審制度と蒙古人犯―秋審招冊の関連事案を中心として」（中央大学東洋史学研究室編『池田雄一教授古稀記念アジア史論叢』白東史学会、二〇〇八年）。このほか、中村治兵衛氏には本史料を紹介した「中大所蔵の稀刊書『秋審招冊』」（『中央大学図書館だより・研究者用』第一二号、一九八六年）もある。

（6）以下、秋審招冊の概要や制度上の位置づけ、各機関における収蔵状況については、前掲拙稿「清代の刑部と秋審文書」を参照。

（7）光緒三十二年（一九〇六）の官制改革によって刑部が法部に改組された後は、秋審招冊は直隷・各省などの地域ごとに編集されるようになったが、やはり民人とその他の人犯を編集上を区別するという方針はとられなかった。

一　中央大学図書館蔵『秋審招冊』所収「蒙古人犯関連事案抄」

凡例

・ここでは内属・外藩蒙古の住人やその他史料上に「蒙古」と特記される人犯の案十五件を紹介する。
・事案は当該人犯に対して監候判決が下された年次順に配列した。
・中央大学図書館蔵『秋審招冊』では、史料各冊の書根に「秋審招冊　奉天　十八」などと墨書されている。たとえば「奉天第十八冊第十一件」は、この冊の十一件目に収録されている事案であることを示す。ただし、「奉天第十三冊」は錯葉・欠葉が甚だしく、事案に通し番号を付すことが困難なため、件数表記は省いた。

・史料は原文に句読点を付した状態で記載し、左記の［ⅰ］［ⅱ］［ⅲ］の順に段落分けをして示した（一部［ⅲ］の記述を欠く事案も含む）。

［ⅰ］事案の基礎情報（人犯の名・年齢・籍貫もしくは身分等）

［ⅱ］個々の人犯に対して監候判決が下るまでの経緯

［ⅲ］総督・巡撫等地方長官による秋審の原案

・編者が意をもって字句を補った箇所は［ ］によって示した。

・文中の□は、史料の汚損や製本状態などによって判別できない字句を示す。

1 奉天第十八冊第十一件「巴彦倉扎傷帕格身死一案」

［ⅰ］奉天司一起。絞犯壹名巴彦倉即朱葆汶。年肆拾歳。係盛京錫伯蒙古正白旗特克什佐領下間散。

［ⅱ］該刑部等衙門題前事内開。該臣等会同都察院・大理寺会看得。巴彦倉扎傷帕格身死一案。拠黒龍江将軍恩沢咨称。縁巴彦倉即朱葆汶籍隷奉天来至黒竜江。与喇嘛帕格素識無嫌。巴彦倉在帕格家暫住。光緒貳拾貳年陸月初貳日、巴彦倉同帕格上街飲酒、回帰帕格家、犬隻将巴彦倉衣服齩壊。巴彦倉生気罵犬。帕格斥問。巴彦倉未答。帕格咒罵、並揪住巴彦倉髪辮欲殴、経人勧開。帕格辱罵不休。巴彦倉分辯。帕格挙拳奔殴。巴彦倉情急、抽刀扎傷其臍肚倒地。移時殞命。報験審供不諱。巴彦倉即朱葆汶合依闘殴殺人者不問手足他物金刃並絞律、擬絞監候秋後処決。等因。光緒貳拾肆年貳月貳拾伍日題。貳拾柒［日］奉旨。巴彦倉即朱葆汶依擬応絞著監候秋後処決。余依議。欽此。咨行黒龍江将軍、将巴彦倉監候。在案。

[iii] 光緒貳拾伍年秋審。抝黒龍江将軍恩沢会審得。巴彦倉即朱葆才《ママ》因在披甲巴蘭家暫住。後与巴蘭之弟喇麻帕格上街飲酒、共酔回帰。時巴蘭家犬将該犯衣服齩壊。該犯罵犬起釁、興帕格多端、咒罵揪辮争殴、経巴蘭勧止。進屋後帕格仍罵不休。該犯向帕格分辯。帕格並不構理、挙手奔殴。該犯一時情急、恐怕受傷、抽用佩刀将帕格臍肚扎傷。移時身死。彼此倶酔、死者首先奔殴連次、被揪情急、刃器一傷、出於無心。巴彦倉即朱葆才応緩決。等因。具題。奉旨。三法司知道。

2 奉天第十八冊第十四件「拉西殴傷康荃鋝(鎖)身死一案」

[i] 奉天司一起。絞犯壹名拉西即楊喇瑪。年陸拾陸歳。係黒龍江喀爾哈王旗属蒙古。

[ii] 該刑部等衙門題前事内開。該臣等会同都察院・大理寺会看得。拉西殴傷康荃鋝身死一案。抝黒龍江将軍恩沢等咨称。縁蒙古拉西即楊喇瑪与康荃鎖素識無嫌。康荃鎖売水営生。光緒貳拾貳年玖月貳拾陸日、康荃鎖欲在拉西廟外井上安設轤轆汲水。拉西未允。口角争殴、拉西用拳殴傷康荃鎖鼻梁・左顋頬・右顴骨。経人勧散。嗣康荃鎖復找向拉西喊罵不依。拉西分辯。康荃鎖辱罵、並向撲殴。拉西拾木棍殴傷其右脚踝。康荃鎖抵殴拚命。拉西用棍殴傷其額顱連右眉倒地。磕傷頷頦・左右膝連脚腕。当即殞命。拉西起意棄屍滅跡。邀允業西・布爾奴巴図里幇同将屍擡棄水内走回。経屍妻尋獲屍身。報験審供不諱。除業西・布爾奴巴図里等依棄屍不失為従律擬徒外、拉西即楊喇瑪合依闘殴殺人者不問手足他物金刃並絞律、擬絞監候秋後処決。等因。光緒貳拾肆年閏参月初肆日題。初陸日奉旨。拉西即楊喇瑪依擬応絞著監候秋後処決。余依議。欽此。咨行黒龍江将軍、将拉西監候。在案。

[iii] 光緒貳拾伍年秋審。抝黒龍江将軍恩沢会審得。拉西即楊喇嘛看守土地祠。有売水之康荃鎖欲在廟在外井上安設轆轤。該犯不允。因而互相争殴。該犯用拳殴傷康荃鎖鼻梁・左顋頬・右顴骨並研傷頷頦等処、流血不

止。経人勧散。後更初時分康荃鎖復去罵鬧、経業西阻回。三更時候康荃鎖又去喊罵。該犯尚未睡歇、起身出外分辯。康荃鎖出言辱罵、並向撲毆。該犯一時気忿莫歇、順拾旁放木棒、回毆致傷康荃鎖右脚踝。康荃鎖拚命抵毆。該犯復用木棒力毆致傷康荃鎖右額顱接連右眉眼胞上。康荃鎖倒地。研傷左右両膝脚腕等処。已経殞命。先是口角争毆、被人勧息。後因死者両次尋釁前往拚命撲毆。該犯拾用木棒力毆、並非有心致死。拉西即楊喇嘛応緩決。等因。具題。奉旨。三法司知道。

3　奉天第一冊第三件「包荃蒋故殺義子小禿身死一案」

［i］　奉天司一起。絞犯壹名包荃蒋。年陸拾陸歳。係奉天蒙古鑲白旗郡王府下壮丁。

［ii］　拠原任盛京将軍管理刑部事務依克唐阿等審得。包荃蒋故殺義子小禿身死一案。将包荃蒋依律擬絞。等因。光緒貳拾肆年閏参月拾参日題。伍月拾壹日奉旨。三法司核擬具奏。欽此。該臣等会同都察院・大理寺会看得。先拠盛京刑部侍郎英煦咨称。縁包荃蒋与年甫拾壹歳義子小禿素無嫌隙。光緒貳拾年陸月間、包荃蒋因無子嗣、価買小禿為子。小禿生性癡傻、常将屎尿撒在炕上。包荃蒋時加愛教、総未悛改。貳拾壹年肆月貳拾日夜、包荃蒋与小禿同炕睡宿。小禿又溺在炕上。包荃蒋知覚将其喚醒。小禿哭喊。包荃蒋在其腿上連捏両下。小禿更加哭鬧、隋口嚷罵。包荃蒋気極起意致死、取縄纏繞其脖項、用手拉勒、当即気閉殞命。包荃蒋将屍抛棄地内。経人査見屍身。報験獲犯審供不諱。将包荃蒋依故殺乞養子律擬流咨部。経刑部、査故殺乞養子擬流之律、係指恩養年久而言。今包荃蒋抱養小禿為子、過房未及壹年。例以雇工人論。駁令另行妥擬。去後茲擬遵駁改擬具題、包荃蒋合依義子過房在拾伍歳以下恩養未久有殺傷者以雇工人論家長毆雇工故殺者絞候律、擬絞監候秋後処決。査此案並無犯病展限。合併声明。等因。光緒貳拾肆年玖月拾柒日題。拾玖日奉旨。包荃蒋依擬応絞著監候秋後処決。余依議。欽此。咨行盛京刑部侍郎、将包荃蒋監候。在案。

[iii] 光緒貳拾伍年秋審。拠前護理盛京将軍管理刑部事務文興等会審得。包荃得因価買小禿為子。過門後因其生性癡傻、該犯与妻白氏時常打罵。嗣小禿復在炕澈尿。該犯喚醒、哭喊、並隋口嚷罵。該犯忿気殺機、輒用蔴繩纏繞脖項、将小禿勒斃。棄屍地内。獲案審認不諱。逞忿故殺幼孩。包荃得応情実。等因。具題。奉旨。三法司知道。

4 奉天第一冊第三十六件「卓蟻希誘拐唐氏致令羞忿投井身死一案」

[i] 奉天司一起。絞犯壹名卓蟻希。年参拾貳歳。係西辺外図木沁蒙古。

[ii] 該刑部等衙門題前事内開。該臣等会同都察院・大理寺会看得。卓蟻希誘拐唐氏致令羞忿投井身死一案。拠黒龍江将軍恩沢等咨称。縁卓蟻希係図木沁蒙古、来至黒龍江。与唐氏之夫六指爾素識往来。六指爾出外傭工、卓蟻希常在六指爾家寄住。肆月初捌日、唐氏因欲接女回家、令卓蟻希趕車同往。行至中途、卓蟻希見唐氏貌美、陡起淫心。当向唐氏称説、意欲拐逃前往原籍、作為夫婦、唐氏不従。卓蟻希用言恐嚇。唐氏無奈跟随。卓蟻希将唐氏拐至客店打尖。唐氏乗卓蟻希出外、向店主哭訴前情。報経站官、将卓蟻希拏獲、連唐氏一併送省。唐氏羞忿難堪、称欲自尽。経六指爾之弟時加防範、詎唐氏乗間投井殞命。報験審供不諱。査卓蟻希誘拐唐氏、不従、致令羞忿投井身死。例無加重治罪明文。卓蟻希雖係蒙古、惟在内地犯事、応按刑律仍照本例問擬。除唐氏附請旌表外、卓蟻希合依誘拐婦女被誘之人不知情絞例、擬絞監候秋後処決。等因。光緒貳拾肆年拾貳月拾柒日題。拾玖日奉旨。卓蟻希依擬応絞著監候秋後処決。余依議。欽此。咨行黒龍江将軍、将卓蟻希監候。在案。

[iii] 光緒貳拾伍年秋審。拠黒龍江将軍恩沢会審得。卓蟻希前往依普奇屯、与小児等種豆。即在素識之旗丁六指家中常住。六指之妻唐氏央求該犯与其趕駕驢車、前往東図莫台屯、接伊出嫁之女帰寧。行至中途、該犯陡起

淫念、即向唐氏言説、意欲将伊拐帯回籍、作為夫婦。唐氏聞言不従。該犯即用強言恐嚇。硬将唐氏拐、至塔勒哈站投店打尖。該犯出外飲驢之際、唐氏向店主哭訴前情。控経該站官人、将該犯捕獲、擬将唐氏等一併送省、正欲呈逓間、詎唐氏羞愧難当、乗人不防、投井身死。有夫之婦欲覇為妻、用言恐嚇拐逃、以致羞忿自尽。情状強横、蓄意淫悪。卓蟻希応情実。等因。具題。奉旨。三法司知道。

5 直隷第六冊第三十一件「沈澫淋踢傷胡萇汰身死一案」

[i] 直隷司一起。絞犯壹名沈澫淋。年参拾壹歳。係翁牛特旗蒙古人。

[ii] 該刑部等衙門題前事内開。該臣等会同都察院・大理寺会看得。沈澫淋踢傷胡萇汰身死一案。拠陞任熱河都統宗室寿蔭咨称。縁蒙古沈澫淋与胡萇汰素識無嫌。沈澫淋給翁牛特王府看管山場場内堆有柴薪。光緒貳拾参年肆月初拾日夜、胡萇汰装柴薪壹車拉赴隣村変売、路経沈澫淋門首。沈澫淋聴聞柴車声響、出門査看、疑経山場柴薪被窃、追向胡萇汰攔問。胡萇汰斥説誣其為賊当向不依。沈澫淋分辯。胡萇汰不服混罵。沈澫淋回詈。胡萇汰用手殴傷沈澫淋左顴骨。沈澫淋回殴胡萇汰彎身拾石。沈澫淋用脚向踢適傷其左額角連太陽、倒地。㙈傷右額角。移時殞命。報験審供不諱。査沈澫淋雖係蒙古、惟在内地犯事、応按刑律問疑。沈澫淋合依闘殴殺人者不問手足他物金刃並絞律、擬絞監候秋後処決。等因。光緒貳拾伍年貳月拾捌日題。貳拾日奉旨。沈澫淋依擬応絞著監候秋後処決。余依議。欽此。咨行熱河都統、将沈澫淋監候。在案。

[iii] 光緒貳拾伍年秋審。拠熱河都統色楞額会審得。沈澫淋因胡長汰車拉柴薪変売、夜経該犯門首。該犯聴聞柴車声響、出門査看、疑係伊所管王府山場柴薪被窃、追向攔問。胡長汰斥説不応誣窃。該犯分辯。致相罵詈。胡長汰趕攏用手殴傷該犯左顴骨。該犯正欲回殴胡長汰彎身拾石。該犯情急用脚踢傷其左額角連太陽、倒地。移時殞命。身先被殴、脚踢一傷。沈澫淋応緩決。等因。具題。奉□□□□□

6　奉天第四冊第四件「得及得噶拉桑聴従花里啞蓀、夥同托克托呼・約木加卜・花連、聚衆肆逆、謀逼本管盟長色旺諾勒布桑保自縊身死、額力登烏卓勒奉調守護、領兵私逃一案」

[i]　奉天司一起。除凌遅人犯花里啞蓀・斬犯托克托呼・約木加卜・花連均遵旨正法、斬犯得及得噶拉桑另擬緩決外、斬犯壹名額力登烏卓勒即額勒得呢瓦斉爾。年伍拾肆歳。係哲哩木盟図什業図親王旗下蒙古。

[ii]　拠欽差大臣兵部尚書裕徳等審奏。得及得噶拉桑聴従花里啞蓀、夥同托克托呼・約木加卜・花連、聚衆肆逆、謀逼本管盟長色旺諾勒布桑保自縊身死、額力登烏卓勒奉調守護、領兵私逃一案。光緒貳拾捌年肆月拾玖日奉硃批。刑部速議具奏。欽此。該臣等議得。額力登烏卓勒即額勒得呢瓦斉爾並得及得噶拉桑並托克托呼・約木加卜・花里啞蓀・花連、均与色旺諾勒布桑保先無嫌隙。色旺諾勒布桑保承襲図什業図親王、充当哲哩木盟長。得及得噶拉桑係王旗什長。額力登烏卓勒並托克托呼・約木加卜均係王旗台吉。花里啞蓀並弟花連、均係王府奴僕、賞給護衛章京頂戴。先是鄰旗札薩克図王旗匪徒剛保桑保等勾結鬍匪作乱、竄擾附近各旗。該旗人民逃散壹空、羣情震駭。色旺諾勒布桑保当派額力登烏卓勒等、率領壮丁壹百余名、守護王府、挖空戦濠、以為持久之計。台吉・壮丁等懸念家属、久戍思帰、屢求各回游牧、自保身家。色旺諾勒布桑保以賊氛尚熾未允。所請壮丁等由是怨望。光緒貳拾柒年参月間、壮丁等各携鎗械馬匹、同時潰散。時額力登烏卓勒先已回家。壮丁等偕赴額力登烏卓勒寓所、告以前情。額力登烏卓勒並未禁阻、率領潰兵、同赴該旗凱貝勒府屯聚。色旺諾勒布桑保遂以台吉及壮丁人等搶掠官物咨報各旗。台吉噶爾嗎巴咱爾聞信、往向額力登烏卓勒計議。□衆兵潰散、慮恐色旺諾勒布桑保追究問罪、起意羅列肆拾捌款、繕就呈詞、赴副盟長札薩克図王旗控告、以為将来卸罪地歩。色旺諾勒布桑保恐潰兵作乱、遣富明阿等両次前往招撫。額力登烏卓勒等畏罪不敢来帰、並将富明阿等扣留。色旺諾勒布桑保因左右侍従漸次散尽、心懐疑懼、復恐鄰匪麕至無以抵禦、遂帯領葉西達瓦等、深夜潜行出府。携帯快鎗、各騎馬匹、擬赴北京・熱河請兵勦匪。行抵莫勒格格《ママ》根家内暫歇。額力登烏卓

勒等聞知、疑係与伊等為難、即派花里啞蓀・托克托呼・約木加卜等拾貳人追趕、意欲将色旺諾勒布桑保請回、可免請兵問罪。復派花連・得及得噶拉桑、帯領拾余人、分途尾追。沿途台吉・壮丁随声附和者壹百余人。花里啞蓀等復糾約数拾人、奔赴王府、追問去向。適該王福晋等業已逃走。惟王之第□妾尚在府内。花里啞蓀等将該王妾及女僕搶出、捆送屯兵処所。経富明阿将該王妾解救、仍令送回府第。花里啞蓀等並将府内快鎗参拾余桿尽行拏走。因未悉色旺諾勒布桑保逃往何処、稔知散秩扎蘭西朗阿素為色旺諾勒布桑保所信任、貳拾肆日、花里啞蓀等挟令西朗阿同行追趕。維時花連並得及得噶拉桑等拾余人、業已先抵莫勒根格根門外、将業西達瓦喚出、嘱令稟称、閤旗人等請王回府。色旺諾勒布桑保見人多勢衆未敢出見。花蓮知其帯有快鎗、慮恐撃放、逼令業西達瓦悉数索出、復恐乗馬潜逃、令兵丁将馬強行牽去。得及得噶拉桑因伊父扎朗阿禁死黒屋、屍尚未領、懇請領回埋葬。僅止乞恩、此外並無他語。色旺諾勒布桑保伝諭、准許領埋。花里啞蓀等同西朗阿亦即踵至。花連等告以前情。花里啞蓀嘱令□携快鎗、連声施放、以壮威勢。並逼令西朗阿入屋訴述、色旺諾勒布桑保平時駛下暴虐、待兵寡恩、屢斃人命無数、伊父阿揚阿禁死黒屋、冤抑莫伸等詞、意存挟制。色旺諾勒布桑保見囲困之人愈聚愈多、情勢洶洶、漸将逼近、令随行人等各自逃逸。時業西達瓦並未離側。色旺諾勒布桑保随写手諭、引咎自責、令西朗阿持示台吉・壮丁人等伝看。不知被何人撕毀。托克托呼起意嚇逼、声称此時悔過已遅、請早定主意、想活甚難。約木加卜接称、花里啞蓀是奴才、不敢放鎗、我是台吉、待我放鎗撃打。復逼令西朗阿拠実回説。色旺諾勒布桑保令西朗阿央緩須臾。托克托呼又称、早為自裁、死後尚可入墳、若被鎗打死、即難入墳塋。西朗阿被逼転稟。色旺諾勒布桑保復令西朗阿再向婉説、冀延時刻。托克托呼等将西朗阿扣留、不許再往伝語。色旺諾勒布桑保見西朗阿不至、料無生路、用腰帯懸掛屋内棚桿、自縊殞命。台吉・壮丁聞信、同時潰散。信知福晋等、前往査看屍身並無傷痕。即行棺殮。旋即査悉実情、即欲呈報。花里啞蓀等携帯鎗械、環伺左右、懾令捏報病故。協理台吉卓莫白等畏伊兇横、暫報病故、冀免禍患、擬俟将来再行声訴申雪。嗣経副盟長扎薩克図郡王烏泰奏、奉諭旨、派兵部尚書裕徳、馳往査辦。提集犯証、審供不諱。将花里啞蔴比依刁民聚衆閧堂塞署殴官為首例擬以斬梟。托克托呼・約木加卜均依下手殴官例倶擬斬決。花蓮依為従例擬以絞候。得及得噶拉桑於花蓮絞罪上量減擬流。額力登烏卓勒依官軍逃往他所例加等擬徒、従重改発交駅当差。等因。具奏。経刑部査花里啞蔴以王府奴僕、輒与托克托呼・約木加卜糾同花連・得及得噶拉桑、搶奪王妾、囲困王居、逼令該王色旺諾勒布桑保自裁、実属蓄謀肆逆、与尋常威逼釀命不同。按奴僕謀殺家長罪干凌遅、其聚衆搶奪王妾罪止斬決、応従重定擬。托克托呼・約木加卜均係台吉、色旺諾勒布桑保係托克托呼等本管盟長。即与軍士之於本管官無異。未便以謀殺本管官之案牽引下手殴官之条。花蓮亦係奴僕、同悪相済、惟並未預謀害命。得及得噶拉桑雖始終在場、惟尚無逼迫重情。衡情酌断、応分別量減為斬決・斬候。額力登烏卓勒奉派守護王府、率兵私逃、不受招撫、以致釀成重案。応照随勦兵丁私逃例量減問擬。該尚書将花里啞蔴・花蓮分別擬以斬梟・絞候、得及得噶拉桑減等擬流、殊渉軽縦。托克托呼・約木加卜依下手殴官例擬以斬決、罪名雖無出入、引断究未允協。額力登烏卓勒加等擬徒、□為加重、実転従軽。均応一律更正。除台吉噶爾嗎巴咱爾曁随行台吉・壮丁人等、択其重要、緝獲另結、卓莫白等免議外、花里啞蔴応改照奴婢謀殺家長与子孫同謀殺祖父母父母已殺者凌遅処死律擬以凌遅処死。托克托呼・約木加卜応改依軍士謀殺本管官已殺者皆斬律倶擬斬立決。花連応於花里啞蔴凌遅処死罪上減為斬立決。得及得噶拉桑応於花連斬決罪上量減為斬監候。額力登烏卓勒即額得呢瓦斉爾応改照随《ママ》蔴兵丁私逃斬立決例量減為斬監候。倶秋後処決。等因。光緒貳拾捌年伍月拾参日奏。奉旨。花里啞蔴着即凌遅処死。托克托呼・約木加卜・花連均着即処斬。余依議。欽此。咨行盛京将軍、将花里啞征《ママ》・托克托呼・約木加卜・花連均正法、得及得噶拉桑・額力登烏卓勒倶監候。□案。

[iii]　光緒貳拾玖年秋審。拠盛京将軍管理刑部事務増祺会審得。額力登烏卓勒即額勒得呢瓦斉爾係台吉。得及得

噶拉桑充当什長。因該旗匪徒搶掠、人民逃散。該王派令達台吉額力登烏卓勒即額勒得呢瓦斉爾等率兵守護王府。而賊仍在該旗焚掠。該台吉・壮丁等思念家属、屢求回家、不允。壮丁等倶各懐怨。嗣各携軍械馬匹等物潰散、赴該台吉寓所、向告商同躲避。該王見軍械等物皆無、逐以搶掠等情分報各旗。小達台吉噶爾嗎巴咱爾与額力登烏卓勒羅列該王多款控告、欲卸罪名。該王因遣人招撫潰兵未散、復率家人暗自逃走。額力登烏卓勒等派花里雅蓀《ママ》・托克托呼・約木加卜等、復令花連・得及得噶拉桑等分途、将王請回、免生不測之禍。花連等及沿途猝集之□余人、至莫勒根格根家門首、稟報請王回府。該王見人衆不測、不敢与見。花連将王鎗馬要出、以為王必回府。得及得噶拉桑因父扎朗阿被王禁死黒屋、欲領屍身回葬。該王亦准。花里亜蓀《ママ》等率領多人踵至、詢知前情、分携快鎗、喊放。囲困之人逾多。托克托呼・約木加卜等多方威嚇、逼令該王自裁。該王央緩須臾、不允、遂致該王自縊殞命。花里亜蓀等回府、捏報該王病故。嗣被提省訊認不諱。除花里亜蓀・托克托呼・約木加卜・花連等分別凌遅・梟示、得及得噶拉桑另擬緩決外、該旗匪徒焚掠未能守護、旋即率兵潰散。雖由久戍思帰所致、惟連次招撫不至、並商謀捏控該王肆拾捌款。罪無可逭。額力登烏卓勒即額勒得呢瓦斉爾応情実。等因。具奏。奉硃批。刑部議奏。

7 奉天第九冊第一件「得及得噶拉桑聴従花里啞蓀、夥同托克托呼・約木加卜・花連、聚衆肆逆、謀逼本管盟長色旺諾勒布桑保自縊身死、額力登烏卓勒奉調守護、領兵私逃一案」

[i] 奉天司一起。除凌遅人犯花里啞蓀・斬犯托克托呼・約木加卜・花連均遵旨正法、斬犯額力登烏卓勒另擬情実外、斬犯壹名得及得噶拉桑。年肆拾歳。係哲哩木盟図什業図親王旗下蒙古。

[ii] 抄欽差大臣兵部尚書裕徳等審奏。得及得噶拉桑聴従花里啞蓀、夥同托克托呼・約木加卜・花連、聚衆肆逆、謀逼本管盟長色旺諾勒布桑保自縊身死、額力登烏卓勒奉調守護、領兵私逃一案。光緒貳拾捌年肆月拾玖

日奉硃批。刑部速議具奏。欽此。該臣等議得。得及得噶拉並《ママ》桑額力登烏卓勒即額勒得呢瓦斉爾並托克托呼・約木加卜・花里啞蓀・花連、均与色旺諾勒布桑保先無嫌隙。色旺諾勒布桑保承襲図什業図親王、充当哲哩木盟長。得及得噶拉桑係王旗什長。額力登烏卓勒並托克托呼・約木加卜均係王旗台吉。花里啞蓀並弟花連均係王府奴僕、賞給護衛章京頂戴。先是鄰旗札薩克図王旗匪徒剛保桑保等勾結鬍匪作乱、竄擾鄰近各旗。該旗人民逃散壹空、羣情震駭。色旺諾勒布桑保当派額力登烏卓勒等、率領壮丁壹百余名、守護王府、挑空戦濠、以為持久之計。台吉・壮丁等思念家属、久戍思帰、屢求各回游牧、自保身家。色旺諾勒布桑保以賊氛尚熾未允。所請壮丁等由是怨望。光緒貳拾柒年参月間、壮丁等各携鎗械馬匹、同時潰散。時額力登烏卓勒先已回家。壮丁等偕赴額力登烏卓勒□所、告以前情。額力登烏卓勒並未禁阻、率領潰兵、同赴該旗凱貝勒府屯聚。色旺諾勒布桑保遂以台吉及壮丁人等搶掠官物咨報各旗。台吉噶爾嗎巴咱爾聞信、往向額力登烏卓勒計議。因衆兵潰散、慮恐色旺諾勒布桑保追究問罪、起意羅列肆拾捌款繕就呈詞、赴副盟長札薩克図王旗控告、以為将来卸罪地歩。色旺諾勒布桑保恐潰兵作乱、遣富明阿等両次前往招撫。額力登烏卓勒等畏罪不敢来帰、並将富明阿等扣留。色旺諾勒布桑保因左右侍従漸次散尽、心懐疑懼、復恐鄰匪蠶至無以抵禦、遂帯領葉西達瓦等、深夜潜行出府。携帯快鎗、各騎馬匹、擬赴北京・熱河、請兵勦匪。行抵莫勒根格根家内暫歇。額力登烏卓勒等聞知、疑係与伊等為難、即派花里啞蓀・托克托呼・約木加卜等拾貳人追趕、意欲将色旺諾勒布桑保請回、可免請兵問罪。復派花連・得及得噶拉桑、帯領拾余人、分途尾追。沿途台吉・壮丁随声附和者壹百余人。花里雅《ママ》蓀等復糾約数拾人、奔赴王府、追問去向。適該王福晋等業已避走。惟王之第参妾尚在府内。花里啞蓀等将該王妾及女僕搶出、捆送屯兵処所。経富明阿将該王妾解救、仍令送回府第。花里啞蓀等並将府内快鎗参拾余桿尽行挐走。因未悉色旺諾勒布桑保逃往何処、稔知散秩扎蘭西朗阿素為色旺諾勒布桑保所信任、貳拾肆日、花里啞蓀等挟令西朗阿同行追趕。維時花連並得及得噶拉桑等拾余人、業已先抵莫勒根格根門外、将業西達瓦喚出、嘱令稟称、閤旗人等請王回府。色旺諾勒布桑保見人多勢衆未敢出見。花蓮知其帯有快鎗、慮恐撃放、逼令業西達瓦悉数索出、復恐乗馬潜逃、令兵丁将馬強行牽去。得及得噶拉桑因伊父扎朗阿禁死黒屋、屍尚未領、懇請領回埋葬、僅止乞恩。此外並無他語。色旺諾勒布桑保伝諭、准許領埋。花里啞蓀等同西朗阿亦即踵至。花連等告以前情。花里啞蓀嘱令各携□鎗、連声施放、以壮威勢。並逼令西朗阿入屋訴述、色旺諾勒布桑保平時馭下暴虐、待兵寡恩、屢斃人命無数。伊父阿揚阿禁死黒屋、冤抑莫伸等詞、意存挟制。色旺諾勒布桑保見囲困之人愈聚愈多、情勢洶洶、漸将逼近、令随行人等各自逃逸。時業西達瓦並未離側。色旺諾勒布桑保随写手諭、引咎自責、令西朗阿持示台吉・壮丁人等伝看。不知被何人撕毀。托克托呼起意嚇逼、声称此時悔過已遅、請早定主意、想活甚難。約木加卜接称、花里啞蓀是奴才不敢放鎗、伊是台吉待我放鎗撃打。復逼令西朗阿拠実回話。色旺諾勒布桑保令西朗阿央緩須臾。托克托呼又称、早為自裁、死後尚可入墳、若被鎗打死、即難入墳塋。西朗阿被逼転稟。色旺諾勒布桑保復令西朗阿再向婉説、冀延時刻。托克托呼等将西朗阿扣留、不許再往伝語。色旺諾勒布桑保見西朗阿不至、料無生路、用腰帯懸掛屋内棚桿、自縊殞命。台吉・壮丁聞信、同時潰散。信知福晋等、前往査看、屍身並無傷痕、即行棺殮。旋即査悉実情、亟欲呈報。花里啞蓀等携帯鎗械、環伺左右、懾令捏報病故。協理台吉卓莫白等畏伊兇横、暫報病故、冀免禍患、擬俟将来再行声訴申雪。嗣経副盟長扎薩克図郡王烏泰奏、奉諭旨、派兵部尚書裕徳、馳往査辦。提集犯証、審供不諱。将花里啞蓀比依刁民聚衆哄堂塞署殴官為首例擬以斬梟。托克托呼・約木加卜均依下手殴官例倶擬斬決。花蓮依為従例擬以絞候。得及得噶拉桑於花蓮絞罪上量減擬流。額力登烏卓勒依官軍逃往他所例加等擬徒、従重改発交駅当差。等因。具奏。経刑部査花里啞蓀係王府奴僕。輒与托克托呼・約木加卜糾同花連・得及得噶拉□、搶奪王妾、囲困王居、逼令該王色旺諾勒布桑保自裁、実属蓄謀肆逆、与尋常威逼醸命不同。査奴僕謀殺家長罪干凌遅、其聚衆搶奪王妾罪止斬決、応従重定擬。托克托呼・約木加卜均係台吉、色旺諾勒布桑保係托克托呼等本管盟長。即与軍士之於本管官無異、未便以謀殺本管官之案牽引下手殴官之条。花蓮亦係奴僕、同悪相済、惟並未預謀害命。得及得噶拉桑雖始終在場、惟尚無逼迫重情。衡情酌断、応分別量減為斬決・斬候。額力登烏卓勒奉派守護王府、率兵私逃、不受招撫、以致醸成重案。応照随勦兵丁私逃例量減問擬。該尚書将花里雅蓀・花連分別擬以斬梟・絞候、得及得噶拉桑等擬流、殊渉軽縦。托克托呼・約木加卜依下手殴官例擬以斬決、罪名雖無出入、引断究未允協。額力登烏卓勒加等擬徒、名為加重、実転従軽。均応一律更正。除台吉噶爾嗎巴咱爾曁随行台吉・壮丁人等、択其重要、緝獲另結、卓莫白等免議外、花里啞蓀応改照奴婢謀殺家長与子孫同謀殺祖父母父母已殺者凌遅処死律擬以凌遅処死。托克托呼・約木加卜応改依軍士謀殺本管官已殺者皆斬律倶擬斬立決。花連応於花里啞蓀凌遅処死罪上減為斬立決。得及得噶拉桑応於花連斬決罪上量減為斬監候。額力登烏卓勒即額得呢瓦斉爾応改照随征兵丁私逃斬立決立［例］上量減為斬監候。倶秋後処決。等因。光緒貳拾捌年伍月拾参日奏。奉旨。花里啞蓀着即凌遅処死。托克托呼・約木加卜・花連均着即処斬。余依議。欽此。咨行盛京将軍、将花里啞蓀・托克托呼・約木加卜・花連均正法、得及得噶拉桑・額力登烏卓勒倶監候。在案。

［iii］ 光緒貳拾玖年秋審。拠盛京将軍管理刑部事務増祺会審得。得及得噶拉桑充当什長。額力登烏卓勒即額勒得呢瓦斉爾係台吉。因該旗匪徒搶掠、人民逃散。該王派令達台吉額力登烏卓勒即額勒得呢瓦斉爾等率兵守護王府。而賊仍在該旗焚掠。該台吉・壮丁等思念家属、屢求回家、不允。壮丁等倶各懐怨。嗣各携軍械馬匹等物潰散、赴該台吉寓所、向告同躱避。該王見軍械等物□□□搶掠等情分報各旗。小達台吉噶爾嗎巴咱爾与額力登烏卓勒羅列該王多款控告、欲卸罪名。該王因遣人招撫、潰兵未散、復率家人、潜自逃走。額力登烏卓勒等派花里啞蓀・托克托呼・約木加卜等、復令花連・得及得噶拉桑等分途、将王請回、免生不測之禍。花連等及沿途猝集之百余人、至莫勒根［格根］家門首、声称請王回府。該王見人衆不測、不敢与見。花連将王鎗馬要

出、以為王必回府。得及得噶拉桑因伊父扎朗阿被王禁死黒屋、欲領屍身回葬。該王亦准。花里啞蓀等率領多人踵至、詢知前情、各携快鎗喊放。囲困之人逾多。托克托呼・約木加卜等多方威嚇、逼令該王自裁。該王央緩須臾、不允、遂致該王自縊殞命。花里啞蓀等回府、捏報該王病故。嗣経提省訊認不諱。除花里雅蓀・托克托呼・約木加卜・花連等分別凌遅・梟示、額力登烏卓勒即額拉得呢瓦斉爾另擬情実外、該犯雖始終在場、並無逼迫重情。即懇領其父屍骸、亦無不合。得及得噶拉桑応緩決。等因。具奏。奉硃批。刑部議奏。

8 山西第七冊第一件「曼済致傷洛布桑哈爾察噶身死一案」

[i] 山西司一起。絞犯壹名曼済。年肆拾参歳。係阿爾泰烏梁海右翼総管瓦斉爾札布旗下錦□牛彔人。

[ii] 該理藩院等衙門奏前事内開。該臣等会同刑部・都察院・大理寺会看得。曼済致傷洛布桑哈爾察噶身死一案。拠科布多参賛大臣瑞洵咨称。縁蒙古曼済与喇麻洛布桑哈爾察噶素好無嫌。洛布桑哈爾察噶賒欠曼済肉銀壹両伍銭未還。光緒貳拾参年貳月拾壹日、曼済同妻弟庫什噶往向洛布桑哈爾察噶索討前欠、洛布桑哈爾察噶不給、彼此口角。洛布桑哈爾察噶用鉄鍋撑向殴、曼済情急挐鍋撑擲殴、致傷其頭肩等処、倒地。移時殞命。報験審供不諱。査曼済致傷洛布桑哈爾察噶身死、蒙古例内並無治罪専条。応按刑律問擬。除庫什免議外、曼済合依闘殴殺人者不問手足他物金刃並絞律、擬絞監候秋後処決。等因。光緒貳拾捌年柒月貳拾伍日奏。奉旨。依議。欽此。咨行科布多参賛大臣、将曼済監候。在案。

9 山西第七冊第十九件「斉密特策業彭楚克姜布拉諾爾布搶奪牲畜十匹以上並旺丕勒聴従結夥十人以上搶奪一案」

[i] 山西司一起。斬犯参名斉密特策業。年陸拾歳。彭楚克。年伍拾貳歳。姜布拉諾爾布。年伍拾捌歳。絞犯壹

名旺丕勒。年陸拾伍歳。均係車臣漢盟扎薩克桑薩頼多爾済旗下蒙古。

[ii] 該理藩院等衙門奏前事内開。該臣等会同刑部・都察院・大理寺会看得。斉密特策業・彭楚克・姜布拉諾爾布搶奪牲畜十四以上、並旺丕勒聴従結夥十人以上搶奪一案。拠庫倫辦事大臣豊伸阿咨称。縁蒙古斉密特策業・彭楚克・姜布拉諾爾布・喇麻旺丕勒、均先未為匪。該旗扎薩克並台吉官員及蒙古等、平素負欠商民、賑目甚多。拳匪之乱、俄兵入境、人心惶懼。台吉人等均思乗乱昧頼賑目。光緒貳拾陸年閏捌月間、旺丕勒素識之俄人巴什里等三人帯鎗至該旗、与台吉巴図撞遇。巴図盤問巴什里、呈験獲[護]照、係属俄商。並称、係奉該国阿克沙衙門之命来此、駆逐民人、察看財物。巴図当即放行、因所言与護照不符、令黒人綽克赴印務処呈報。巴什里等旋赴旺丕勒家、告知前情。旺丕勒供給食羊、復為帯雇馬匹。嗣綽克復同巴什里等至章京汪沁家住宿。綽克至印務処、協理台吉達什多鼐・棍布阿拉布登聞報、正擬派人答覆。巴什里等踵至。達什多鼐詰問。巴什里堅称、委係駆逐民人、如不即行、馬隊旋即北来。達什多鼐等伝集商民暁諭。巴什里用鎗威嚇、発給蒙衆烏拉票、分途追逐。商民均各驚懼。初玖日、商民携帯牲畜貨物南遁。斉密特策業追至中途、起意糾允黒人棍布等搶奪得贓分用。行抵該処、斉密特策業並向商民誑称、俄兵趕来不遠。商民驚避。斉密特策業乗間搶得牲畜財物多件、与棍布等均分。維時、巴什里与達什多鼐等並典儀官阿里雅珠・黒人瑪克索爾、至商民居住之処、見蒙衆麕集。巴什里等喊令分取財物。蒙衆肆行搶奪、並将房屋焼毀。達什多鼐等並未弾圧禁阻。彭楚克亦於是日起意、糾允図盟巴雅爾、於中途攔阻商民、嚇取羊参百余隻。巴什里令瑪克索爾等跟同至客民義興魁等家、取去財物多件。仍至旺丕勒家、分給貨櫝馬匹等件。旺丕勒収受隠匿。拾壹日、姜布拉諾爾布於中途起意、糾允普沁等、嚇取商民羊陸百有余隻・牛参拾柒隻、俵分各散。経該大臣訪聞獲犯、査明被失貨物牲畜、飭令結算攤賠。並移知俄領事派員会同審供不諱。査斉密特策業・彭楚克・姜布拉諾爾布搶奪牲畜均在拾匹以上。訊係各自起意、応各以為首論。旺丕勒雖未同行搶奪、惟事前勾通巴什里等、縦令蒙衆肆行劫掠、事

後復分受多贓。核与為従無異、亦応按例科断。除俄人巴什里等送回該国辦理、黒人棍布図盟巴雅爾・普沁・綽克等拾玖人依搶奪為従例分別擬以遣軍、瑪克索爾擬徒、台吉棍布阿拉布登・巴図均革去、台吉巴図交別旗管束、章京旺沁・棍布扎蘭・烏拉木吉雅爾革去、章京扎蘭・旺沁罰三九牲畜、典儀官阿里雅珠・拉呢爾巴睢林丕勒坎革去差使枷責管束、貝子銜桑薩頼多爾済革職撤去扎薩克留任察看、台吉達什多鼐病故外、斉密特策業・彭楚克・姜布拉諾爾布均合依蒙古搶奪牲畜十匹以上為首斬例、擬斬監候、旺丕勒合依蒙古搶奪糾夥十人以上為従絞例、擬絞監候、倶秋後処決。等因。光緒貳拾捌年拾貳月貳拾貳日奏。奉旨。依議。欽此。咨行庫倫辦事大臣、将斉密特策業・彭楚克・姜布拉諾爾布・旺丕勒倶監候。在案。

10 奉天第十三冊「趙甸潰鎗傷趙必身死一案」

[i] 奉天司一起。斬犯壹名趙甸潰。年貳拾参歳。係蒙古達爾罕王旗下人。

[ii] 抄前任盛京将軍管理刑部事務増祺等審奏。趙甸潰鎗傷趙必身死一案。将趙甸潰依律擬斬。等因。光緒貳拾玖年拾貳月拾玖日奉硃批。刑部議奏。欽此。該臣□□□□□□趙必素好無嫌。彼此地畝毘連。光緒貳拾捌年拾月間、趙必在趙甸潰地辺栽樹。趙甸潰瞥見理論、争吵勧散。初柒日、趙必仍行栽種。趙甸潰氣忿、同兄趙甸相往向評理。趙必不服混罵。趙甸潰回詈。趙必用洋礟向放。趙甸潰用鉄鎬将礟格落。趙必拾礟。趙甸潰毆傷其脳後・左耳根連耳垂。趙甸相用槍連扎傷其脊背。趙必扭住趙甸相髪辮、撞頭拚命。趙甸潰情急、拾礟嚇放、致傷其左右骸、鬆手倒地、移時殞命。首験審供不諱。査趙必身受各傷、惟□被趙甸潰用洋鎗轟傷左右骸為重。洋礟与鳥鎗無異。自応按律問擬。除趙甸相免緝外、趙甸潰合依因争鬪擅将鳥鎗施放殺人以故殺論故殺者斬律、擬斬監候秋後処決。恭逢光緒参拾年正月拾伍日恩詔。事犯在正月初壹日以前、係火器殺人不准援免。等因。光緒参拾年参月初陸日奏。奉旨。依議。欽此。咨行盛京刑部侍郎将趙甸潰監候。嗣届参拾壹年秋

審。経□□奏准停辦。在案。此起斬犯趙甸潰遵照新章、改（以下史料の汚損と欠葉のため不明）

11 奉天第十一冊第十三件「赫萌得偸窃馬参拾匹以上一案」

[i] 奉天司一起。絞犯壹名赫萌得。年陸拾肆歳。係土默特貝子旗下蒙古。

[ii] 該理藩院等衙門奏前事内開。該臣等会同都察院・大理寺会看得。赫萌得偸窃馬参拾匹以上一案。拠原任吉林将軍長順咨称。蒙古赫萌得先未為匪。光緒貳拾肆年貳月拾捌日、赫萌得与于二成子遇道。貧難赫萌得起意偸馬。于二成子允従。即於是日偕至台吉色得勒吉家馬羣牧放処所。見馬匹無人看守、遂窃得馬参拾貳匹、与于二成子俵分、赫萌得分得馬拾捌匹。先後売与不知姓名人拾貳匹、得銭花用。剰馬六匹、牽至左金梁家、告知窃情、称欲変売。左金梁貪図便宜、将馬如数買下付給中銭捌拾千文。赫萌得携銭逃逸。後経事主認明贓馬、将赫萌得拏獲送県。審供不諱。除為従罪応擬絞之于二成子緝獲另結、左金梁擬枷援免外、赫萌得合依偸窃蒙古牲畜三十匹以上不分首従均絞例、擬絞監候。恭逢光緒参拾年正月拾伍日恩詔。事犯在正月初壹日以前、係糾夥偸窃蒙古牲畜三十匹以上不准援免、仍照奏定章程、酌入秋審緩決。等因。光緒参拾年参月拾玖日奏。奉旨。依議。欽此。咨行吉林将軍、将赫萌得監候。在案。

[iii] 光緒参拾壹年秋審。拠署吉林将軍富順会審得。赫萌得先未為匪。嗣該犯与在逃之于二成子遇道。貧難該犯起意偸馬。于二成子允従。即於是月同夥貳人各携縄索、偕至蒙界。見蒙古台吉色得勒吉家馬羣在彼牧放、与于二成子窃得雑色馬参拾匹、用縄聯住、牽至空地、俵分各散。該犯将分得馬匹先後売与不知姓名人拾貳匹、得銭陸続花用。後該犯将売剰馬贓陸匹、牽至左金樑家、告知窃情、声称欲将馬匹変売。左金樑貪賤、将馬買下付給銭文。該犯拏銭逃避。当被獲案。除于二成子緝獲另結外、糾窃蒙畜匹数較多。恭逢恩詔、奏明酌入緩

決。赫萌得応緩決。等因。具奏。奉硃批。刑部議奏。

12 陝西第三冊第十四件「畢克土木爾因謀殺誤殺張荃鈺身死一案」

［i］陝西司一起。斬犯壹名蒙古喇嘛畢克土木爾。年肆拾壹歳。係土默特左翼札薩克貝勒車林納木済勒旗下人。

［ii］該理藩院等衙門奏前事内開。該臣等会同刑部・都察院・大理寺会看得。畢克土木爾因謀殺誤殺張荃鈺身死一案。拠前任庫倫大臣豊陞阿咨称。縁蒙古喇嘛畢克土木爾与張荃鈺素識無嫌。畢克土木爾向在庫倫俄商舗内傭工。光緒貳拾玖年閏伍月初壹日、畢克土木爾向王元舗内買取洋火、王元答称不売、彼此口角。王元用木棍向畢克土木爾殴打未傷、各散。参更時、畢克土木爾携帯洋鎗巡夜、憶及王元争殴之嫌、起意将王元用鎗轟死。潜至王元房外、従窓隙窺見炕上有貳人、対坐一人貌似王元、当即用鎗向窓内開放、致誤轟傷張荃鈺。登時殞命。報験獲犯審供不諱。査畢克土木爾因謀殺王元放鎗誤傷張荃鈺身死、蒙例並無治罪明文。応按刑律照故殺問擬。除王元擬杖援免外、畢克土木爾合依因謀殺人而誤殺旁人以故殺論故殺者斬律、擬斬監候秋後処決。恭逢光緒参拾年正月拾伍日恩詔、事犯在正月初壹日以前、係因謀殺放鎗誤殺旁人不准援免。等因。光緒参拾年拾壹月拾肆日奏。奉旨依議。欽此。咨行庫倫大臣、将畢克土木爾監候。在案。此起斬犯畢克土木爾遵照新章改為絞候。

13 直隷第十冊第五件「喇嘛李莨戒謀殺白達拉瑪（嗎）身死一案」

［i］直隷司一起。絞犯壹名李莨戒。年貳拾捌歳。係熱河鑲黄旗蒙古。

［ii］該理藩院等衙門奏前事内開。該臣等会同刑部・都察院・大理寺会看得。喇嘛李莨戒謀殺白達拉瑪身死一案。拠陞任熱河都統松寿咨称。縁李莨戒与白達拉嗎先無嫌隙。李莨戒自幼出家、投排李密瑪為師、充当喇

嘛。白達拉嗎係李莨戒師弟。嗣李莨戒不務正業白達拉嗎向李密瑪告述、将李莨戒攆逐。李莨戒另尋別廟住持。従此与白達拉嗎有嫌。光緒貳拾肆年柒月間、李密瑪外出誦経、令白達拉嗎在外看守。参拾日、李莨戒聴戲回帰、欲往李密瑪廟内寄宿、在外叫門。白達拉嗎不応。李莨戒撥門進院、走入屋内。白達拉嗎瞥見不悦。李莨戒亦未理会、欲盛喫剩飯。白達拉嗎声称、李莨戒無臉不譲喫食。李莨戒分辯。白達拉嗎不服斥罵。李莨戒忍氣就寝、憶及白達拉嗎屢次刻薄、先時被師攆逐亦由白達拉嗎挑唆所致。愈思愈恨、起意致死洩忿。肆更時、聴聞白達拉嗎睡熟、李莨戒起身、将其両手按住用帯綑縛。白達拉嗎驚覚撑拒。李莨戒用脚抵按。白達拉嗎掙扎。李莨戒取縄扣套其項脖、用力狠勒。移時氣閉殞命。李莨戒起意棄屍滅迹、将屍背棄高糧地内撩棄走回。経李密瑪尋獲屍身報験審供不諱。李莨戒合依謀殺人造意者斬律、擬斬監候、照章改為絞監候秋後処決。恭逢光緒参拾年正月拾伍日恩詔。事犯在正月初壹日以前、係謀殺不准援免。等因。光緒参拾貳年伍月参拾日奏。奉旨。依議。欽此。咨行熱河都統、将李莨戒監候。在案。

[iii] 光緒参拾貳年秋審。抛熱河都統廷杰会審得。李莨戒因在廟充当喇嘛不務正業、経伊師弟白達拉嗎向其師告知、攆逐出廟。另尋一廟住持。嗣該犯聴戲夜帰、往李密瑪廟内寄宿。適李密瑪外出、白達拉嗎声言、該犯無臉。該犯分辯、被罵忍氣、各自就寝。該犯憶及前嫌、起意将白達拉嗎致死洩忿。聴得白達拉嗎睡熟、遂起身、用帯縛其両手。白達拉嗎驚覚撑拒。該犯又用左脚踝抵按。白達拉嗎掙扎不脱。該犯即用壁土挂縄扣套白達拉嗎脖項、用力很勒。白達拉嗎在炕滾動、移時殞命。挟嫌謀殺。李莨戒応情実。等因。具奏。奉硃批。刑部議奏。

14 奉天第六冊第二十六件「王荃才毆傷韓二等身死一案」

[i] 奉天省一起。絞犯壹名王荃才。年貳拾玖歳。係哈爾沁王管下蒙古旗人。

［ii］ 拠調任奉天総督趙爾巽審奏。王荃才殴傷韓二等身死一案。将王荃才依律擬絞。等因。光緒参拾貳年伍月初壹日奉硃批。刑部議奏。欽此。該臣等会同理藩院議得。蒙古王荃才与蒙古韓二等素好無嫌。彼此均傭給人家傭工。光緒参拾年拾月参拾日、王荃才同韓二等赴山拾柴。韓二等在山躺臥。王荃才斥説懶惰。韓二等不服混罵。王荃才回詈。韓二等用棍向殴。王荃才携木棒殴傷其顖門、韓二等撞頭拚命。王荃才情急用棒嚇殴適傷其顖門、倒地。至拾壹月初壹日殞命。報験審供不諱。王荃才合依闘殴殺人者不問手足他物金刃並絞律、擬絞監候秋後処決。等因。光緒参拾貳年陸月拾肆日奏。奉旨。依議。欽此。咨行奉天総督、将王荃才監候。在案。

［iii］ 光緒参拾参年秋審。拠調任奉天総督趙爾巽会審得。王荃才与韓二等無嫌。均在王有福家傭工。嗣該犯与韓二等赴山拾柴。韓二等躺臥。該犯向斥、被罵回詈。韓二等用棍向殴。該犯用棒殴傷其顖門。韓二等拚命。該犯情急、又殴傷其顖門近下、倒地。越壹日殞命。死先詈殴、械係他物。王荃才応緩決。等因。具奏。奉硃批。法部議奏。

15 庫倫・黒龍江・吉林（全一冊）第二件「薩木丹鎗傷布彦図身死一案」

［i］ 庫倫一起。絞犯壹名蒙古薩木丹。年参拾貳歳。係車臣漢部落貝子銜公昌哩克多爾済旗台吉那木薩賚属下。

［ii］ 該理藩部等衙門奏前事内開。該臣等会同法部・都察院・大理院会看得。薩木丹鎗傷布彦図身死一案。拠庫倫大臣延祉咨称。縁蒙古薩木丹与布彦図素識無嫌。布彦図係民人本名王子貞。薩木丹游牧度日。光緒貳拾壹年伍月貳拾日、薩木丹与布彦図撞遇、布彦図向薩木丹索討伊父生前欠債。薩木丹央緩、不允、致相口角。布彦図欲行牽馬抵欠。薩木丹情急、取鳥鎗従後将其放傷。越月殞命。報験審供不諱。査蒙古薩木丹用鳥鎗轟傷布彦図身死。蒙例並無治罪明文。応按刑律問擬。薩木丹合依因争闘擅将鳥鎗施放殺人以故殺論故殺者斬律、擬斬監候。照章改為絞監候秋後処決。恭奉光緒貳拾陸年参拾年恩詔。係火器殺人不准援免。等因。光緒参拾

肆年参月貳拾玖日奏。奉旨。知道了。欽此。咨行庫倫大臣、将薩木丹監候。在案。

二　中央大学図書館蔵『秋審招冊』所収「八旗・蒙古・回民等人犯関連事案目録稿」

凡例

・ここでは一般の民人（史料上に「某々県人」「某州人」などと記される者）とは異なる扱いを受けている人犯の案百二十六件について、「収録箇所」「事案の表題」「中央への報告者」「罪人の原籍・身分等」「監候判決が下った年」「律例等の適用に関する文言」「秋審にかけられた年」「地方長官による秋審の原案」を表のかたちでまとめた。

・事案の「収録箇所」の表記法は「蒙古人犯関連事案抄」と同じである。

・「事案の表題」「罪人の原籍・身分等」「律例等の適用に関する文言」「地方長官による秋審の原案」の各項は、原則的に史料の表記をそのまま転写した。編者が意をもって字句を補った箇所は［　］によって示し、文中の□は、史料の汚損や製本状態などによって判別できない字句を示している。史料の体裁上、あるいは欠葉によって一部の情報を欠くものは、その旨、表中に（　）によって注記した。

・配列は、まず事案を中央に届けた総督・巡撫・将軍等の官職ごとにまとめ、さらに監候判決の下された年次順に並べた。

中央大学図書館蔵『秋審招冊』所収「八旗・蒙古・回民等人犯関連事案目録稿」

[表の構成]

収録箇所	事案の標題	
	中央への報告者	罪人の原籍・身分等
	監候判決が下った年	律例等の適用に関する文言
	秋審にかけられた年	地方長官による秋審の原案

[直隷総督]

直隷第4冊第27件	「修盆仔致傷劉洛蘭身死一案」	
	直隷総督	直隷保定府清苑県屯居鑲紅旗漢軍不記佐領下旗人
	光緒23年	闘殴殺人者不問手足他物金刃並絞律
	光緒24年	釁起護父、傷無損折。惟奪刀在手、死者撲殴、情回互闘。修盆仔応緩決。

直隷第23冊第28件	「辛子把聴従謀殺辛淮身死下手加功一案」	
	直隷総督	直隷保定府雄県回民
	光緒23年	謀殺人従而加功者絞律
	光緒24年	窃匪挟嫌、聴従謀命、下手加功。恭逢恩詔、経部奏明不准援免。辛子把応情実。

直隷第1冊第35件	「蘇澱砍傷陳葆株仔身死一案」	
	直隷総督	直隷保安州屯居鑲白旗漢軍徳珍佐領下人
	光緒24年	闘殴殺人者不問手足他物金刃並絞律
	光緒24年	身先受傷、死由抵禦。即另傷其兄亦属軽罪不議。蘇澱応緩決。

直隷第12冊第29件	「李盅蟻強姦季氏已成一案」	
	直隷総督	順天府密雲県回民
	光緒25年	強姦者絞律
	光緒25年	強姦已成。李盅蟻応情実。

直隷第22冊第14件	「王萠聴従興販私塩拒傷捕人王幗惼身死一案」	
	直隷総督	直隷天津府塩山県回民
	光緒28年	興販私塩十人以下拒捕殺人下手者絞例
	光緒29年	塩販拒捕鎗斃報部有名巡役為従下手。王萠応情実。

[山西巡撫]

山西第4冊第30件	「買鎖児割傷閃奎一身死一案」	
	山西巡撫	河南懐慶府河内県回民
	光緒23年	闘殴殺人者不問手足他物金刃並絞律
	光緒24年	刀係奪獲、死亦回民。買鎖児応緩決。

山西第1冊第5件	
「馬灤超聴糾行劫得贓被脅同行一案」	
山西巡撫	甘粛寧夏府回民
光緒29年	応於強盗已行但得財者不分首従斬立決律上量減為斬監候
光緒30年	被逼為盗、並非甘心入夥、僅止在外拉馬。事後亦未分贓。情節実可矜原。秋讞衡情、似可寛其一線。馬灤超応緩決。

【陝甘総督】

陝西第13冊第13件	
「馬尕有仔謀殺馬応淋身死一案」	
陝甘総督	甘粛西寧府西寧県回民
光緒19年	謀殺人者斬律
光緒20年	図財謀命、雖死係小功服弟、情殊残忍。馬尕有仔応情実。

陝西第8冊第6件	
「馬懐得等共毆周法瑞身死一案」	
陝甘総督	甘粛寧夏府平羅県回民
光緒23年	同謀共毆人致死下手傷重者絞律
光緒24年	傷無致命、意止欲令成廃。馬懐得応緩決。

陝西第8冊第24件	
「楊泩擅殺王秀身死一案」	
陝甘総督	甘粛寧夏府河州回民
光緒23年	事主因賊犯黒夜偸窃已就拘獲復畳毆致斃照擅殺律絞例
光緒24年	死係行窃罪人、毆係登時捉獲。楊泩応緩決。

陝西第11冊第15件	
「沙完哈四擲傷馬舎児巴身死一案」	
陝甘総督	甘粛蘭州府河州回民
光緒28年	疑賊致斃人命照闘殺本律問擬闘殺者絞律
光緒29年	釁起疑賊、傷由□殴。沙完哈四応緩決。

陝西第11冊第16件	
「馬六十一等共殴馬三哇身死一案」	
陝甘総督	甘粛蘭州府河州回民
光緒28年	共殴人致死下手致命傷重者絞律
光緒29年	釁起索欠、殴非預料。馬六十一応緩決。

陝西第11冊第18件	
「鮑生溝等共殴馬守録身死一案」	
陝甘総督	甘粛直隷固原州海城県回民
光緒28年	共殴人致死丁[下]手致命傷重者絞律
光緒29年	械係奪獲、殴非預料。鮑生溝応緩決。

陝西第11冊第39件	
「馬熱個等共殴馬一卜拉身死一案」	
陝甘総督	甘粛蘭州府河州回民
光緒28年	共殴人致死下手致命傷重者絞律
光緒29年	死先撲殴、傷係他物。馬熱個応緩決。

陝西第3冊第2件	「馬油不児・馬錠[艹+銀]等共殴狄木沙・狄憬彦各身死一案」
陝甘総督	甘粛蘭州府会寧県回民
光緒30年	同謀共殴人致死下手致命傷重者絞律
光緒31年	均係同謀共殴、或刃物傷多、或金刃已在十傷以上。恭逢恩詔、奏明不准援免、照章酌入緩決辦理。馬油不児・馬錠[艹+銀]均応緩決。

陝西第1冊第12件	「馬英殴傷馮姓身死一案」
陝甘総督	甘粛直隷秦州清水県回民
光緒31年	闘殴殺人者不問手足他物金刃並絞律
光緒32年	傷無致命、死由跌震内損。馬英応緩決。

陝西第1冊第18件	「馬三葆踢傷鄧倡身死一案」
陝甘総督	甘粛蘭州府河州回民
光緒31年	闘殴殺人者不問手足他物金刃並絞律
光緒32年	踢由情急、一傷適斃。馬三葆応緩決。

甘粛（全1冊）第14件	「回民馬麻個戮傷馬盅詳身死一案」
陝甘総督	甘粛蘭州府河州回民
光緒32年	闘殴殺人者不問手足他物金刃並絞律
光緒33年	死亦姦匪、戮由抵禦。馬麻個応緩決。

甘粛（全1冊）第3件	
「馬五十八鎗傷馬尚澐身死一案」	
陝甘総督	甘粛蘭州府河州回民
光緒33年	因争闘擅将鳥鎗施放殺人以故殺論故殺者斬律
光緒34年	雖由救親点放、究属火器殺人。馬五十八応情実。

甘粛（全1冊）第9件	
「馬三八戳傷小功服弟馬卡什身死一案」	
陝甘総督	甘粛蘭州府河州回民
光緒33年	本宗尊長殴小功卑幼至死者絞律
光緒34年	釁起不曲、傷由抵禦。馬三八応緩決。

甘粛（全1冊）第10件	
「妥胡得楞戳傷妥者必身死一案」	
陝甘総督	甘粛蘭州府河州回民
光緒33年	闘殴殺人者不問手足他物金刃並絞律
光緒34年	勘傷較重。惟犯先受傷、戳由情急。且釁起理直、刀係奪獲。妥胡得楞応緩決。

甘粛（全1冊）第13件	
「馬蟻倉等共殴馬証詳身死一案」	
陝甘総督	甘粛平涼府隆徳県回民
光緒33年	共殴人致死下手致命傷重者絞律
光緒34年	殴非預糾、傷由抵禦。馬蟻倉応緩決。

【陝西巡撫】

陝西第6冊第22件		
「馬見蕾戮傷哈蓑淋身死一案」		
陝西巡撫	陝西興安府平利県回民	
光緒32年	闘殴殺人者不問手足他物金刃並絞律	
光緒33年	戮由被殴、斃僅壹傷。馬見蕾応緩決。	

陝西第2冊第17件		
「来惧三砍傷陳木気身死一案」		
陝西巡撫	陝西興安府安康県回民	
光緒33年	闘殴殺人者不問手足他物金刃並絞律	
光緒34年	傷非致命、死出不虞。来惧三応緩決。	

【湖北巡撫】

湖広第1冊第26件		
「雙年致傷殷棕慣身死一案」		
湖北巡撫	荆州駐防正白旗満洲人	
光緒28年	闘殴殺人者不問手足他物金刃並絞律	
光緒29年	釁由死肇、傷係他物。雙年即雙淋応緩決。	

【四川総督】

四川第3冊第16件		
「馬格与築傷何蓑懊身死一案」		
四川総督	甘粛蘭州府河州回民	

	光緒18年	闘殴殺人者不問手足他物金刃並絞律
	光緒19年	他物一傷、死由跌垲。馬格与応緩決。

四川3冊第18件	「冬生等共殴邵青澐身死一案」	
	四川総督	四川成都駐防廂黄旗三甲間散
	光緒18年	共殴人致死下手致命傷重者絞律
	光緒19年	殴非預料、傷由急情。冬生即冬冬娃応緩決。

四川24冊第20件	「洸幅戳傷幗蒽身死一案」	
	四川総督	四川鑲紅旗駐防間散旗人
	光緒30年	闘殴殺人者不問手足他物金刃並絞律
	光緒31年	洸幅応緩決。

四川9冊第10件	「得煥致傷黄㦒発身死一案」	
	四川総督	四川成都駐防正黄旗間散
	光緒33年	闘殴殺人者不問手足他物金刃並絞律
	光緒34年	傷係拳殴、死由跌垲。得煥応緩決。

【山東巡撫】

山東5冊第22件	「幅詳等共殴張四身死一案」

山東巡撫	山東徳州駐防正黄旗間散
光緒30年	共殴人致死下手致命傷重者絞律
光緒30年	共殴金刃、穿透傷重。恭逢恩詔、奏明不准援免、照章酌入緩決。幅詳応緩決。

【盛京将軍・奉天総督】

奉天第7冊第1件	「陳葆淋・沈汶海聴従発掘徳慎家墳塚開棺見屍一案」
盛京将軍	(沈汶海)奉天満洲正黄旗不記佐領下人
光緒19年	発掘常人墳塚開棺見屍為従無論次数絞例
光緒20年	聴従発塚、開棺見屍。題明秋審入於情実。陳葆淋・沈汶海均応情実。

奉天第7冊第2件	「趙得株謀殺趙得聚身死一案」
盛京将軍	盛京正白旗漢軍裕佐領下人
光緒19年	同姓服尽親属相殴致死以凡論謀殺人者斬律
光緒20年	逞忿謀殺。趙得株応情実。

奉天第8冊第5件	「郎添得鎗傷侯俊棚身死一案」
盛京将軍	奉天正紅旗満洲依佐領下人
光緒19年	因争闘擅将鳥[槍]施放殺人以故殺論故殺者斬例
光緒20年	火器殺人。郎添得応情実。

奉天第8冊第7件	
「徐維揚聚衆搶奪沈葉子未成並聴従夥搶張氏已成一案」	
盛京将軍	内務府鑲白旗不記佐領下人
光緒19年	聚衆夥謀於素無瓜葛之家入室搶奪婦女未成首犯絞例
光緒20年	聚衆搶奪婦女未成。恭逢恩詔、題明不准援免、酌入緩決辦理。徐維揚応緩決。

奉天第2冊第16件	
「朱士瀼戳傷朱士怔身死一案」	
盛京将軍	奉天漢軍鑲藍旗人
光緒23年	闘殴殺人者不問手足他物金刃並絞律
光緒24年	死先奔戳、刀係奪獲。復另傷壹人亦因疑護所致。朱士瀼応緩決。

奉天第14冊第1件	
「王潮洝戳傷初満褲身死一案」	
盛京将軍	奉天漢軍鑲白旗人
光緒23年	闘殴殺人者不問手足他物金刃並絞律
光緒24年	釁起索欠、戳由情急。王潮洝応緩決。

奉天第14冊第2件	
「蘇果詳等共殴左满荃身死一案」	
盛京将軍	奉天漢軍鑲藍旗不記佐領下人
光緒23年	同謀共殴人致死下手傷重者絞律
光緒24年	洩忿糾殴、傷多骨損、究無致命処所。且死越参旬。蘇果詳応緩決。

奉天第14冊第3件	
	「張鈺舞戳傷岳得淦身死一案」
盛京将軍	奉天漢軍正白旗人
光緒23年	闘殴殺人者不問手足他物金刃並絞律
光緒24年	身先受傷。回戳適斃。張鈺舞応緩決。

奉天第14冊第5件	
	「徐得汁擅殺佟効淦身死一案」
盛京将軍	奉天内務府鑲黄旗陳牛彔下間散旗人
光緒23年	非応拒姦之人如為本夫糾往捉姦殺死姦夫照擅殺律絞例
光緒24年	聴糾幇戳、壹傷適斃。徐得汁応緩決。

奉天第14冊第6件	
	「劉漢山故殺伊妻許氏身死一案」
盛京将軍	奉天内務府正黄旗希牛彔管下人
光緒23年	夫殴妻至死者絞故殺亦絞律
光緒24年	恭逢恩詔、題明入於秋審緩決。劉漢山応緩決。

奉天第14冊第7件	
	「焦瀇海戳傷呂澱菁身死一案」
盛京将軍	奉天鳳凰城正白旗依楽哈牛彔佐領下人
光緒23年	闘殴殺人者不問手足他物金刃並絞律
光緒24年	死先奔殴、戳止一傷。焦瀇海応緩決。

奉天第14冊第8件	
「金城遂擲傷金城坪身死一案」	
盛京将軍	京都王府管下旗人
光緒23年	闘殴殺人者不問手足他物金刃並絞律
光緒24年	石擲一傷、死越肆旬。金城遂応緩決。

奉天第14冊第9件	
「張瀁発等共殴牛灙幗身死一案」	
盛京将軍	奉天彰武台辺門管下台丁
光緒23年	共殴人致死下手致命傷重者絞律
光緒24年	嚇扎一傷、死近参旬。張瀁発応緩決。

奉天第14冊第10件	
「楊振菁等共殴李汢身死一案」	
盛京将軍	奉天戸部六品官管下人
光緒23年	共殴人致死下手致命傷重者絞律
光緒24年	釁起隠匿、砍由情急。其另傷壹人亦因趕奪所致。楊振菁応緩決。

奉天第14冊第11件	
「聞葸臏擅殺閆灙山身死一案」	
盛京将軍	奉天内務府鑲黄旗人
光緒23年	罪人不拒捕而擅殺以闘殺論闘殺者絞律
光緒24年	死係行窃罪人。聞葸臏応緩決。

奉天第14冊第12件	
「鄭萌幅等共殴楊茂身死一案」	
盛京将軍	奉天工部四品官管下旗人
光緒24年	共殴人致死下手傷重者絞律
光緒24年	戳由情急、一傷適斃。鄭萌幅応緩決。

奉天第1冊第3件	
「包荃蒋故殺義子小禿身死一案」	
盛京将軍	奉天蒙古鑲白旗郡王府下壮丁
光緒24年	義子過房在拾伍歳以下恩養未久有殺傷者以雇工人論家長殴雇工故殺者絞候律
光緒25年	逞忿故殺幼孩。包荃蒋応情実。

奉天第18冊第21件	
「于泳付殴傷鮑湷良身死一案」	
盛京将軍	奉天漢軍鑲白旗徳牛彔管下人
光緒24年	闘殴殺人者不問手足他物金刃並絞律
光緒25年	死先奔殴、傷由抵禦。于泳付応緩決。

奉天第18冊第32件	
「佟潰碌鎗傷佟莽安身死一案」	
盛京将軍	奉天満洲正白旗麟瑞佐領下人
光緒24年	因争闘擅将鳥鎗施放殺人以故殺論故殺者斬律
光緒25年	恭逢恩詔、題明入於緩決辦理。佟潰碌応緩決。

奉天第18冊第33件	
「劉停汸扎傷陳盅淮身死一案」	
盛京将軍	奉天内務府鑲白旗粛親王門下壮丁
光緒24年	闘殴殺人者不問手足他物金刃並絞律
光緒25年	死先向殴、一傷適斃。劉停汸応緩決。

奉天第19冊第3件	
「胡懙財戳傷羅起汶身死一案」	
盛京将軍	奉天漢軍正黄旗人
光緒24年	闘殴殺人者不問手足他物金刃並絞律
光緒25年	衅起索欠、戳止壹傷。胡懙財応緩決。

奉天第19冊第4件	
「曹澫昆殴傷高付漋身死一案」	
盛京将軍	奉天漢軍鑲紅旗応佐領管下人
光緒24年	闘殴殺人者不問手足他物金刃並絞律
光緒25年	死先奔殴、傷由抵禦。曹澫昆応緩決。

奉天第19冊第5件	
「朱起仈戳傷房悶身死一案」	
盛京将軍	都京徳公府管下荘丁
光緒24年	闘殴殺人者不問手足他物金刃並絞律
光緒25年	戳由情急、壹傷適斃。朱起仈応緩決。

奉天第19冊第7件	
「劉幅蕣扎傷姜洤身死一案」	
盛京将軍	奉天粛親王府阿什牛彔下鑲白旗人
光緒24年	闘殴殺人者不問手足他物金刃並絞律
光緒25年	被按情急、一傷適斃。劉幅蕣応緩決。

奉天第19冊第8件	
「王来城仔砍傷張普身死一案」	
盛京将軍	奉天正黄旗常佐領管下人
光緒24年	闘殴殺人者不問手足他物金刃並絞律
光緒25年	釁其細故、一傷適斃。王来城仔応緩決。

奉天第19冊第9件	
「楊磬澐致傷陶木生布身死一案」	
盛京将軍	奉天漢軍鑲白旗広佐領管下人
光緒24年	闘殴殺人者不問手足他物金刃並絞律
光緒25年	刀係奪獲、傷由抵禦。楊磬澐応緩決。

奉天第19冊第10件	
「馬懙懐致傷金鈺蒽身死一案」	
盛京将軍	奉天鳳凰城満洲鑲白旗不記佐領下人
光緒24年	闘殴殺人者不問手足他物金刃並絞律
光緒25年	死本理曲、傷由抵禦。馬懙懐応緩決。

奉天第19冊第11件	
「喩幅蒽故殺高得辛身死一案」	
盛京将軍	奉天昭陵関防管領下旗人
光緒24年	故殺者斬律
光緒25年	衅起死者理曲逞兇。該犯受傷情急。況刀係奪獲。逞忿故殺、実由畏其報復。稍有可原。喩幅蒽応緩決。

奉天第19冊第12件	
「李広砫故殺緦麻姪女李氏身死一案」	
盛京将軍	奉天正白旗不記牛彔管下人
光緒24年	本宗尊長殴死緦麻卑幼至死者絞故殺亦絞律
光緒25年	連斃姦淫無恥罪人、尚非無故逞兇。割落頭顱、係属畏罪起見。且死係犯姦卑幼。稍有可原。李広砫応緩決。

奉天第13冊	
「李畛聴従聚衆搶奪室女王小雲子已成一案」	
盛京将軍	奉天漢軍鑲黄旗慶□升牛彔下人
光緒30年	聚衆夥謀於素無瓜葛之家入室搶奪婦女已成為従絞例
（欠葉のため不明）	（欠葉のため不明）

奉天第13冊	
「趙旬潰鎗傷趙必身死一案」	
盛京将軍	蒙古達爾罕王旗下人
光緒30年	因争闘擅将鳥鎗施放殺人以故殺論故殺者斬律
（欠葉のため不明）	（欠葉のため不明）

奉天第6冊第2件／同第12冊第2件	「杜佶彛扎傷趙忠身死一案」
奉天総督	前礼部不□管領下旗人
光緒32年	闘殴殺人者不問手足他物金刃並絞律
光緒33年	死先揪殴、扎由情急。杜佶彛応緩決。

奉天第6冊第10件／同第12冊第10件	「姜得沅砍傷銭兆才身死一案」
奉天総督	奉天粛親王府管下旗人
光緒32年	闘殴殺人者不問手足他物金刃並絞律
光緒33年	死先撲殴、砍由情急。姜得沅応緩決。

奉天第6冊第16件／同第12冊第16件	「陳幗彬扎傷徐広良身死一案」
奉天総督	盛京内務府鑲黄旗人
光緒32年	闘殴殺人者不問手足他物金刃並絞律
光緒33年	死先詈殴、一傷適斃。陳幗彬応緩決。

奉天第6冊第25件／同第12冊第25件	「朱潢葆扎傷陳広碌身死一案」
奉天総督	奉天鑲紅旗人
光緒32年	闘殴殺人者不問手足他物金刃並絞律
光緒33年	死先向殴、扎由情急。朱潢葆応緩決。

奉天第6冊第26件／同第12冊第26件	「王荃才毆傷韓二等身死一案」			
	奉天総督	哈爾沁王管下蒙古旗人		
	光緒32年	闘殴殺人者不問手足他物金刃並絞律		
	光緒33年	死先詈毆、械係他物。王荃才応緩決。		
奉天第6冊第30件／第12冊第30件	「姜罄塘鎗傷李耀三身死一案」			
	奉天総督	鄭親王府門下壮丁		
	光緒32年	因争闘擅将鳥鎗施放殺人以故殺論故殺者斬律		
	光緒33年	火器殺人。恭逢恩詔、経部奏明不准援免、照章酌入秋審緩決。姜罄塘応緩決。		
奉天第6冊第33件／同第12冊第33件	「趙海山扎傷張椿身死一案」			
	奉天総督	奉天正藍旗満洲人		
	光緒32年	闘殴殺人者不問手足他物金刃並絞律		
	光緒33年	釁非伊肇、壹傷適斃。趙海山応緩決。		
奉天第5冊第5件	「田広淋扎傷楊幅身死一案」			
	奉天総督	奉天海龍府正黄旗人		
	光緒33年	闘殴殺人者不問手足他物金刃並絞律		
	光緒34年	刃傷要害奇重。田広淋応情実。		

奉天第5冊第11件	
「史城得故殺許洝存身死一案」	
奉天総督	奉天四太王管下旗人
光緒33年	故殺者斬律
光緒34年	逞忿故殺。恭逢恩詔、経部奏明不准援免。史城得応情実。

奉天第5冊第15件	
「戴巨椿故殺呉氏身死一案」	
奉天総督	奉天定郡王府門下壮丁
光緒33年	故殺者斬律
光緒34年	逞忿故殺。恭逢恩詔、経部奏明不准援免。戴巨椿応情実。

奉天第5冊第27件	
「趙氏因姦致姦夫張椿瀰謀殺本夫関萠菖身死並不知情一案」	
奉天総督	奉天鑲白旗人
光緒33年	姦夫自[謀]殺其夫姦婦雖不知情絞律
光緒34年	係因姦致夫被殺、事前並不知情。其事後隠忍、係因畏罪所致。且究由該氏説出実情、得以破案。尚無恋姦忘讐情事。趙氏応緩決。

[吉林将軍]

奉天第8冊第14件	
「胡図哩用鎗放傷程巨川身死一案」	
吉林将軍	吉林三姓正白旗人
光緒19年	争闘擅将鳥鎗施放殺人以故殺論故殺者斬例

光緒20年	火鎗殺人。胡図哩応情実。

奉天第2冊第29件	「唐利砍傷劉幅身死並声明親老丁単一案」
吉林将軍	吉林鑲紅旗満洲徳貴佐領下蘇拉
光緒23年	闘殴殺人者不問手足他物金刃並絞律
光緒24年	砍由情急、一傷適斃。唐利応緩決。

奉天第16冊第24件	「莫如致踢傷張憬林身死一案」
吉林将軍	吉林吉林府回民
光緒23年	闘殴殺人者不問手足他物金刃並絞律
光緒24年	死先撲殴、嚇踢一傷。莫如致応緩決。

奉天第16冊第28件	「高汸致傷劉青海身死一案」
吉林将軍	奉天直隷鳳凰庁岫巌州旗人
光緒23年	闘殴殺人者不問手足他物金刃並絞律
光緒24年	被踢情急、嚇踢適斃。高汸応緩決。

奉天第1冊第22件	「関泳詳因姦聴従姦婦呉氏謀殺本夫于田才身死一案」
吉林将軍	奉天復州鑲黄旗貴佐領下人
光緒24年	妻因姦同謀殺死親夫者凌遅処死律（中略）姦夫斬律
光緒25年	姦匪聴従姦婦謀斃本夫。関泳詳応情実。

奉天第1冊第24件	
「王亭椿故殺石位碌身死一案」	
吉林将軍	奉天漢軍鑲白旗人
光緒24年	故殺者斬律
光緒25年	逞忿故殺。王亭椿応情実。

奉天第1冊第26件	
「呉蒽碌因姦拒傷本夫何奎禾身死一案」	
吉林将軍	吉林伊通州満洲正黄旗徳恒佐領下人
光緒24年	犯罪拒捕殺所捕人者斬律
光緒25年	姦匪拒捕、刃斃本夫。呉蒽碌応情実。

奉天第1冊第30件	
「関城有聴従発掘王氏墳塚開棺見死一案」	
吉林将軍	奉天復州鑲黄旗色佐領下人
光緒24年	発掘常人墳塚開棺見屍為従絞例
光緒25年	聴従発塚、開棺見屍、幇同下手。関城有応情実。

奉天第17冊第31件	
「劉立越獄脱逃被獲一案」	
吉林将軍	吉林阿勒楚喀人
光緒24年	犯罪囚禁在獄僅止一人乗間脱逃原犯軍流律応加等改発者改為絞例
光緒25年	劉立応依例入於緩決。

奉天第18冊第26件	「常淋等共殴趙鈺身死並声明親老丁単一案」
吉林将軍	吉林満洲正藍旗常青佐領下西丹
光緒24年	同謀共殴人致死下手致命傷重者絞律
光緒25年	殴雖預料、惟死先逞兇、傷係他物。常淋応緩決。

奉天第18冊第30件	「郭広沍殴傷蓄財身死並声明親老丁単一案」
吉林将軍	奉天義州正黄旗関永佐領下人
光緒24年	闘殴殺人者不問手足他物金刃並絞律
光緒25年	死先撲殴、他物壹傷。郭広沍応緩決。

奉天第18冊第31件	「李財擅殺周果財身死並声明親老丁単一案」
吉林将軍	吉林正白旗漢軍広成佐領下蘇拉
光緒24年	有服親属殺死図姦未成罪人無論登時事後倶照擅殺絞律
光緒25年	有服親属擅殺図姦罪人。李財応緩決。

奉天第9冊第6件	「丁汕扎傷秋禾身死一案」
吉林将軍	拉林正白旗雙奎佐領下人
光緒28年	闘殴殺人者不問手足他物金刃並絞律
光緒29年	情急邀扎、壹傷適斃。丁汕応緩決。

奉天第10冊第20件	
「耿滭滢誤傷馬得懊身死一案」	
吉林将軍	吉林正藍旗連山佐領下人
光緒28年	因闘而誤殺旁人以闘殺論闘殺者絞律
光緒29年	傷由誤中、死出不虞。耿滭滢応緩決。

奉天第11冊第6件	
「関泳滏砍傷苑鈺真・韓姓各身死一案」	
吉林将軍	吉林雙城庁正紅旗永安佐領下人
光緒30年	闘殴殺人者不問手足他物金刃並絞律
光緒31年	釁起索欠、死雖貳命、殺非壹家。恭逢恩詔、奏明酌入緩決。関泳滏応緩決。

奉天第11冊第10件	
「蕾葳扎傷椿発身死一案」	
吉林将軍	吉林雙城庁正藍旗保徳佐領下人
光緒30年	闘殴殺人者不問手足他物金刃並絞律
光緒31年	釁起理直、嚇扎壹傷。蕾葳応緩決。

奉天第11冊第13件	
「赫萌得偸窃馬参拾匹以上一案」	
吉林将軍	土默特貝子旗下蒙古
光緒30年	偸窃蒙古牲畜三十匹以上不分首従均絞例
光緒31年	糾窃蒙畜匹数較多。恭逢恩詔、奏明酌入緩決。赫萌得応緩決。

江西1冊第49件	
「鈕桐海砍傷衣藍田身死並声明親老丁単一案」	
吉林将軍	烏拉総管衙門漢軍正白旗人
光緒32年	闘殴殺人者不問手足他物金刃並絞律
光緒33年	被斥分辯、砍由情急。鈕桐海応緩決。

江西1冊第50件	
「李樹青砍傷施振泰身死並声明親老丁単一案」	
吉林将軍	吉林三姓崇古爾庫人
光緒32年	闘殴殺人者不問手足他物金刃並絞律
光緒33年	身先受傷、還砍適斃。李樹青応緩決。

庫倫・黒龍江・吉林（全1冊）第18件	
「周銀山殴傷伊妻傅氏身死一案」	
吉林将軍	吉林鑲黄旗人
光緒33年	夫殴妻至死者絞律
光緒34年	釁起疑姦、傷係他物。周銀山応緩決。

庫倫・黒龍江・吉林（全1冊）第23件	
「何氏謀殺何何氏身死一案」	
吉林将軍	吉林烏槍営鑲藍旗全吉佐領下人
光緒33年	謀殺人造意者斬律
光緒34年	因姦造意謀命、法無可貸。何氏応情実。

奉天第13冊	
「崔漣洧砍傷孫洛三身死並声明親老丁単一案」	
吉林将軍	奉天鑲黄旗宗太佐領下人
（欠葉のため不明）	闘殴殺人者不問手足他物金刃並絞律
（欠葉のため不明）	（欠葉のため不明）

【黒龍江将軍】

奉天第8冊第17件	
「明幅行窃庫存軍械計贓壹百両以上一案」	
黒龍江将軍	黒龍江正白旗玉麟佐領下西丹
光緒19年	窃匪穿穴壁封窃盗庫銭但経得財之首犯数在一百両以上者絞例
光緒20年	雖係官物、計贓未至伍百両。明幅応緩決。

奉天第2冊第3件	
「楊唐生殴傷韓幅身死一案」	
黒龍江将軍	黒龍江直隷呼蘭庁回民
光緒23年	闘殴殺人者不問手足他物金刃並絞律
光緒24年	死係同賭罪人、殴非有心致死。楊唐汢応緩決。

奉天第2冊第5件	
「蒽菁殴傷葉伯善身死一案」	
黒龍江将軍	黒龍江正白旗雙林佐領下披甲
光緒23年	闘殴殺人者不問手足他物金刃並絞律
光緒24年	死者理曲。殺由気忿、並非有心。蒽菁応緩決。

奉天第2冊第6件	
「崔常洝致傷王氏身死一案」	
黒龍江将軍	黒龍江正黄旗漢軍西丹
光緒23年	闘殴殺人者不問手足他物金刃並絞律
光緒24年	殴雖多傷、迫於潑罵、掐雖近故、殺実無心。且死者又先尋釁、殴皆手足致傷。崔常洝応緩決。

奉天第2冊第8件	
「宋有濵戳傷李輝身死一案」	
黒龍江将軍	奉天鑲紅旗応陰佐領下間散旗丁
光緒23年	闘殴殺人者不問手足他物金刃並絞律
光緒24年	殺由死者先行逞兇。奪械抵禦、並非有心致死。宋有濵応緩決。

奉天第2冊第10件	
「劉振懊扎傷郝汶知身死一案」	
黒龍江将軍	黒龍江鑲黄旗管界佃民
光緒23年	闘殴殺人者不問手足他物金刃並絞律
光緒24年	死先肇釁、殺出無心。劉振懊即劉瞎仔応緩決。

奉天第2冊第12件	
「甄城憘扎傷鄧明湢身死一案」	
黒龍江将軍	奉天正藍旗西丹
光緒23年	闘殴殺人者不問手足他物金刃並絞律
光緒24年	殺係情急、並非有心。死越多日、傷亦不重。甄城憘応緩決。

奉天第2冊第15件	
「色楞額・凌葆偸窃蒙古馬三十匹以上一案」	
黒龍江将軍	正白旗徳楞額佐領下西丹
光緒23年	偸窃蒙古馬三十匹以上不分首従絞例
光緒24年	色楞額応緩決。

奉天第1冊第34件	
「鄧沅因姦威逼羅銀住自縊身死一案」	
黒龍江将軍	黒龍江布特哈正黄旗清徳隊領下披甲
光緒24年	因姦威逼人致死者斬律
光緒25年	因姦詐頼欲覇其婦、威逼氏父致死。情節殊属惨忍。鄧沅応情実。

奉天第1冊第36件	
「卓蟻希誘拐唐氏致令羞忿投井身死一案」	
黒龍江将軍	西辺外図木沁蒙古
光緒24年	誘拐婦女被誘之人不知情絞例
光緒25年	情状強横、蓄意淫悪。卓蟻希応情実

奉天第11冊第29件	
「班廸克扎普致傷伊妻布勒木氏身死一案」	
黒龍江将軍	黒龍江正紅旗達凌阿佐領下
光緒24年	夫殴妻至死者絞律
光緒25年	雖致斃之由又因其妻撒潑忿激所致、情節本非浅忍。班廸克扎普照例応情実。

奉天第18冊第11件	「巴彦倉扎傷帕格身死一案」
黒龍江将軍	盛京錫伯蒙古正白旗特克什佐領下間散
光緒24年	闘殴殺人者不問手足他物金刃並絞律
光緒25年	彼此倶酔、死者首先奔殴連次、被揪情急、刃器一傷、出於無心。巴彦倉即朱葆汸応緩決。

奉天第18冊第14件	「拉西殴傷康荃鍀身死一案」
黒龍江将軍	黒龍江喀爾哈王旗属蒙古
光緒24年	闘殴殺人者不問手足他物金刃並絞律
光緒25年	先是口角争殴、被人勸息。後因死者両次尋釁前往拚命撲殴、該犯拾用木棒力殴、並非有心致死。拉西即楊喇嘛応緩決。

奉天第18冊第15件	「劉得詘砍傷呉維青身死一案」
黒龍江将軍	吉林阿勒楚喀人
光緒24年	闘殴殺人者不問手足他物金刃並絞律
光緒25年	死者首先動手互相格闘、殺於無心。劉得詘応緩決。

奉天第11冊第22件	「瑞碌聴従結夥反獄在場助勢一案」
黒龍江将軍	黒龍江正白旗聯寿佐領下披甲
光緒29年	罪囚結夥反獄照劫囚科罪行劫在獄罪囚随同助勢雖未傷人斬例

光緒30～31年	僅止随同助勢、並無拒傷兇状。瑞碌応緩決。（中略）該臣等会同九卿科道等官会審、瑞碌応改情実。

※瑞碌は、光諸30年の秋審の際、まず黒龍江将軍によって緩決とされたが、その後中央の九卿会審によって情実に改められた（右記にはこの経緯を示す文言を引いた）。ただ、光諸30年は停勾の年とされたため、瑞碌は刑の執行を免れ、翌31年の秋審に再度かけられることとなった。本件はこの光諸31年秋審に際して作成されたものである。

奉天第13冊

「曲城柴強姦盧氏未成致令羞忿自尽一案」

黒龍江将軍	黒龍江特木得黒站站丁
光緒29年	強姦未成致本婦羞忿自尽者絞例
（欠葉のため不明）	（欠葉のため不明）

奉天第13冊

「刜連海聴従図財謀殺高黒仔身死得財未加功一案」

黒龍江将軍	斉斉哈爾水師営営丁
光緒30年	図財害命得財殺死人命従而不加功者斬例
光緒32年	（欠葉のため不明）

【綏遠城将軍】

山西第1冊第31件

「淦山致傷伊妻于氏身死一案」

綏遠城将軍	綏遠城駐防鑲藍旗凱全佐領下閑散
光緒31年	夫殴妻至死者絞律

光緒32年	死係不順之妻。淦山応緩決。

山西第8冊第17件	「塔爾渾扎傷喀拉濃武身死一案」	
	綏遠城将軍	綏遠城鑲白旗満洲王明署佐領下閑散
	光緒32年	闘殴殺人者不問手足他物金刃並絞律
	光緒33年	死先撲殴、扎由抵禦。塔爾渾応緩決。

【福州将軍】

福建第1冊第25件	「延億誤傷胞叔慶禄平復一案」	
	福州将軍	福建駐防鑲黄旗臺斐音図佐領下馬甲
	光緒23年	殴期親尊属刃傷未死係誤傷絞例
	光緒24年	刃傷期親胞叔、究由黒夜疑賊誤傷、並非有心干犯。惟服制攸関。延億応情実。

【広州将軍】

広東上冊第18件	「愛灉致傷平靖身死一案」	
	広州将軍	広東正黄旗満洲京城英帽佐領下人
	光緒24年	闘殴殺人者不問手足他物金刃並絞律
	光緒25年	死先逞兇、嚇戮適斃。愛灉応緩決。

【熱河都統】

直隷第6冊第31件	
「沈澫淋踢傷胡葨汰身死一案」	
熱河都統	翁牛特旗蒙古人
光緒25年	闘殴殺人者不問手足他物金刃並絞律
光緒25年	身先被殴、脚適一傷。沈澫淋応緩決。

直隷第6冊第40件	
「常淋扎傷馬占沅身死一案」	
熱河都統	正藍旗満洲全佐領下礮兵
光緒28年	闘殴殺人者不問手足他物金刃並絞律
光緒29年	死先詈殴、嚇扎適斃。常淋応緩決。

直隷第10冊第5件	
「喇嘛李葨戒謀殺白達拉瑪身死一案」	
熱河都統	熱河鑲黄旗蒙古
光緒32年	謀殺人造意者斬律
光緒32年	挟嫌謀殺。李葨戒応情実。

熱河（全1冊）第9件／同第26件	
「黄葨青等共殴劉庚憪身死一案」	
熱河都統	熱河承徳府楊木参旂人
光緒32年	共殴人致死下手傷重者絞律
光緒33年	殴非預料、傷係他物。黄葨青応緩決。

【涼州副都統】

陝西第8冊第15件	「文沅扎傷通蘏身死一案」
涼州副都統	涼州荘浪営鑲紅旗人
光緒23年	闘殴殺人者不問手足他物金刃並絞律
（本件は監候判決が下るまで記述を終えている）	

【庫倫大臣】

山西第7冊第19件	「斉密特策業彭楚克姜布拉諾爾布搶奪牲畜十匹以上並旺不勒聴従結夥十人以上搶奪一案」
庫倫大臣	車臣漢盟扎薩克桑薩頼多爾済旗下蒙古
光緒28年	蒙古搶奪牲畜十匹以上為首斬例・蒙古搶奪糾夥十人以上為従絞例
（本件は監候判決が下るまで記述を終えている）	

陝西第3冊第14件	「畢克土木爾因謀殺誤殺張荃鈺身死一案」
庫倫大臣	土默特左翼札薩克貝勒車林納木済勒旗下人
光緒30年	因謀殺人而誤殺旁人以故殺論故殺者斬律
（本件は監候判決が下るまで記述を終えている）	

庫倫・黒龍江・吉林（全1冊）第2件	「薩木丹鎗傷布彦図身死一案」
庫倫大臣	車臣漢部落貝子銜公昌哩克多爾済旗台吉那木薩賚属下
光緒34年	故殺者斬律
（本件は監候判決が下るまで記述を終えている）	

【科布多賛参大臣】

山西第7冊第1件	
「曼済致傷洛布桑哈爾察噶身死一案」	
科布多参賛大臣	阿爾泰烏梁海右翼総管瓦斉爾札布旗下錦□牛彔人
光緒28年	闘殴殺人者不問手足他物金刃並絞律
（本件は監候判決が下るまで記述を終えている）	

【その他】

奉天第4冊第4件	
「得及得噶拉桑聴従花里啞蕯、夥同托克托呼・約木加ト・花連、聚衆肆逆、謀逼本管盟長色旺諾勒布桑保自縊身死、額力登烏卓勒奉調守護、領兵私逃一案」	
欽差大臣兵部尚書	哲哩木盟図什業図親王旗下蒙古
光緒28年	随蕯征兵丁私逃斬立決例量減為斬監候
光緒29年	該旗匪徒焚掠未能守護、旋即率兵潰散。雖由久戍思帰所致、惟連次招撫不至、並商謀捏控該王肆拾捌款。罪無可逭。額力登烏卓勒即額勒得呢瓦斉爾応情実。

奉天第9冊第1件	
「得及得噶拉桑聴従花里啞蕯、夥同托克托呼・約木加ト・花連、聚衆肆逆、謀逼本管盟長色旺諾勒布桑保自縊身死、額力登烏卓勒奉調守護、領兵私逃一案」	
欽差大臣兵部尚書	哲哩木盟図什業図親王旗下蒙古
光緒28年	花里啞蕯応改照奴婢謀殺家長与子孫同謀殺祖父母父母已殺者凌遅処死律擬以凌遅処死。（中略）花蓮応於花里啞蕯凌遅処死罪上減為斬立決。得及得噶拉桑応於花蓮斬決罪上量減為斬監候。
光緒29年	該犯雖始終在場、並無逼迫重情。即懇領其父屍骸、亦無不合。得及得噶拉桑応緩決。

史料紹介

ジャーヒーン・アルハルワティーのワクフ文書

松田俊道

はしがき

ワクフ文書に依拠した歴史研究は、これまで数多くの成果をもたらしてきた。しかし、比較的規模の小さないわゆる家族ワクフの実態を明らかにする個々の文書については、さらに検討を要するものと思われる。ここで紹介する文書に記されたワクフは、マムルーク朝末期からオスマン朝初期にかけてエジプトで一介の軍人から身を起こし、名を成した一人のウラマーの子が、名の知られた由緒ある不動産を取得し、それをワクフ化したものである。清貧なウラマーの子がそのような不動産をいかにして取得することが可能であったのだろうか。また、規模の小さなワクフの目的に関していえば、何世代にもわたってその家族が財産を安全に保持することが目的であることはもちろんのことであるが、それ以外にも個々の目的が考えられるものと思われる。そのようなことを比較検討する材料を提供することが本文書を紹介する理由である。

また、このワクフ文書の紹介を試みようと思ったのはもう一つの理由があったからである。カイロ市を見下ろすムカッタム山の中腹から麓近くにかけての断崖に、一際目を引く今では廃墟となってしまったモスクが佇んで

写真　ジャーヒーン・アルハルワティーのモスク

いる。なぜこのような人を寄せ付けぬ場所にモスクが存在するのか奇妙に思えたからである。カイロのワクフ省で調べてみるとこのモスクのワクフ文書が保存されていた。冒頭の部分及び所々欠損している部分はあるが、内容の把握は十分可能と思われるのでここに紹介を試みる。

このモスクはカイロの東方のムカッタム山の断崖に聳え立つため、現在では麓からの道はなく斜面に梯子を架けなければアクセスが難しいと思われる。しかし、史料によれば、かつては傾斜路を登って行ったようである。(1)

このモスクはジャーヒーン・アルハルワティー Jamāl al-Dīn 'Abd Allāh Jāhīn al-Khalwatī によって九四五年／一五三八年に建設されワクフに設定された。門扉にはコーランの「改悛の章」が彫りつけられていた。そこには四本の石の円柱、大理石のモザイクがはめ込まれたキブラがあり、大理石の二本の柱の周りには貝がはめ込まれていた。また木製のミンバルがあったことがわかる。(2)

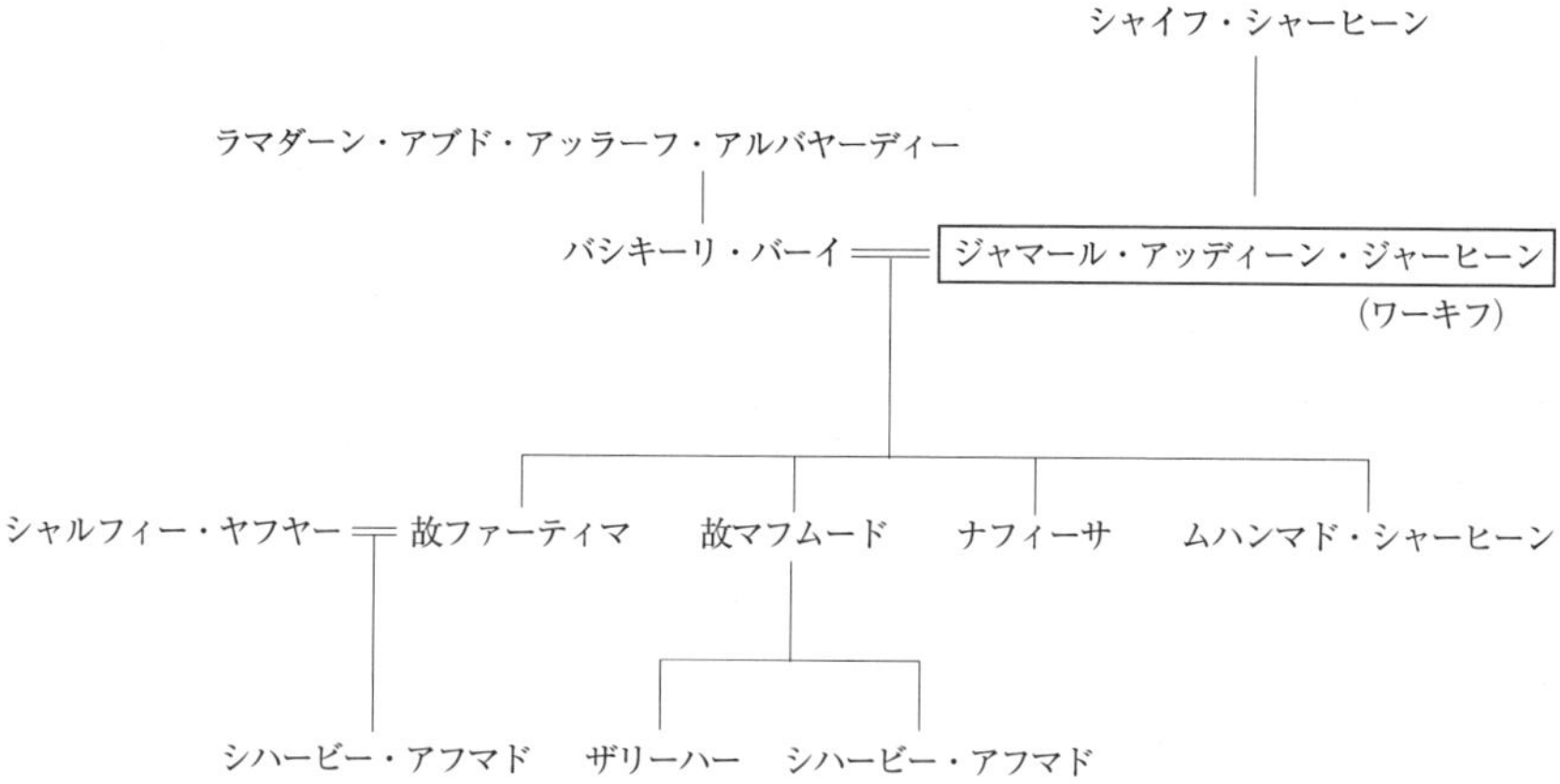

図　ジャーヒーン・アルハルワティー一族の系図

このワクフの設定者の上記ジャーヒーン・アルハルワティーに関する記述はきわめてわずかであるが、簡単に紹介してみよう。この一族は、ワクフ設定者であるジャーヒーンの父の代にエジプトにやってきた。シャアラーニーの伝記においては、ハルワティーとは、アジャムのタウリーズ地方のシーディー・ウマル・アルルーシニーの弟子の一人であるということなので、シャイフ・シャーヒーン・アルムハンマディー al-Shaykh Shāhīn al-Muhammadī のことであると記されている。この人物がこのワクフ設定者の父である。彼はマムルーク朝のスルターン・カーイト・バーイの兵士の一人で彼の寵臣であった。スルターンは彼に神への信仰に注意を払うように勧めた。すると彼はそのようにしたのでカーイト・バーイは彼を解放した。彼はアジャムの地に旅をし、上記の師から知識を得た。その後彼はエジプトの地に再び戻ってきた。彼はムカッタム山に住み、礼拝所を建てた。彼は死後そこに埋葬された。彼はそこに三十年間ほど留まり続け、カイロの街に降りることはなかった[3]。

彼にはオスマン朝時代に高潔さにおいて大いなる名声があった。そのため、アミールやワジールたちが彼のもとを頻繁に訪ねた。彼の時代にはエジプトにはそのような人物がいなかったからである。彼はこの上なく謙虚で言葉はきわめて少なかった。彼は人を遠ざけ、禁欲的な生活を送った。(4) このようなシャーヒーンのウラマーとしての名声が、この一族がここを拠点として繁栄し、このモスクの発展に結びついたものと思われる。

シャイフ・シャーヒーンの子であるジャーヒーンについては上記の記述以外は不明である。以下にジャーヒーンのワクフ文書を紹介してみよう。

一　文書の形式

ワクフ施設：ジャーヒーン・アルハルワティーのモスク
設立の日付：九四五年／一五三八年
文書番号：五〇三（羊皮紙）
ワクフ設定の日付：九五八年　シャッワール月二十一日
保管場所：ワクフ省

ワクフ省の記録に記されたこの文書のデータ：このワクフ文書の冒頭部分は欠損している。文書を発行した法廷の名が記されている。ワクフ設定者とワクフ対象のアーヤーンの名が記されている。ワクフ物件が記されているが、それは「大工の畑」ghayṭ al-najjār として知られるブスターン・アルワジール地区に存在する畑である。その土地はナツメヤシの木で分けられている。そこには井戸があり、木製の水車が設置されている。ジャーヒーン・アルハルワティーのワクフの畑の状態に関しては、一二八三年ラジャブ月三日／一八五七年二月二十七日付けのギザ区庁の発布の十五番の文書に記されている。(5)

二　文書の概要

［冒頭部分欠損］

ワクフ施設の四方の境界の説明。

彼の所有が、サーリヒーヤ法廷の文書に示されている。それは裁判官アブー・アルリダーによって九五六年シャッワール月十六日に認可されている。

ワクフ物件はバサーティーン・アルワジール地区にある畑である。(6) その畑は「大工の畑」ghayṭ al-najjār としても知られ、その土地はナツメヤシの木で境界が仕切られている。そこには井戸がありその取水口には水車が取り付けられていた。また、この井戸は四方の境界によって囲まれているが、それはバサーティーン・アルワジール地区の法廷において裁判官ファトフ・アッディーンによって同年シャッワール月十五日付けで認可され登録された文書によって明らかにされた。それはワクフ設定者の所有にあり、自由処分が可能なものである。

彼は、この物件を本人が生きている間は自身のためにワクフに設定した。収穫物およびあらゆる法的収益を利用するものとする。

その管理と経営は自身が行うものとする。

もし彼がその収益を利用し、残余部分があった時は、彼の妻バシキーリ・バーイが生存中は収益の五分の一を得るものとする。このワクフの収益からワーキフは、この畑に隣接したサビールに水を満たす仕事をすることでラマダーン・アブド・アッラーフ・アルバヤーディー（バシキーリ・バーイの父）に毎日スレイマン銀貨半分またはそれに代わる硬貨を支払うものとする。また、このワクフの収益を集めることを条件に毎日半銀貨の半分をラマダーン・アブド・アッラーフに支払うものとする。

彼は、生存中はその支出に関してはワクフの管理人に委ねるものとする。彼の死後は、彼の子孫に委ねるものとする。それから後は、それを信頼できる者に委ねるものとする。

残りは現在生存している彼の二人の子に支払われる。すなわち、ムハンマド・シャーヒーンと彼の女の兄弟であるナフィーサである。もし神が彼らの子孫をお与えになれば、その子たちにも支払われるものとする。ついで、彼の子供たちのうちのすでに死亡している二人の子供たち、すなわち、故マフムードと故ファーティマの子供たちであるが、彼らとは故マフムードの二人の子であるシハービー・アフマドおよび彼の女の兄弟のザリーハーと、故ファーティマの子であるシハービー・アフマドとの三人であるが、彼らにも平等に支払われる。

子孫が死に絶えた場合は、その五分の一はワーキフの妻であるアブドッラー・バヤーディーの娘に支払われるが、それは彼女が独身の場合で、彼女が結婚した場合はその権利は失われる。だが、再び独身になればその権利が復活する。彼女の死後は、五分の一の収益は残りの五分の四とともに集められ、以下のように使われる。四人のハーフィズのために使われるが、コーランの朗唱のために毎月合計で半銀貨六十枚、一人当たりは十五半銀貨である。毎日朝と夕方にこのモスクに四人が集まり十のヒズブ hizb を読み、そしてこのモスクにあるシャーヒーンの墓の前で毎週金曜日の朝ハトマ al-khatma を行うという条件が課される。それは、その功徳が預言者に、その他のすべての預言者に、教友たちに、ついでシャイフ・シャーヒーンに、このワクフのワーキフに、その子孫に、慣行に従いムスリムの死者たちに行きわたるようにである。

このワクフの収益の残りはその後、上記モスクの繁栄のために使用される。それはイマーム、ハティーブ、バッワーブ、ムアッジン、燃料、油、マットなどのために使われる。それができなくなった場合には、両聖地の貧しい人のために使われる。それが不可能な場合には出所を問わず貧しい人々に与えられる。

ワーキフはこのワクフの管理と運営を彼の生前は自身が行うが、彼はそれを彼が望む者に委ねるものとする。もしそれを受け継ぐ者がいないまま彼が死亡した場合は、その管理は彼の子のムハンマド・シャーヒーンに、彼の死後は、彼の子供たちのなかから成人に、またその子たちのなかの成人に委ねるものとする。また、彼らが途絶えた場合は、ワーキフの二人の子の子供のシハービー・アフマド、ザリーハー、シハービー・アフマドの子孫のなかから見出される者のうち成人に委ねられるが、それはシャイフ・シャムス・アッディーンとマドラサ・アルフーリーヤのイマームのシャムス・アッディーンと共同で行うものとする。

もし、上記の者のうちコーランの朗誦を法で定められていない理由で三日間欠席した者にはワクフの管理人による罰がある。またもし、病気や巡礼など法で定められた理由で上記の期間欠席する場合は、代わりの者を割り当てた。

九五八年シャッワール月二十一日に記された。

[証言]

ハナフィー派の裁判官およびワーキフに対する証言

むすび

このモスクは、いかに機能したのであろうか。このモスクの敷地の最も低い所にはかつて一団のスーフィーたちの庵があり、清めのための水盤、その付属物、小さな水瓶などがあったことがわかる(7)。また、ムカッタム山の断崖にあったということなどから、このモスクは清貧に暮らす人々の拠り所として、またスーフィーたちが集う場所であったものと思われる。

このワクフの目的が、一族の世襲財産を築くことにあったのは明らかであるが、とくに、功徳を求めてハーフィズを雇い一族の墓の前で毎日のコーランの朗誦や、毎週金曜日の朝にハトマを行ってもらうことが詳細に規定されており、それもまた重要な目的であったことがわかる。

（1） ʻAlī Bāshā Mubārak, *al-Khiṭaṭ al-Tawfīqīya al-Jadīd l-Miṣr al-Qāhira*, vol. 5, al-Qāhira, 1986, p. 75.

（2） Ibid., p.75.

（3） Ibid., p.75. ナーブルシーによれば、ここにはシャイフ・シャーヒーンの墓、ワクフ設定者のジャーヒーンの墓、彼の子のムハンマド・シャーヒーンの墓があったという。しかし、アリー・ムバーラクの時代には、墓は二つあったようである。そのうちの一つは大理石でできていてその周りにはコーランの「椅子」の章句が記されていた。ibid., p.76.

（4） Ibid., p.75.

（5） この文書については未見であるが、発布された日付から想像すると、このワクフがどのように継続していたのかがわかるものと思われる。

（6） ブスターン・アルワジール（アリー・ムバーラクの地誌では、バサーティーン・アルワジール）は、ムカッタム山の麓にあるギザ行政区の村である。この場所とイマーム・シャーフィイー廟との間はおよそ一ファルサフ（六㎞）の距離である。そこにはアーミル・モスクがあり、北側にシーディー・ミフタークと呼ばれる聖者廟がある。

このブスターンの東に井戸があり、「階段の井戸」と呼ばれていた。そこには階段があって下に下りていけたからである。この井戸はファーティマ朝のカリフ・ハーキムが作ったと記されている。しかし、この井戸と文書に記されている井戸が同一のものであるかどうかは不明である。

ʻAlī Bāshā Mubārak, *al-Khiṭaṭ al-Tawfīqīya al-Jadīd l-Miṣr al-Qāhira*, vol. 9, al-Qāhira, 1993, pp. 166–68.

（7） ʻAlī Bāshā Mubārak, *al-Khiṭaṭ*, vol. 5, al-Qāhira, 1986, p. 76.

アラビア語テキスト：文書番号 503

1- [الحد] الاول منها وهو القبلى ينتهى الى بحر بلا مآء والحد الثانى منها وهو البحرى ينتهى ا[لى]

2- حرجار والحد [الثالث] منها وهو الشرقى ينتهى الى الطريق السلطانى والحد [الرابع منهى وهو الغربى]

3- [ينتهى الى] الطريق الذي يعرف بالكخل المعلوم ذلك عند الواقف المشار اليه اعلاه العلم الشرعي النافى للجهالة شرعا الجارى فى ملكه بدلالة [مستند]

4- التبايع المسطر من محكمة السادة الحنفية بالصالحية النجمية المكتتب بظاهر المكتوب المحكى تاريخه اعلاه المؤرخ الفصل المذكور مع ما [به]

5- من ثبوت وحكم من قبل سيدنا العبد الفقير الى الله تعالى الشيخ الامام العالم العلامة العمل رضى الدين عالم المسلمين ابي الرضا

6- الحنفي خليفة الحكم العزيز بالديار المصرية وقاضى الحضرة العلية كان الله تعالى له واحسن اليه بسادس عشرى شوال سنة ست وخمسين وتسعماية

7- وجميع الغيط الكاين بناحية بساتين الوزير المعروف بغيط النجار المتحلل ارضه باخشاب البلح البلدى المثمر

8- المثمر وما به من بيرالساقية الما المعنى ومن العدة الخشب المركبة على فوهة البير وما استجده من الخمس المبلات الطوب الاجر داخل ال

9- المذكور وما استجده ايضا من المجراة المتوصلة الى المبلات المذكورة من بير الساقية المذكورة المحصوركامل ذلك بحدود اربعة دل عليها مستند [الانشاء]

10- الفرخ الورق الشامى المسطر سجل المحكمة الشرعية بناحية بساتين الوزير بضواحى القاهرة المحروسة المؤرخ مع ما به من ثبوت وحكم من قبل السيد [الشريف]

11- الحسيب النسيب فتح الدين ابى الفتح محمد البردين الحسنى الحنفى خليفة الحكم العزيز بالضواحى ايد الله تعالى احكامه واحسن اليه بخامس عشر شوال سنة تاريخه الحد

12- القبلى ينتهى الى الغيط الكبير حكر جامع الطباخ والحد البحرى ينتهى الى غيط اولاد الفقيه محمد بن صدقه والحد

13- الشرقى ينتهى الى غيط يعرف بالشاذلى قبل الان والان بغيره والحد الغربى ينتهى الى ارض بركة الحيش وغير

14- بحد ذلك سجله وحدوده هو حقه وحقوقه ومعماله ورسومه وما يعرف به وينسب اليه المعلوم ذلك عند الواقف المشار اليه [اعلاه] العلم الشرعى الجارى

15- ذلك فى ملك الواقف المشار اليه اعلاه ويده وتصرفه وحوزه واختصاصه يشهد له بذلك مكتوب الانشا الفرخ الورق المذكورعاليه

16- وقفا صحيحا شرعيا وحبسا صريحا مرعيا لا يباع ولا يوهب ولا يملك ولا يناقل به ولا ببعضه قايما على [اصوله]

17- محفوظا على شروطه مسبلا على سبله التى ذكرها فيه الى ان يرث الله الارض و من عليها وهو خير الوارثين ان الواقف

18- المشار اليه اعلاه ادام الله تعالى علاه وقفه هذا على نفسه ايام حيوته حياه الله تعالى حيوة طيبة ينتفع بذلك وعاشا منه غلته وإستغلالا

19- وبساير وجوه الانتفاعات الشرعية الوقفية ثم من بعده رزقه الله تعالى اطول الاعمار على ما يأتى ذكره مبينا وشرحه مفصولا وهو ان الناظر

20- على ذلك والمتولى عليه يبدأ من ريعه بعمارته وبرمته وما فيه بقا عينه ودوام منفعته ولو أصرف خير ذلك جميع غلته ومما فضل بعد ذلك يصرف على ما [يلي]

21- فيه فما هو لزوجته السيدة المصونة المحجبة الست بشكيرباي خمس ما يتحصل من ريع الخمس مبلات المذكور اعلاه مدة حياتها ثم من بعدها يضم حصتها

22- ربع الوقف المذكور ويصرف فى المصارف الاتى ذكرها فيه فما يصرف لرمضان عبد الله البياضي فى نظير ميلى حوض السبيل المجاور للغيط المذكور اعلاه

23- الواقف المشار اليه اعلاه فى كل يوم من الفضة الكبيرة السليمانية معاملة تاريخه بالديار المصرية نصف واحد او ما يقوم مقام ذلك من النقود وما فضل بعد ذلك يصرف

24- منه لرمضان بن عبد الله البياضي المذكور من كل يوم من الفضة الموصوفة اعلاه نصف نصف او ما يقوم مقامه على ان يتولى جباية ريع الوقف المذكور

25- وقبضه ثم هو فى [جهة] ذلك ويسلم للناظر على الوقف المذكور ليصرفه فى مصارفه الاتى ذكرها فيه مدة حياته ثم من بعده لاولاده وذرتيه من المذكور الحناد خاصة

26- ثم من بعده هم لمن يلى ذلك من اهل الديانة والامانة يتولى ما ذكر اعلاه على ما نص وشرح اعلاه والباقى بعد ذلك يصرف لولديه الموجودين الان

27- هما الشيخ محمد شاهين وشقيقته المصونة نفيسة ومن سيحدثه الله تعالى له من الاولاد ولاولاد ولديه هما المرحوم الشيخ محمود والمصونة المرحومة

28- فاطمة هم الشهابى احمد وشقيقته زليخا ولدا الشيخ محمود والشهابى احمد ولد المرحومة فاطمة المشار اليها الذى رزقته من الشرفى يحيى الجنائى التاجر

29- بسوق الهرامزة على ما ياتى ذكره فيه على ان يقسم ريع الوقف بعد ما عين اعلاه على عدد [ذرية] منهم يكون لاولاد ولديه الثلاثة هم الشهابى احمد

30- وشقيقته زليخا ولدا ولد الواقف المشار اليه اعلاه والشهابى احمد ولد الشرفى يحيى الجنائى الذى رزقه من بنت الواقف المشار اليه هي المرحومة فاطمة نعيسان بالسوية

31- بينهم وما هو لاولاد الواقف المشار اليه اعلاه لكل واحد منهم نصيب واحد ذكرا كان او انثى لا ميزة لاحدهم على الاخر مدة حياتهم اجمعين فاذا انقرض اولاد ولد

32- الواقف المشار اليه اعلاه هم الشهابى احمد وزليخا واحمد المذكورون اعلاه صرف ما كان يصرف لهم لاولاد الواقف المشار اليه اعلاه مضافا لما كان يصرف

33- لهم من ذلك ثم من بعدهم اجمعين يصرف ذلك جميعه لاولادهم ثم لاولاد اولادهم ثم لاولاد اولاد اولادهم ثم لذريتهم ثم لنسلهم ثم من يعلم من اولاد

34- الظهور والبطون ما تهب طبقة ونسلا بعد نسل تحجب الطبقة العليا منهم اثر الطبقة السفلي على ان من مات منهم وترك ولدا او ولد ولد

35- من ذلك انتقل نصيبه من تلك لولده او ولد ولده وان سفل فان لم يكن له ولد ولا ولد ولد ولا اسفل من ذلك انتقل نصيبه من ذلك لاخوته واخواته المشار كذا

36- فى الاستحقاق ومن اولاد الظهور والبطون فاذا انقرضوا باسرهم واباءهم الموت عن اخرهم ولم تبق منهم احد صرف خمس ذلك للمصونة امه المما ابنة

37- عبد الله البياضي زوجة الواقف المشار اليه اعلاه مدة حياتها ما دامت عزبا فاذا تزوجت سقط حقها فان تعزبت عاد حقها ثم من بعد وفاتها

38- ضم ربع الخمس المذكور مع الاربعة اخماس الباقية وصرف من المصارف الاتى شرحها فيه على ما يبين فيه مما يصرف لاربعة انفار حافظين

39- لكتاب الله تعالى العزيز محسنين للتلاوة فى كل شهر من الفضة الكبيرة السليمانية الموصونة فى اعلاه ما جملته ستون نصفا لكل واحد منهم خمسة عشر نصف ان

40- يقوم مقام ذلك من النقود على ان يقرون مجتمعين فى صبيحة كل يوم وعشيته عشرة احزاب بالجامع الكاين بسفح الجبل المقطم المعروف

41- بانشا سيدنا ومولانا الشيخ الامام العالم العمل العارف بالله تعالى الشيخ شاهين الخلوتي اعاد الله تعالى من بركاته ويختمون الختمة صبح كل يوم

42- جمعة عند ضريح سيدنا الشيخ شاهين المشار اليه اعلاه بالجامع المذكور ويهبون ثواب ذلك للحضرة الشريفة النبوية ولسائر النبيين والمرسلين والصحابة والتابيعين

43- ثم لسيدنا الشيخ شاهين الخلوتى وللواقف المشار اليه ولذريته ولاموات المسلمين على العادة فى مثل ذلك والباقى من ربع الوقف المذكور

44- بعد ذلك يصرف فى مصالح الجامع المشار اليه اعلاه من امام وخطيب وبواب ومؤذن ووقاد وزيت وحصر وغير ذلك بحسب ما يراه الناظر

45- ويودى اليه اجتهاده فان تعذر صرف ذلك كذلك صرف لفقرا الحرمين الشريفين فان تعذر احدهما فللاخر فان تعذر ان العياذ بالله تعالى

46- صرف ذلك للفقرا والمساكين اينما كانوا وحيثما وجدوا الى ان يرث الله تعالى الارض ومن عليها وهو خير الوارثين وشرط الواقف

47- المشار اليه اعلاه النظر على وقفه هذا والولاية على لنفسه ايام حياته وله ان يسنده ويفوضه ويوصى به لمن شاء فان مات عن غير وصيه ولا

48- تفويض ولا اسناد كان النظر على ذلك لولده الشيخ محمد شاهين المشار اليه اعلاه مدة حياته ثم من بعده للارشد فالارشد من اولاده واولاد اولاده وذريته

49- ونسله وعقبه ثم من بعد انقراضهم لمن يوجد من ذرية ولدي ولدا الواقف الشهابى احمد وشقيقته زليخا واحمد المذكورون اعلاه للارشد فالارشد من

50- مع مشاركة سيدنا ومولانا العبد الفقير الى الله تعالى الشيخ الامام العالم العلامة العمل شمس الدين ابى عبد الله محمد بنى سيدنا ومولانا الشيخ الامام العالم العلامة

51- العمدة شمس الدين محمد الفارسكورى الامام بالمدرسة الفورية ثم من بعدهم اجمعين يكون [الى آخره]على ذلك لمن يكون ناظرا على الجامع المذكور اعلاه فان تعذر فلجا

52- الشرعى بالديار المصرية وشرط لنفسه فى وقع هذا الادخال ما لا خراج والزيادة والنقصان والتغيير والتبديل والاستبدال بحقا

53- او حصته فى عقار او مبلغ يشترى [بر] ما هو انفع بجهة الوقف اوغير ذلك ويوقف على حكم هذا الوقف من الحال والمال والتعدد والا

54- والنظر والاستحقاق والشرط والترتيب يفعل ذلك كلما بدا اليه فعله ويكرره المرة بعد الاخرى وليس لاحد من بعده فعل شر من ذلك ولا شر

55- الواقف المشار اليه اعلاه ان كل من غاب من القرا المذكورين اعلاه مدة ثلاثة ايام متوالية بغير ضرورة شرعية عقوب الناظر على هذا الوقف وقرر على و ظهر

56- غيره فان غاب المدة المذكور لمقرورة شرعية كمرض اوصلة رحم او حج فرض استتباب فى وظيفته من يقوم مقامه وبدلا عنه واجرى الناظر محلة

57- فقد تم هذا الوقف ولزم ونفذ حكمه وابرم وصار وقفا شرعيا محرما بحرمات الله تعالى الاكيدة مدفوعا عنه بقوته الشديدة نالها يحد

58- لا حد يومن بالله تعالى واليوم الاخر ويعلمه انه الى ربه الكريم صاير ان يغيره او يبدله او يسعى فى شر من ذلك فمن فعل شئ من ذلك فالله تعالى طلبيه وحسيبه

59- ومجازية يوم التناد يوم عطشى الاكبار يوم لا ينفع مال ولا بنون الا من اتى الله بقلب سليم ودفع الواقف المشار اليه اعلاه [ ]

60- ووضع على يد ولايته ونظره ولما تكامل الاشهاد بذلك ثبت ذلك لدي سيدنا ومولانا الحاكم الحنفى المشار اليه اعلاه ال

61- الثبوت الشرعى بشهادة شهوده وحكم ايد الله تعالى احكامه واحسن اليه بموجبه ذلك وبصحة الوقف و لرب وا

62- حكما صحيحا شرعيا تاما معتبرا مرضيا مسولا فى ذلك مستوفيا شرايعة الشرعية وواجباته المحررة المرعية عالم باغ

63- فى ذلك واشهد على نفسه الكريمة بذلك واشهد [ ] وحرر فى حادى عشرين شوال سنة ثمان وخمسين وتسعمائة فى مصلح على كشط خمس ذلك للمقبوين صحيحا معتبرا

شهد

على سيدنا الحاكم الحنفى المشار اليه

وعلى مولانا الواقف المشار اليه

執筆者紹介（執筆順）

前《まえ》島《じま》佳《よし》孝《たか》　客員研究員　中央大学文学部兼任講師
川《かわ》越《ごえ》泰《やす》博《ひろ》　研　究　員　中央大学文学部教授
荷《はす》見《み》守《もり》義《よし》　客員研究員　弘前大学人文学部准教授
高《たか》遠《とう》拓《たく》児《じ》　客員研究員　中京大学国際教養学部准教授
松《まつ》田《だ》俊《とし》道《みち》　研　究　員　中央大学文学部教授

檔案の世界

中央大学人文科学研究所研究叢書　46

2009年3月10日　第1刷発行

編　　者　中央大学人文科学研究所
発 行 者　中 央 大 学 出 版 部
代表者　玉　造　竹　彦

〒192-0393　東京都八王子市東中野742-1
発行所　中　央　大　学　出　版　部
電話 042(674)2351　FAX 042(674)2354
http://www2.chuo-u.ac.jp/up/

奥村印刷㈱

ISBN978-4-8057-4210-5

中央大学人文科学研究所研究叢書

1 五・四運動史像の再検討

A5判 五六四頁
（品切）

2 希望と幻滅の軌跡 反ファシズム文化運動

様々な軌跡を描き、歴史の壁に刻み込まれた抵抗運動の中から新たな抵抗と創造の可能性を探る。

A5判 四三四頁
定価 三六七五円

3 英国十八世紀の詩人と文化

A5判 三六八頁
（品切）

4 イギリス・ルネサンスの諸相 演劇・文化・思想の展開

A5判 五一四頁
（品切）

5 民衆文化の構成と展開 遠野物語から民衆的イベントへ

全国にわたって民衆社会のイベントを分析し、その源流を辿って遠野に至る。巻末に子息が語る柳田國男像を紹介。

A5判 四三四頁
定価 三六七〇円

6 二〇世紀後半のヨーロッパ文学

第二次大戦直後から八〇年代に至る現代ヨーロッパ文学の個別作家と作品を論考しつつ、その全体像を探り今後の動向をも展望する。

A5判 四七八頁
定価 三九九〇円

7 近代日本文学論 大正から昭和へ

時代の潮流の中でわが国の文学はいかに変容したか、詩歌論・作品論・作家論の視点から近代文学の実相に迫る。

A5判 三六〇頁
定価 二九四〇円

8 ケルト 伝統と民俗の想像力

古代のドイツから現代のシングにいたるまで、ケルト文化とその稟質を、文学・宗教・芸術などのさまざまな視野から説き語る。

A5判 四九六頁
定価 四二〇〇円

9 近代日本の形成と宗教問題〔改訂版〕

外圧の中で、国家の統一と独立を目指して西欧化をはかる近代日本と、宗教とのかかわりを、多方面から模索し、問題を提示する。

A5判 三三〇頁
定価 三一五〇円

10 日中戦争 日本・中国・アメリカ

日中戦争の真実を上海事変・三光作戦・毒ガス・七三一細菌部隊・占領地経済・国民党訓政・パナイ号撃沈事件などについて検討する。

A5判 四八八頁
定価 四四一〇円

11 陽気な黙示録 オーストリア文化研究

世紀転換期の華麗なるウイーン文化を中心に二〇世紀末までのオーストリア文化の根底に新たな光を照射し、その特質を探る。巻末に詳細な文化史年表を付す。

A5判 五九六頁
定価 五九八五円

12 批評理論とアメリカ文学 検証と読解

一九七〇年代以降の批評理論の隆盛を踏まえた方法・問題意識によって、アメリカ文学のテキストと批評理論を多彩に読み解き、かつ犀利に検証する。

A5判 二八八頁
定価 三〇四五円

13 風習喜劇の変容 王政復古期からジェイン・オースティンまで

王政復古期のイギリス風習喜劇の発生から一八世紀感傷喜劇との相克を経て、ジェイン・オースティンの小説に一つの集約を見るもう一つのイギリス文学史。

A5判 二六八頁
定価 二八三五円

14 演劇の「近代」 近代劇の成立と展開

イプセンから始まる近代劇は世界各国でどのように受容展開されていったか、イプセン、チェーホフの近代性を論じ、仏、独、英米、中国、日本の近代劇を検討する。

A5判 五三六頁
定価 五六七〇円

中央大学人文科学研究所研究叢書

15 現代ヨーロッパ文学の動向　中心と周縁

際だって変貌しようとする二〇世紀末ヨーロッパ文学は、中心と周縁という視座を据えることで、特色が鮮明に浮かび上がってくる。

A5判　三九六頁
定価　四二〇〇円

16 ケルト　生と死の変容

ケルトの死生観を、アイルランド古代／中世の航海・冒険譚や修道院文化、またウェールズの『マビノーギ』などから浮かび上がらせる。

A5判　三六八頁
定価　三八八五円

17 ヴィジョンと現実　十九世紀英国の詩と批評

ロマン派詩人たちによって創出された生のヴィジョンはヴィクトリア時代の文化の中で多様な変貌を遂げる。英国十九世紀文学精神の全体像に迫る試み。

A5判　六八八頁
定価　七一四〇円

18 英国ルネサンスの演劇と文化

演劇を中心とする英国ルネサンスの豊饒な文化を、当時の思想・宗教・政治・市民生活その他の諸相において多角的に捉えた論文集。

A5判　四六六頁
定価　五二五〇円

19 ツェラーン研究の現在　詩集『息の転回』第一部注釈

二〇世紀ヨーロッパを代表する詩人の一人パウル・ツェラーンの詩の、最新の研究成果に基づいた注釈の試み、研究史、研究・書簡紹介、年譜を含む。

A5判　四四八頁
定価　四九三五円

20 近代ヨーロッパ芸術思想

価値転換の荒波にさらされた近代ヨーロッパの社会現象を文化・芸術面から読み解き、その内的構造を様々なカテゴリーへのアプローチを通して解明する。

A5判　三二〇頁
定価　三九九〇円

21 民国前期中国と東アジアの変動

近代国家形成への様々な模索が展開された中華民国前期（一九一二～二八）を、日・中・台・韓の専門家が、未発掘の資料を駆使し検討した共同研究の成果。

A5判　六〇〇頁
定価　六九三〇円

中央大学人文科学研究所研究叢書

22 ウィーン　その知られざる諸相
もうひとつのオーストリア
二〇世紀全般に亙るウィーン文化に、文学、哲学、民俗音楽、映画、歴史など多彩な面から新たな光を照射し、世紀末ウィーンと全く異質の文化世界を開示する。
A5判　四二四頁
定価　五〇四〇円

23 アジア史における法と国家
中国・朝鮮・チベット・インド・イスラム等における古代から近代に至る政治・法律・軍事などの諸制度を多角的に分析し、「国家」システムを検証解明する。
A5判　四四四頁
定価　五三五五円

24 イデオロギーとアメリカン・テクスト
アメリカン・イデオロギーないしその方法を剔抉、検証、批判することによって、多様なアメリカン・テクストに新しい読みを与える試み。
A5判　三二〇頁
定価　三八八五円

25 ケルト復興
一九世紀後半から二〇世紀前半にかけての「ケルト復興」に社会史的観点と文学史的観点の双方からメスを入れ、複雑多様な実相と歴史的な意味を考察する。
A5判　五七六頁
定期　六九三〇円

26 近代劇の変貌　「モダン」から「ポストモダン」へ
ポストモダンの演劇とは？　その関心と表現法は？　英米、ドイツ、ロシア、中国の近代劇の成立を論じた論者たちが、再度、近代劇以降の演劇状況を論じる。
A5判　四二四頁
定価　四九三五円

27 喪失と覚醒　19世紀後半から20世紀への英文学
伝統的価値の喪失を真摯に受けとめ、新たな価値の創造に目覚めた、文学活動の軌跡を探る。
A5判　四八〇頁
定価　五五六五円

28 民族問題とアイデンティティ
冷戦の終結、ソ連社会主義体制の解体後に、再び歴史の表舞台に登場した民族の問題を、歴史・理論・現象等さまざまな側面から考察する。
A5判　三四八頁
定価　四四一〇円

中央大学人文科学研究所研究叢書

29
ツァロートの道　ユダヤ歴史・文化研究
一八世紀ユダヤ解放令以降、ユダヤ人社会は西欧への同化と伝統の保持の間で動揺する。その葛藤の諸相を思想や歴史、文学や芸術の中に追究する。

A5判　四九六頁
定価　五九八五円

30
埋もれた風景たちの発見　ヴィクトリア朝の文芸と文化
ヴィクトリア朝の時代に大きな役割と影響力をもちながら、その後顧みられることの少なくなった文学作品と芸術思潮を掘り起こし、新たな照明を当てる。

A5判　六六〇頁
定価　七六六五円

31
近代作家論
鴎外・茂吉・『荒地』等、近代日本文学を代表する作家や詩人、文学集団といった多彩な対象を懇到に検証、その実相に迫る。

A5判　四三二頁
定価　四九三五円

32
ハプスブルク帝国のビーダーマイヤー
ハプスブルク神話の核であるビーダーマイヤー文化を多方面からあぶり出し、そこに生きたウィーン市民の日常生活を通して、彼らのしたたかな生き様に迫る。

A5判　四四八頁
定価　五二五〇円

33
芸術のイノヴェーション　モード、アイロニー、パロディ
技術革新が芸術におよぼす影響を、産業革命時代から現代まで、文学、絵画、音楽など、さまざまな角度から研究・追求している。

A5判　五二八頁
定価　六〇九〇円

34
剣と愛と　中世ロマニアの文学
一二世紀、南仏に叙情詩、十字軍から叙事詩、ケルトの森からロマンスが誕生。ヨーロッパ文学の揺籃期をロマニアという視点から再構築する。

A5判　二八八頁
定価　三一五五円

35
民国後期中国国民党政権の研究
中華民国後期（一九二八～四九）に中国を統治した国民党政権の支配構造、統治理念、国民統合、地域社会の対応、対外関係・辺疆問題を実証的に解明する。

A5判　六五六頁
定価　七三五〇円